まえがき

　20世紀はマスメディアの時代であった．19世紀に登場した大衆新聞や映画に続いて，20世紀にはラジオ，テレビという放送メディアが登場し，マスメディアは人々に共通の情報環境を提供し続け，大衆社会，大衆文化が大きく花開いた．わが国が高度経済成長を遂げた1960年代から70年代はまさにその絶頂期であった．

　1980年代から90年代にかけて，情報社会は大きな歴史的転換期を迎えた．マスメディアを中心とする大衆社会，大衆文化に大きなゆらぎが生じ始めたのである．多チャンネル・ケーブルテレビ，パソコン通信，ビデオテックスなどのニューメディアの登場と情報環境の変化がこうした転換の原動力として注目を浴びるようになった．筆者が本書の前身である『情報環境とニューメディア』（1991年）を上梓したのは，まさにそのような時期であった．

　それから13年が経過し，21世紀を迎えた今，デジタル情報通信革命の急速な進展とともに，21世紀情報社会はまさに大きな変貌を遂げようとしている．いまや，「マス・コミュニケーション」という言葉はすっかり色あせ，現実にも，巨大なマスメディアから大衆に向けて一方的に情報を送り出すだけの「マス・コミュニケーション」はすでに過去のものとなりつつある．既存の新聞社や放送局でも，従来方式の情報提供に加え，インターネット，デジタル放送，携帯電話などの最先端メディアを活用して，インタラクティブで多様な選択性をもった情報コンテンツを提供するようになっている．こうしたメディア環境や，そこにおける人々の情報行動は，「メディアコミュニケーション」という新しい概念で捉えるのがふさわしいように思われる．

　筆者の勤務する東洋大学社会学部でも，こうした時代変化に対応するために，2000年4月に「メディアコミュニケーション学科」を開設し，「メディアコミュニケーション学概論」という基幹科目を設置することになった．本書は，この

授業での4年間にわたる講義内容をベースとして，筆者が過去10年以上にわたって積み重ねた研究の成果を加えて，「メディアコミュニケーション学」の標準的なテキストブックをめざして執筆したものである．本書は，大学の学部学生，大学院生，コミュニケーション関連の専門研究者，21世紀の情報社会やコミュニケーションに関心をもつ実務家や一般市民を想定読者として執筆した．なるべく明快で分かりやすい表現および内容とすることを最大限心がけたつもりである．

　本書は7章から構成されている．1章と2章では，メディアコミュニケーション学の基本概念である「情報」「記号」「メディア」「情報行動」「メディアコミュニケーション」について，既存の理論を整理した上で，独自の一貫性をもったモデルを構築しつつ，解説を加えたものである．3章から6章までは，現代社会における代表的なメディアとして「活字メディア」「放送メディア」「インターネット」「携帯電話（メール）」を取り上げ，それぞれの歴史と現状，利用実態と影響について，実証的なデータにもとづいて解説を加えている．最後の7章では，情報通信革命の社会的・文化的影響を解明するための有力な研究モデルとして注目される「メディア・エコロジー」を手がかりとして，21世紀情報社会におけるメディアコミュニケーションの行方を探り，本書のまとめとしている．

　本書を執筆するにあたっては，過去10年間以上にわたって，数多くの方々にお世話になった．筆者が所属し，研究活動を共にしてきたさまざまな研究会の先生方，先輩，同僚，後輩諸氏には，数え切れないくらい多くの知的刺激と暖かい励ましを頂いた．なかでも，「ニューメディア研究会」，「カルチュラルエコロジー研究会」，「ワールドインターネットプロジェクト日本委員会」，「情報行動研究会」，「環境問題とメディア研究会」の方々からは特に大きな知的恩恵を受けたことを付記しておきたい．筆者の属する東洋大学社会学部メディアコミュニケーション学科の同僚，先輩の先生方や，履修学生・卒業生の諸君からも，限りない知的刺激と支え，励ましを受けた．とくにここでお名前をあげる

ことをお許しいただきたいが，船津衛（東洋大学），吉井博明（東京経済大学），川本勝（駒沢大学），廣井脩（東京大学），水野博介（埼玉大学），長谷川文雄（東北芸術工科大学），橋元良明（東京大学），仲田誠（筑波大学），竹下俊郎（明治大学），川端美樹（目白大学），石井健一（筑波大学），中村功（東洋大学）の諸氏は，同じ研究領域において，変わることのない友情と絶え間なき知的刺激をもって，あてどなき学問探求を続ける小生の旅の道連れとなってくださっている．また，本書の生みの親である学文社の田中千津子氏は，いろいろとご迷惑をかけたにも関わらず，遅れに遅れた原稿の完成を10年近く辛抱強く待ってくださった．これら多くの方々に対し，この場を借りて心から謝意を表させていただきたい．

　最後に，変わらぬ愛情と励ましで精神的に支え続けてくれた妻・みづのに，限りない感謝を込めて本書を捧げたい．

　　平成16年6月

　　　　　　　　　　　　　　　　　　　　　　　　三　上　俊　治

目　次

1章　情報・記号・メディア ……………………………… 3

1. 情報とは何か …………………………………………… 3
2. 記号とは何か …………………………………………… 15
3. メディアとは何か ……………………………………… 24

2章　メディアコミュニケーションの構造と過程 ……… 42

1. 情報行動 ………………………………………………… 42
2. 情報行動の基本モデル ………………………………… 45
3. コミュニケーション …………………………………… 55

3章　活字メディアの生成と展開 ………………………… 80

1. 文字の誕生と成長—グーテンベルク以前 …………… 80
2. 活版印刷術の発明とその影響 ………………………… 85
3. 新聞の登場と大衆化 …………………………………… 88
4. 日本の近代化と新聞の発展 …………………………… 91
5. 現代の新聞 ……………………………………………… 94
6. 新聞のメディアコミュニケーション過程 …………… 98
7. ニュースサイト登場と新聞の未来像 ………………… 103

4章　放送メディアと視聴者 ……………………………… 118

1. 視聴覚メディアの登場 ………………………………… 118
2. ラジオ放送の登場とその社会的影響 ………………… 120
3. テレビの時代 …………………………………………… 128

  4．多チャンネル，多メディア時代のテレビ放送 ……………………… 133
  5．テレビ放送のメディアコミュニケーション過程 …………………… 139

5章　インターネットの開く新世界 …………………… 167
  1．インターネットの歴史と現状 ………………………………………… 167
  2．インターネットの利用実態 …………………………………………… 177
  3．インターネットの影響 ………………………………………………… 198

6章　携帯コミュニケーション …………………… 208
  1．携帯電話の普及 ………………………………………………………… 208
  2．携帯電話・携帯メール・携帯ウェブの利用実態 …………………… 213
  3．携帯電話の利用マナー ………………………………………………… 231
  4．携帯コミュニケーションの光と影 …………………………………… 237

7章　21世紀のメディア・エコロジー …………………… 252
  1．エコロジーの基本概念 ………………………………………………… 252
  2．メディア・エコロジーとは何か ……………………………………… 255
  3．21世紀情報社会のメディア・エコロジー …………………………… 260

 索引 …………………………………………………………………………… 269

メディアコミュニケーション学への招待

■ 1章 情報・記号・メディア ■

1．情報とは何か

情報の定義

　私たちは毎日の生活のなかで「情報」ということばを頻繁に使っている．「気象情報」「道路交通情報」「新製品情報」「就職情報」「住宅情報」「レジャー情報」など，日常生活でなじみの深い情報は限りなくある．情報がなければ私たちの生活は一瞬たりとも成り立たないといっても過言ではないだろう．

　このように日常用語として定着していることばでありながら，「情報」という概念をはっきりと定義することは必ずしも容易ではない．学問的にみると，もっとも厳密に情報という概念が定義されているのは，情報理論あるいは通信工学の分野である．情報理論では，事象 x の生起確率 $p(x)$ の対数関数として「情報量」を次のように定義している．

$$I = -\log_2 p(x) \text{ ビット}$$

　しかし，情報理論での情報では，いわゆる「意味」を問題にしていないし，また，日常生活で使う「情報」とは質的にいってもレベルの異なる概念である．このように，私たちの使う「情報」の概念は，いくつかの異なるレベルで使用されている，と考えることができる．

　シュメント（J.R. Schement, 1993）は，情報概念を「モノとしての情報」，「プロセスとしての情報」，「処理対象としての情報」という3つのレベルに分けて整理している．

　モノとしての情報概念は，ディーナー（Diener, 1989）の次の定義にもっとも明確に示されている．

情報はひとつの実体である．しかし，情報は質量やエネルギーをもたない．情報は主として社会的な領域で存在するものである．情報は触れることができないが，複製することができ，また損失なしに共有することができる．情報は（心的なイメージとして）主観的に，あるいは（言語などによって）客観的に存在する．

　情報はまた，「知らせる」という行為の一部分を構成するという意味では，1つのプロセスと考えることもできる．「情報は構造を変化させる能力をもったもの」というベルキンら（Belkin and Robertson, 1976）の定義は，情報をプロセスとして把握する考え方である．「情報を与えることによって不確実性が減少する」という，経済学や経営学でしばしば採用される定義も，プロセス的な情報概念といえる．情報経済論を展開したマッハルプ（Machlup and Manfield, 1983）も，「情報は語ったり語られたりするという意味で，知識とは異なる概念である．後者が状態であるのに対し，前者はプロセスである」としている．

　操作（manipulation）あるいは処理（processing）という概念との関連で情報を定義することも可能である．この考え方によれば，情報が存在するためには，それが何らかの形で操作されたり，あるいは処理されなければならない．例えば，ヘイズ（Hayes, 1969）によれば，「情報はデータに対する一定の処理の結果つくられるもので，こうした処理には伝達，選択，組織化，分析などが含まれる」という．

　この他にも，「情報」概念にはさまざまな定義が与えられてきた．そのうちいくつかを次に列挙しておこう．

- 情報とは環境からの刺激である（加藤秀俊）
- 情報とは，可能性の選択指定作用をともなうことがらの知らせである（林雄二郎）
- 情報とは人間と人間との間で伝達される一切の記号の系列を意味する（梅棹忠夫）

- 情報とは特定の状況における価値が評価されたデータである（マクドノウ）
- 情報とは不確実性を減らす働きをするものである（クロード・シャノン）
- 情報とは微少のエネルギーで複製が可能であり，かつ，複製されたのちもなお元と同一の状態を保つようなものについて，その複製された内容である（野口悠紀雄）
- 情報とは，それによって生物がパターンをつくり出すパターン（生命体にとって意味作用をもつもの）である（西垣通）

　現代の情報概念について，もっとも深く探求し，その後の論議に大きな影響を与えた研究として，吉田民人の提唱する情報概念がある．吉田が初めて情報論を展開したのは，1967年に発表した「情報科学の構想」という論文（吉田, 1967）であるが，その後若干の改訂を経て，1974年に「社会科学における情報論的視座」という論文において改めて概念整理が行われている（吉田, 1974＝1990）．この論文において吉田は情報を4つのレベルに分けて定義している．それによると，「最広義の情報」とは，物質，エネルギーと並ぶ自然現象の根元的要素であり，「物質―エネルギーの時間的・空間的・定性的・定量的なパターン」である．また，「広義の情報」は，「〈情報物質〉即ち〈パターン表示を固有の機能とする物質―エネルギー〉のパターン」あるいは「意味をもった記号の集まり」である．「狭義の情報」とは，「広義の情報概念のうち，〈伝達，貯蔵，ないし変換システムにあって認知，評価，ないし指令機能を果たす〉〈有意味シンボル集合〉」と定義されている．最後に，「日常的な情報概念」は，ふだん日常的に使われている「データ」（伝達システムの認知性外シンボル），や「知識」（決定前提を規定しうる耐用的なデータ）と区別される概念として，〈伝達されて決定前提を規定する単用的な認知性外シンボル〉と定義されている．ここでの用語法は非常にわかりにくいが，1997年に発表された論文（吉田, 1997）では，これらが比較的親しみやすい用語で再定義されている．それによると，最広義の情報とは，「物質・エネルギーの時間的・空間的・定性的・定量的パターン」，広義の情報は「任意の進化段階の記号（分子記号，神経記号，

言語記号,等々)の集合」,狭義の情報は「シンボル記号」(非言語性内シンボルと非言語性外シンボル,言語性内シンボルと言語性外シンボル,等々),最狭義の情報は,「伝達されて一回起的な認知機能を果たし,個人または集団の意思決定に影響する外シンボル記号の集合」と定義されている(1)。

このうち,最広義の情報概念は,サイバネティクス創始者であるノバート・ウィーナーの提唱する情報概念と一致するとしている。しかし,ウィーナーは『人間機械論』という著書の中では,「情報とは,われわれが外界に対して自己を調節し,かつその調節行動によって外界に影響を及ぼしてゆくさいに,外界との間で交換されるものの内容を指す言葉である」(Wiener, 1954 = 1979)としか述べていない。ウィーナーは,情報が物質―エネルギーと同格の自然現象の根元要素だとは,どこでも言っていないのである。たしかに,別の箇所でウィーナーは情報を秩序の度合い(エントロピー)やパターンと関連づけ,「1つの通報によって運ばれる情報[の量]は,その通報のもつエントロピーに負の符号をつけたものと本質的に同じものだと解釈することができる」と述べているが,これはあくまでも「情報量」を測定しうる形の情報であり,人文社会科学の対象とする情報概念とは異なるものである。情報は,「通報」つまりは記号によって運ばれるものであり,それ自体で物質,エネルギーと同等の資格でアプリオリに存在する「要素」とはなり得ないのである。また,「エントロピー」は,あくまでも情報の量的な大きさを「秩序の度合い」で測定したものであり,情報そのものとは区別される。たとえば,ある試合の勝敗を占う場合,A＝勝利,B＝敗北,という2つの状態(世界)だけが想定され,勝敗の確率が同じだとしよう。この場合,AまたはBという文字は,勝敗の行方という「世界」を表象するための記号である。もし,Aという記号が示されるならば,それは「勝利」という情報を伝えるし,Bという記号が示されるならば,「敗北」という情報を伝える。このとき,AまたはBという記号の伝える情報の大きさ,すなわち「情報量」は1ビットである。この場合,たしかにAという記号は,意味内容としては「勝利」と同等であるが,Aというのはあくまでも

「記号」であり，それが伝える「勝利」という情報とは区別されるべきものである．

橋元良明は，吉田，ウィーナー，記号論，言語学などで論じられてきた情報概念を次の6つのレベルに分けて整理している（橋元, 1990）.
・「環境内に存在する刺激の配列ないしパターン」として把握するレベル（吉田の最広義概念）
・「環境内の要素で，かつ人間が特定の働きかけを行ったり，あるいは働きかけを受けたりする対象」として把握するレベル（ウィーナーの情報概念）
・「記号の配列ないしパターン」として把握するレベル（ハートリーやシャノンの情報概念）
・「記号系列に含められたメッセージ」として把握するレベル（機能文法論など）
・「記号系列とそれによって指示されたメッセージの合体」として把握するレベル
・「行動選択のための評価になったり，指令機能を果たす記号列」（林雄二郎など）

そのうえで，状況意味論との接続性を重視する立場から，情報を記号や意味との関連で次のように位置づけている．「われわれはある環境に接することにより，"情報"を得る．一部は蓄積され，一部は記号を媒介させることにより直接・あるいはメディアを通して他者に提示され，記号の"意味"が了解されることにより，"情報"が伝達される」（橋元, 1990：p. 98）[2].

本書では，橋元の整理に従えば上から2番目のレベルで情報を定義することにしたい．つまりウィーナーが情報をシステムと環境の間で交換されるものとして捉えた視点を踏襲し，これを資源論的な視点から再定義したいと思う．すなわち，情報とは，「記号の意味作用によって表象されるもので，物質やエネルギーと共に，変化する環境に適応し，望ましい生活を実現するために必要な資源の1つ」である（記号の意味作用・表象については後述する）．このよう

な視点から情報を捉えるならば，人間を含めて，あらゆる生物は，環境との間でさまざまな情報をやりとりすることによって，生命を維持し，健康で快適な生活を営んでいるといえる。また生命をもたない機械でも，最近はマイコン，センサ，数値制御装置などが組み込まれていて，情報の入出力を行うことによって特定の働きをするものが多くなっている。さらに，人間が集まって作り上げる集団，組織，社会も，環境との間でいろいろな情報を交換することを通じて存続と発展をはかっている。したがって，情報を資源という側面から改めて定義するならば，次のように表現することができるだろう。つまり，情報とは，「記号の意味作用によって表象されるもので，生物，人間，機械，集団，組織，社会が，変化する環境に適応し，存続，発展するために必要な基本的資源の1つである」。

「情報」ということばの起源

　ここで，ふだん使い慣れている情報ということばの変遷をたどることにより，情報についての認識をさらに深めておくことにしよう。

　現代社会で使われている「情報」は英語ではinformation（インフォメーション）に相当する。このことばは，inform（知らせる）の名詞形であり，その語源はラテン語のinformareである。これはもともと，"give shape to"（形を与える）という意味のことばだったが，やがて "forming idea of something"（何かについてのアイディアを形成する），さらに "telling or instructing people about something"（人びとに何かを知らせる）というように意味が変わっていった。英語のinformもまた，ラテン語の影響を受けて徐々にその意味を変化させ，17世紀になると，もともとの「形を与える」という意味は消え，18世紀になると，「ものごとの知らせ，知識」という，現代とほぼ同じ意味でinformationということばが使われるようになった。例えば，J・スウィフトが1727年に著した『ガリバー旅行記』には，「まずこれだけの情報（information）を読者に与えておきたかったわけは，……読者も全く理解できずに途方にくれ

るかもしれない，と思ったからである」(第3篇第2章) という一節がある
(Ayto, 1990).

　Information ということばが，中立的な学術用語として最初に使われたのは，1928年アメリカ・ベル研究所のR.V.ハートレーによる論文「情報の伝達」(Transmission of Information) だったといわれている．そして，第2次世界大戦後の1947年には，ノバート・ウィーナーが『サイバネティクス』という論文を発表し，情報と自動制御についての理論を発展させた．さらに，1948年にはベル研究所のクロード・シャノンが『通信に関する数学理論』(A Mathematical Theory of Communication) を発表し，今日の情報理論の基礎を築いたのである．

　一方，わが国で「情報」ということばが最初に使われたのは，明治36 (1903) 年に発行された森鷗外訳のクラウゼヴィッツ『戦争論』(当時の書名は『大戦学理』) が最初だという説が1990年頃までは支配的だった (長山, 1983；最上, 1988；上田, 1990)．確かに，この本の第6章「戦争と情報」冒頭では，「情報 (Nachricht) とは敵と敵国とに関する我智識の全体を謂う」と定義されていた．この説は現在もかなり広く流布しているが，これに対する疑問を指摘する声もあった (横田, 1988).

　しかし，最近の調査によって，「情報」ということばが日本で初めて使われたのは，これよりはるかに古く，明治9年だったことが分かった (小野, 1990；仲本, 1993).[3] 明治9 (1876) 年に出版された，陸軍少佐酒井忠恕訳『仏国歩兵陣中要務実地演習軌道典』の中で，ランセーニュマン (Renseinements) の訳語として，「情報」という用語が使われている．原書は1875年にフランス政府によって出版された陸軍の実地演習に関する概説書である．この訳書は国会図書館に収められている．筆者自身も現物を確認してみたが，確かに「情報」ということばが3カ所にわたって使われていた．それをここに再録しておく．

・兵卒ヲシテ命令新報情報ノ傳致スルニ明瞭確実ナラシムルニ習慣セシムベ

シ（9頁）

・此一條ノ主旨ニ関スル命令情報ヲ傳致スル法ヲ新兵ニ慣熟セシムルモ……（14頁）

・コノ演習中新兵ヲシテ上番兵ニ其守則ト其得シ情報ヲ傳フルコトヲ教フ（15頁）

これらは，いずれも今日でいう情報伝達とほぼ同義である．

また，音成（1990）は独自の調査にもとづき，明治11年10月に内外兵事新聞局から刊行された『佛国参謀須知』（佛国実験学校，1874（酒井忠恕訳 1878，40丁）に，「情報」という言葉が用いられていることを見出している．

資料1.1 「情報」初出文献
出典：『仏国歩兵陣中要務実地演習軌道典』14頁より（国会図書館蔵）

ただし，これらの書物は陸軍の実地演習用の教本で，軍の内部資料という性格が強かったと思われる．また，この翻訳をきっかけとして，「情報」が軍事用語として一般的に使われるようになったという証拠はみつかっていない．明治20年に発行された『仏和対訳兵語字彙』（茂木幸編，有則軒発行）をみても，Renseinements の訳語は「教示」となっており，「情報」ということばは見あたらない．

ドイツ語の Nachricht の訳語については，小野（1990）によると，明治14年に参謀本部が出版した「五国対照兵語字書」では，まだ「報知」と対訳されていたが，明治21年発行の「兵語字彙草案」には「情報」が採録され，「物の状情に就ての報道を云ふ」という説明がつけられているという．これは，明治20年代に陸軍内部で「情報」が正式の軍事用語として使われていたことを裏づけ

る資料といえる．

　しかし，以上にみた書物はいずれも陸軍で発行された軍事関連の専門書であり，一般国民の目に触れることはほとんどなかったと思われる．

　「情報」ということばが，初めて一般国民の目に触れるようになったのは，おそらくこのことばが新聞に登場した時ではないかと推測される．この点に注目した横田貢は，『新聞集成明治編年史』をもとに，明治期の新聞記事に出てくる「情報」の用例を調べてみた．その結果，明治28年2月5日付『東京日日新聞』に初めて「情報」という用語が使われていたことが分かった（横田，1988）．日清戦争中の艦隊の消息を伝える記事中に「……左の情報を斎せり」という表現があったという．

　横田の調査結果を手がかりとして，筆者自身が当時の主要新聞のマイクロフィルム版原紙を閲覧し，明治28年2月から遡って再調査してみたところ，前年の明治27年12月上旬から下旬にかけて，『東京日日新聞』の見出しと記事中に「情報」ということばが数カ所にわたって使われていることが新たにわかった（三上，1997）．初出記事は，明治27年12月5日付（2面）の次の記事である．

　　［見出し］　東学党の撃退
　　［本　文］　仁川より派遣の中隊の情報と右の報告に依りて察すれば賊は漸次
　　　　　　　全羅道に退却するものの如し

　このように，日清戦争が大詰めを迎え，戦況ニュースが連日新聞をにぎわせていた頃，「情報」ということばが新聞記事の見出しとして，国民の前に初めて姿を現したのである．

　明治35年になると，国語辞典に「情報」ということばが初めて登場する．丸善発行の『A Dictionary of Military Terms and Expressions』という英和・和英軍事用語辞典に，Intelligence の訳語として，「情報」ということばが当てられたのがその初めである．用例としては，Intelligence office が「外国軍情報

部」として紹介されている．一方，Information の訳語としては，「諜報」ということばが充てられていた．軍事用語としての「情報」がこの時期に定着したことを示すものといえよう．

「情報」ということばが国民の間に広く浸透していったのは日露戦争後だったと思われる．これを裏づけるように，日露戦争の終結した明治38（1905）年には，国語辞典に初めて「情報」ということばが収録されている．この年に発行された『新式いろは節用辞典』（久保天随他編，博文館刊，p. 1808）には，「情報」（じょうほう）という言葉が収録されており，「情況を探りて報知すること」と定義されている．また，明治40年発行の『辞林』（金澤庄三郎編，三省堂刊，p. 695）にも「情報」という言葉が収録されている．ここでは簡単に「事情のしらせ」と定義されている．いずれも国会図書館に所蔵されている．

興味深いことに，どちらの辞典でも，「情報」は軍事用語としてではなく，一般的な情況あるいは事情の知らせという，現代に近い定義がなされている．これは，日露戦争を境に，情報ということばが，専門的な軍事用語から，より一般的な意味を持ったことばへと変化していった可能性を示唆している[4]．

情報ということばが国家間の近代戦争を通じてわが国に導入されたことは，まさに「情報」という資源が，兵力や武器と同様に，勝敗の行方を左右するほどの重要性をもつようになったという近代社会の特徴を端的に示す事例といえよう．

情報の機能

それでは，各種の記号によって表現され，伝達され，蓄積される情報はどのような機能を果たしているのだろうか．

まず第1に，情報はなんらかの「意味」を表現したり，伝えるという機能をもっている．テレビのニュースや新聞の報道記事は，毎日世の中で起こっている重要な出来事を伝えてくれる．学術書や雑誌，小説などの書籍，テレビ番組やラジオ番組も，読者にさまざまな意味の世界を提供してくれる．こうした情

報は，言語や映像，スピーチなどの記号を通じてさまざまな意味の世界を「構成」しているのである．

　第2に，情報は単に意味を表現するだけではなく，対象のもつ価値を表示するという機能をもっている．商品やサービスの需要と供給とが出会う経済市場において，商品の交換が円滑に行われるのは，「価格」という情報が売り手と買い手に提示されるからである．まさに，情報はことばという記号を通じて会話の送り手と受け手を媒介するだけではなく，貨幣という記号を通じて，売り手と買い手を媒介するという働きもしているのである．

　第3に，情報は単に価値を表示するだけではなく，それを生産したり，伝達したり，蓄積したり，処理したりすることによって，自ら一定の価値を生み出すことができる．新聞，雑誌，本などのマスメディアは，記事や広告などの情報を販売することによって利益を得ることができる．音楽，映画などの情報もまた，価値を生み出す．経済的な価値とは別に，人々が情報を受信したり，発信したり利用したりすることによって，なんらかの欲求を満たすときには，経済的な利益の有無にかかわらず，そうした情報は，利用者にとって価値を生み出していると考えることができる．たとえば，電話でのたわいのない，雑談的なおしゃべりは，そこで交換される情報がほとんど意味のないものであっても，話し手や聞き手にとっては，コミュニケーション欲求を満たすという機能を果たしている場合が多い．その限りでは，情報は価値を生み出しているわけである．

　情報価値の大きさは，それが経済財として市場で取り引きされる限りでは，需要と供給の法則にしたがって変動する．しかし，情報の経済的価値は他の財貨，サービスとは違って生産コストには必ずしも比例せず，また価値の変動が他の財貨に比べて大きい．情報価値を決定する要因としては，情報の新しさ，情報発信者（生産者）のネームバリュー，情報の複製コスト，情報の希少性などが大きなウェイトを占めている．いわゆる新聞やテレビのニュースは，情報の新しさが生命であり，1日たつと情報価値は急速に低落してしまう．同じこ

とを発言したり、同じような質の情報を提供する場合でも、権威のあるメディアや著名人が情報の発信者である場合には、情報の価値がそれだけ高く評価されやすい。さらに、情報は本来複製可能な性質をもっているがゆえに、芸術作品のように、コピーに対するオリジナルのもつ価値が高く評価される場合が少なくない。

このように、情報の経済的価値は必ずしも生産コストに比例して決定されるわけではなく、他の諸要因によって大きく左右されるのである。このような情報価値の相対性は、高度情報社会においても引き続き重要な意味をもち続けるであろう。

第4に、情報はなんらかの対象をコントロールするという機能をもっている。ノバート・ウィーナーの唱えたサイバネティクスは、情報のもつコントロール機能、システム制御機能をその理論の中心に据えている（Wiener, 1954＝1979）。ウィーナーによれば、生物は、自らの行動のもたらした結果についての情報にもとづいて、次の行動を制御することによって、外界に対して自己を調節したり、その調節行動によって外界に影響を及ぼすことができる。これは、「フィードバック」と呼ばれる制御方法であり、この原理は自動制御機械にも応用されている。コンピュータや情報通信ネットワークなど、現代の情報テクノロジーは、情報のコントロール機能を極限にまで高める働きをしている。たとえば、次世代携帯電話とインターネット技術を組み合わせれば、外出先から自宅のエアコンやレンジなどをリモートコントロールで自由自在に動作させることさえ可能になっている。ベニガー（1986）にしたがって、情報のコントロール機能を「与えられた目標に向かって影響力を行使すること」と定義するならば、テレビや新聞などのマスメディアから日々流される広告メッセージ、キャンペーンなどもまた、受け手に対するコントロール機能を果たしていると考えることができる。(5)

第5に、情報は人間同士、あるいは集団同士の関係を形成、維持、ないしは変容させる機能をもっている。互いに見知らぬ同士が情報を交換し合うことに

より友好的な関係を深めたり，逆に敵対的な関係に陥ったりするのは，まさにこうした情報の対人的関係形成機能によるものである．いわゆるマスメディアの「利用と満足」研究によれば，テレビ番組はしばしば友人や家族の間で共通の話題を提供することによって，人間関係の円滑化に貢献するといわれるが，これはまさに情報のもつ対人関係形成機能を示すものである．また，携帯メールのやりとりなども，友人との関係を深めたり広げるのに役に立っているが，これも情報のもつ関係形成機能のおかげである．

　第6に，情報はそれを受け取った人間に特定の感情や興奮を引き起こしたり，精神的なストレスを発散させたり，安心を与えるなどの「情緒的」な機能を果たすことができる．戦争中のプロパガンダ放送は，兵士の志気を鼓舞し，愛国心を高揚させる．また，災害時にラジオから流れる安否情報や生活情報は，被災地域の住民の不安を軽減し，復興への希望を燃え立たせる．テレビやラジオのドラマは，視聴者にさまざまな情緒的解放を与えてくれる．スポーツ中継放送は，見るものを興奮に駆り立てる．情報は，このように受け手に世界を認識させるだけではなく，その魂を揺さぶる力を秘めているのである．

　メディアの発達した現代社会において情報の重要性がきわめて大きくなっているのは，このように情報という資源が私たちの社会生活において多様な機能を果たしているからに他ならない．

2．記号とは何か

情報と記号

　情報が資源として生物や人間に対してさまざまな機能を果たし，有用性（使用価値ないし交換価値）をもつのは，それが一定の「意味」をもっているからである．いいかえれば，情報はつねに何らかの「意味の世界」を作り出す働きをもっているのである．つまり，情報というのは，つねに「何かについての情報」である．情報そのものがもともと存在するわけではない．その場合の「何か」とは，ひとことでいえば，「世界」（あるいは「環境」）である．この場合

の世界（あるいは環境）とは，実際に出来事として実在する現実の世界であることもあれば，小説やドラマの中で展開されるシンボルの世界であることもある．人間の頭の中でイメージあるいは思考を通じてつくられる，目には見えない主観的世界であることもある．また，インターネット上に電子的につくられるバーチャルな空間（サイバースペース）のこともある．あるいは，数式で表現される数学的なトポロジーの世界であったり，アインシュタインの相対性理論で示される物理学モデルの世界であったりもする．こうした多様な「世界」の全体または一部が「記号」の表象作用（意味作用）を通じて知覚されるとき，その〈知覚された世界〉が，私達にとっては「情報」として認識されるのである．

　数学的に表現するならば，情報は，

$$I = f(S)$$

という関数で表現することができる．ここで，I は情報（Information），S は記号（Sign）を表している．記号は情報を「表象」する働きをもっているのである．

　私たちが世界を認識するプロセスは，つねに図1.1に示すような一連のプロセスを経て進行する．

　例えば，人間が外界を「知覚する」というもっとも原初的な認識過程を考えてみよう．私がいま，車の行き交う大通りを渡りたいとする．信号や横断歩道のない道路であれば，まず目を左右にやって接近する車がないかどうかを確かめる．遠くから近づいてくる車のスピード，ここまでの距離などを目測で計算

図1.1　情報と記号による世界認識のプロセス

し，安全かどうかを判断する．その経過を子細にみると，外界から入ってくる光が目の網膜を通じて視神経のインパルスという生体記号に変換され，それが神経系というメディアを通じて脳にまで伝えられ，そこで言語による情報処理を経て，安全かどうかの認識に至るまでの一連の〈記号化〉→〈記号解読（情報化）〉のプロセスとして把握することができる．すなわち，まず網膜を通じて，光の信号が神経インパルスのパターンに〈記号化〉される．それが脳に到達すると，脳の視覚細胞の働きにより〈記号解読〉がなされて，接近する車の「映像」という視覚イメージへと〈情報化〉される．脳の言語中枢では，この映像情報をもとに言語的な情報処理（思考）が行われ，「あの車は時速約50kmで接近中だが，ここまでの距離からみて，到達までには少なくとも20秒はかかるだろう」といった形の〈言語情報〉へと翻訳される．つまり，言語を用いた〈記号解読（情報化）〉が行われる．このように，目に見える風景を知覚する過程は，何段階かの〈記号化〉〈情報化〉を経て，「情報世界」が構成されてゆくプロセスと考えることができる．ここで，道路を渡る人にとって，次なる行動に必要な情報は，最終的に言語によって構成された「いま渡っても安全だろう」という情報である．それを得るまでには，車の現在位置，接近速度，自分の歩行速度，過去の経験に関するさまざまな「情報」が前提となっており，これらの前提をもとに，「安全」か「危険」かという評価的な情報を導き出しているわけである．

人為記号を用いた人間同士のコミュニケーションの場合には，このプロセスがもっとわかりやすい形で展開される．例えば，A君がBさんに愛する気持ちを伝えたいとする．この場合，A君がBさんに対して抱いている「愛情」という，目には見えない「内面的，主観的な感情の世界」についての情報をどうやってBさんに伝達するかということが問題になる．そのためには，いきなりBさんを抱きしめるといった「直接的行動」をとることから，熱い視線でじっと相手を見つめる，バラの花束を贈る，指輪をプレゼントする，デートに誘う，「好きです」とことばで表現することまで，方法はさまざまに考えられる．そ

のいずれをとっても，A君からBさんに情報が伝わるまでには，〈記号化〉と〈情報化〉のプロセスが何段階かにわたって展開されていることがわかるだろう．この場合，用いられる記号は，「直接的行動」「視線」「表情」などの身体記号から，「バラの花」「指輪」などの非言語的シンボル記号，デートに誘ったり「好きだ」と言うなどの言語的シンボル記号に至るまで多様である．そのどれかを選択することは，〈記号化〉であり，この記号をBさんが知覚して，これをもとに「A君は私を愛している」という情報を受け取るならば，そこには，〈情報化〉という働きが行われていることになる．この情報化を通じて，Bさんは，A君の主観的内面世界を〈再構成〉したわけである．ただし，この記号解読の仕方によっては，A君からの情報は必ずしも正確には伝わらずに，BさんはA君の主観的内面世界について，違った形の〈情報化〉（情報世界の構成）をしてしまう可能性もある．これが「誤解」とか「ディスコミュニケーション」といわれるものである．したがって，A君にとって最大の問題は，Bさんに自分の内面世界に関する情報を「正確」に伝えるために，以上にあげたさまざまな記号の中でどれを採用し，それをどのように使用したらよいかということになるわけである．

記号の類型と特性

(1) 記号は情報を表象する

　一般に，物質ないしエネルギーのある一定のパターン（秩序形式，形相）が，なんらかの情報を表象する働きをもつとき，そのようなパターンのことを「記号」という．ある物質ないしエネルギーのパターンが記号として働くかどうかは，パターンそのものの本来の性質によって一意的に決定されているわけではなく，それを利用する主体（情報発信者または受信者）によって，一定のルールのもとに「定義」されるものである．記号を利用する際のルールのことを，記号論では「コード」（code）と呼んでいる．

　記号として働くパターンにはさまざまな種類のものがある．天気予報の例を

考えてみよう．天気予報というのは，「近未来の気象状態」に関する不確実性を含んだ情報のことであるが，これを知るために，ある人は，夕焼け雲の色や形を判断の材料として用いるかもしれないし，別の人は，テレビの気象情報番組を見たり，新聞の天気予報欄を読むかもしれない．あるいは，家族や友人に明日の天気を予想してもらうこともあるだろう．この場合，「夕焼け雲の色や形」「気象情報番組」「天気予報欄の記事」「家族や友人の話」などは，いずれも翌日の天気に関する情報を知るための「記号」として働いているということができる．

　記号として働く物質やエネルギーのパターンには，初めから記号として働くようにつくられたものもあれば，そうではないものもある．夕焼け雲は，もともとは単なる自然現象であり，記号として人為的につくられたものではない．それを人間が過去の観察や経験などをもとに，翌日の天気を知るための「記号」として利用しているだけにすぎない．一方，テレビ番組や新聞の記事などは，もともと「記号」として働くように人為的，組織的につくられたものである．また，家族や友人の話は，人間の身体が備える機能の１つであるスピーチ（発話）を記号として利用しているわけであり，身体の「メディア」的側面に対応するものである．つまり，私達は物質やエネルギーのパターンを全面的または部分的に利用して，それを記号として定義づけることにより，情報を受け取ったり，伝えたりしているのである．

(2) **生体記号・自然記号・人為記号**

　記号の働き方は，人間や動物に生まれつき備わっている生体内のパターンが記号として作用する場合，人間が外部の自然現象の一部を「記号」として利用する場合，記号としての働きをするように人為的につくられたパターンが使用される場合，という３つに分けて考えることができる．これらは，それぞれ，「生体記号」「自然記号」「人為記号」と呼ぶことができる．

　生体記号とは，生物が外界の情報を得るために生まれつき備えている感覚器

官，内分泌器官，神経系などの生体組織を通して，神経インパルス，ホルモン刺激，塩基配列などの「パターン」が，脳その他の生体器官や細胞に情報を伝える働きをする場合，そのような生理的レベルのパターンをさしている。[7]

自然記号とは，生体の外部にもともとある物質，エネルギーのパターンや，他の生命体の発する刺激，表示するパターンなどが，一定の情報を伝える働きをする場合，そのような外部のパターンのことをさしている。[8]

人為記号とは，情報を伝えたり，受け取ったり，蓄えたりすることを主たる目的として，人間によって意図的に作り出されたパターンの集合をさしている．自然言語（会話や文字），信号，標識，絵画，写真，映像，音楽，プログラム言語，暗号や特殊記号などは，いずれも人為記号の例である．本書で主に取り上げるのは，こうした人為記号である．

(3) 3種類のコード

主に「記号」としての働きをするように人為的につくられたパターンのことを，狭い意味での「記号」という．こうした人為記号を適切に使用し，円滑な情報送受信を可能にするために，辞書や文法などの「コード」が体系的につくられている．コードには，シンタックス（構文），セマンティックス（辞書的な意味），プラグマティックス（語用法）の3種類がある．

シンタックスとは，「文法」のように，記号と記号の間の結びつき方に関する規則のことをいう．セマンティックスとは，辞書に代表されるように，記号（記号表現）とその意味（記号内容）との間の結びつきに関する規則のことをいう．プラグマティックスとは，記号とその使用者（発信者，受信者など），記号の使用される状況（コンテクスト）との間の結びつき方に関する規則のことをいう．語用法とも呼ばれる．私達は，記号を使用して一定の情報を伝えたり，受け取ったりするときに，以上3種類のコードを活用しているのである．

(4) イコン・インデックス・シンボル

チャールズ・パースによれば，記号は「イコン」「インデックス」「シンボル」の３つに分類することができる．

指示対象（意味内容）との間に形態的な類似性がある場合，そのような記号のことをイコン（類像）という．石器時代の洞窟絵画や未開社会のトーテムポールなどはその一例である．古代社会に使われた絵文字もイコン的な性格を強くもった記号である．現代社会でも，イラスト，絵画，写真，映像，効果音など，イコン的特徴をもつ記号は数多く使われている．

指示対象との間に時間的，空間的な近接性，方向性，包含性あるいは因果性という関係をもつような記号は，一般にインデックス（指標）と呼ばれる．例えば，高速道路の標識でフォークとナイフの図柄でレストランの存在を示したり，テレビの天気予報で「晴天」をあらわすのに太陽のマークを使ったりするが，これらはいずれもインデックスの例である．

これに対して，対象との間に自然的な結びつきをもたないような記号のことを，シンボル（象徴）という．シンボルと対象の結びつきは，あくまでも恣意的なものであり，一種の約束ごととして，両者の対応関係が定められているといってもよい．通常の言語はシンボルの代表的な例である．また，交通信号の「赤」「黄」「青」も，シンボルの一種である．赤が「止まれ」をあらわし，黄色が「注意」，青が「進め」をあらわすというのは，交通法規上の約束ごとであって，必ずしも自然的な結びつきを意味するわけではない．数字や特殊記号，コンピュータ言語などもシンボルに含められる．

ただし，すべての記号がイコン，インデックス，シンボルのいずれか１つだけに属するというわけではなく，中間的な性格をもつ記号はいくらでもあることに注意しておく必要がある．例えば，フォークとナイフの道路標識はレストランという対象との間にイコン的な類似性も持っているし，交通信号の「赤」は，血とか火など危険に関連した対象を想起させるので，インデックス的な性格を帯びているとも考えられる．シンボルの典型例である言語にしても，「コ

ケコッコー」「ワンワン」などの擬声語とか,「鳥」「魚」などの漢字のように,指示対象との間にイコン的な類似性をもっている場合もある.

(5) シンボルとしての言語

言語は,生物が進化し,頭脳の発達した人間が誕生して以後に誕生した新しいタイプのシンボル記号である.私たち人間はすべて,生まれてからそれぞれの民族がもつ固有の言語を習得し,この言語を用いてさまざまな概念を学びとり,言語によって構成されるさまざまな「言語情報」を通して世界を認識することができるようになった.

言語という記号によって表現された複数の概念の有意味な組み合わせのことを,一般に「言語メッセージ」という.言語メッセージを用いることにより,私たちの住む世界に関するほとんどあらゆる情報を表現したり,伝達したりすることが可能になる.例えば,「アメリカがイラクに侵攻した」という言語メッセージは,「アメリカ」「イラク」「侵攻した」という有意味な3つの記号が一定の文法的規則で組み合わさった結果つくられたものであるが,これによって私たちは,中東地域で生じたある出来事に関する情報を知ることができるのである.

私たち人間は,言語を創造することによって,単なる感覚刺激や遺伝子記号によっては伝えることのできない遠くはなれた場所での出来事や,過去・未来の出来事(人間にとって重要な意味をもつ環境世界)について知ることができるようになっただけではなく,虚構の世界,空想の世界,科学的認識の世界など,言語の使用によってはじめて可能になった新しい情報世界を創造することもできるようになったのである.

言語はまた,生体記号や自然記号の働きをある程度代替することができるので,人間は他の生物に比べて,環境を認識したりコミュニケーションを行う上で感覚器官に依存する程度が大幅に低くなっている.したがって,ヘレン・ケラーのように目や耳が不自由な人でも,言語の認識,表現能力があれば,他の

人たちと変わらない，豊かな人生を送ることができるのである．このことは彼女の自叙伝の有名な一節によってはっきりと示されている（Hellen Keller, 1905＝1966）．

　生まれてまもなく光と音の世界を失ったヘレン・ケラーが，家庭教師サリバン先生の助けによってはじめて，「言語」というシンボル記号によって構成される，まばゆいばかりの「情報世界」に足を踏み入れた瞬間の感動的な描写を次に引用しておこう．

> 　私（ヘレン・ケラー）と先生は，井戸小屋を覆っているスイカズラの香りに誘われて，小道をつたって小屋まで下りて行った．だれかが水を飲んでいた．そこで，先生は私の手をほとばしっているものの下に出させた．冷たい流れが手の上をほとばしっているとき，彼女は私のもう一方の手のひらに「水」（WATER）という文字を，はじめはゆっくりと，次は早めに綴った．私はじっとして全身全霊の注意を彼女の指の動きに集中した．
> 　突然，私は何かいままで忘れていたものに対するぼんやりした意識を感じ，思想を取り戻したという，胸の踊るような喜びを感じたのである．こうして，私にはともかくも言語の神秘が開示された．そのとき私は，W-A-T-E-Rというのは私の手の上を流れているすばらしい冷たいなにものかを意味しているのだということを知った．その生き生きとした言葉は私の魂を目覚めさせ，それに光と希望と歓喜を与え，そして解放してくれたのである．

　言語というのは，聴覚的ないし視覚的なシンボル記号の一種であるが，生体記号や自然記号，あるいは言語以外の人為記号とは本質的に異なる特徴をもっている．それは，二重に分節化された構造をもっているということである．

　まず，どのような言語も，意味を持たず音だけを弁別できるような最小単位である「音素」というレベルに分節化されている．次に，音素を組み合わせることによって，意味を生成する最小単位である「語」または「テクスト」のレベルに分節化されている．そこで，言語はしばしば，「二重分節」構造をもっているといわれる．

　言語というシンボル記号は，音を生成する「音韻」，意味を生成する「語」

またはその組み合わせとしての「テクスト」という二重の下位構造に分節化されているということができる．このような二重分節構造のおかげで，例えば英語の場合にはアルファベット26文字，日本語の場合には五十音の組み合わせをもとに，無限の情報を生成することが可能になっているのである．

　第2の特徴は，言語記号のもつ「恣意性」である．これは，言語の表現形式（たとえば「イヌ」「ネコ」など）と，それが表す意味内容（ないし指示対象）との間には何らの特別な必然的な関係はなく，単に社会的な慣習（約束事）で結ばれているにすぎないことを意味している．こうした言語の恣意性のおかげで，新しい概念を作りだしたり，未知の世界（たとえば，生物の新種）を認識する場合にも，それらに任意の言語表現（ことば）を当てはめることによって，情報を無限に表象することが可能になるのである（池上・山中・唐須，1994：pp. 26-28)．

3．メディアとは何か

「メディア」ということばの変遷

　マスメディア，ニューメディア，マルチメディア，メディア産業など，私たちの社会で「メディア」ということばは日常用語としてすっかり定着している．

　「メディア」(media) ということばが，今日のように情報を伝達する手段あるいは装置という意味で使われ始めたのは，実は20世紀に入ってからのことである．英語では media というが，これは medium の複数形である．ウェブスター語源辞典 (Merriam Webster Word Histories) によれば，medium の語源はラテン語の medium もしくは medius であり，「中間」という意味をもっていた．それが16世紀に英語として使われ始めた当時は，「中間的ないし媒介的な位置に横たわっているもの」という意味で用いられていた．しかし，16世紀末頃には，「何かを伝えたり，影響を及ぼすための手段」という意味でも使われるようになったという．18世紀中頃になると，「交換の手段」(medium of exchange) というように，商取引の手段という意味で media ということばが使

われるようになった．今日のように，コミュニケーションの媒体として「メディア」ということばが使われるようになったのは，20世紀に入ってからである．1919年になって，電信，電話，郵便などを総称して「コミュニケーションのメディア」（media of communication）と呼ぶようになり，ラジオ放送開始数年後の1923年には，新聞やラジオや映画に対して「マスメディア」（mass media）という呼称が与えられるようになった．また，この頃から"media"という，本来は複数形の名詞が単数形の普通名詞としても使われるようになり，mediumという用語はあまり使われなくなった．最近は英語圏でも"one media"とか"a new recording media"といった単数的表現が違和感なく使われるようになっている．

このように，メディアという概念は，もともと「中間的な位置にあって何かを媒介する手段」という意味をもっていたが，20世紀に入ると，とくに各種のコミュニケーションを媒介する手段の意味で使われるようになった．おそらくは，新聞，電信，電話，映画，ラジオなどの新しい情報伝達手段が次々と実用化され，これらに対する総称が必要になったため，「メディア」という用語が充てられることになったのではないかと思われる．メディアの本質は，このようにコミュニケーションを媒介する手段だという点にある．つまり，メディアは情報を送り手から受け手に伝達するための道具ないし手段として用いられるものである．ただし，本書ではメディアをもう少し広い意味で用いる．すなわち，情報の伝達（コミュニケーション）だけではなく，情報を蓄積したり，処理したりするために用いる道具あるいは装置も含めて「（情報）メディア」と総称することにしたい．

情報・記号・メディアの関係

情報が記号の力なしには存在しえないのと同様に，情報はまたメディアの力なしには存在しえない．記号との関係において，この点を考えてみよう．

一般に，記号と同じように，メディアもまた，「生体メディア」「自然メディ

ア」「人為的メディア」という3つの基本的類型に分けて考えることができる．本書で取り上げるのは，最後の人為的メディア（情報メディア）である．

　目，耳，口，声帯，手足，顔，脳，神経，内分泌器官，などの生体組織は，人間が生まれつきもっているメディアである．こうした「生体メディア」ないし「身体メディア」が今日でもメディアの原点にある．感覚刺激やシグナルの受発信，表情や身振りなどの非言語的メッセージのやりとり，口頭の発話といった身体記号を使った情報の伝達は，日常生活にとって，欠くことのできないコミュニケーションである．また，さまざまな自然現象や外界の事物を，記号の表示，伝達手段，保存手段として活用することも，日常的に行われている．たとえば，雲や虹，花や植物，動物などが「記号」を表示するメディアの役割を果たすこともある．

　しかし，身体メディアや自然のメディアだけでは，情報を伝達，処理する能力には限界がある．そこで私たち人間は，身体の外側で，情報を伝達，処理する能力を拡大するための専用の道具，すなわち各種の「情報メディア」を発明し，発展させてきた．情報メディア発達の歴史は，いわば私たち人間のもつ情報能力拡大の歴史そのものだったといってもよい．(9)

　記号とメディアは，コインの表と裏のような関係にある．記号が進化し，新しい記号が誕生すると，それにともなって，それを表現したり，伝達したり，記録するためのメディアが開発され，変化するニーズに対応するために進化を遂げてゆく，というプロセスがみられる．文字を表現，伝達するためのメディアが粘土板→パピルス→紙→本→新聞→電子メディアへと進化していったのはその典型的な例である．これとは反対に，新しいメディアの登場によって，それにふさわしい記号システムが開発され，普及してゆくというプロセスをたどることもある．視聴覚系メディアの場合，写真→映画→テレビ→マルチメディアというメディアの発展の中で，それまでに存在し得なかったビジュアル記号が次々と生み出され，「情報世界」を大きく広げることに貢献したのがその一例である．「情報化」の進展とは，まさに新しいメディアが生みだされるのに

ともなって，まったく新しい情報世界（たとえば，映像情報の世界やサイバースペース，バーチャルリアリティなど）が創造され，この新しい情報世界が社会システムの中で重要な役割を果たすようになることを意味している．

これを数学的に表現するならば，

$$I = g(M, S)$$

という関係が成立している．ここで，I は情報（Information），M はメディア（Media），S は記号（Sign）を表している．つまり，情報世界を形成するのは，メディアのもつ多様な情報能力と，メディア上における記号の表象作用によるものである．マクルーハンは「メディアはメッセージである」といったが，「メッセージ」を情報と同義だと考えれば，情報を作りだすのは，記号だけではなく，メディアもまた情報生成の一翼を担っているということがいいたかったのだろう．

記号が情報を「表象」する働きをもっているとすれば，メディアは，記号によって表象された情報を生成，発信，受信，伝達，処理，蓄積，再生するという働きを備えている．従来は，新聞，テレビ，ラジオ，電話など，情報を伝達する手段をメディアと総称していたが，コンピュータの発達とネットワークの進展により，情報処理と情報通信が限りなく融合しつつあり，高度の情報処理能力をもつコンピュータもまた，重要な情報メディアとして位置づけられるようになっている．それによって，多メディア化，マルチメディア化が急速に進んでいるのである．

メディアの類型

メディアにはさまざまな種類のものがあり，その分類の仕方にもいろいろな方法が考えられている．その代表的な分類を一通りみておこう．

まず，情報を伝える搬送体（キャリア）の性質を基準として分類すると，① 空間系メディア（広場，モニュメント，劇場，競技場，映画館，コンサート

ホール，屋内・屋外のイベント会場など），② 輸送系メディア（新聞，雑誌，書籍，郵便，ビデオソフト，CD，DVD など），③ 有線系メディア（固定電話，ケーブルテレビ，光ファイバー通信など），④ 無線（電波）系メディア（ラジオ放送，テレビ放送，同報無線，データ放送，携帯電話，無線 LAN など）に分けることができる．メディアの歴史をたどってみると，① からはじまって，②，③，④ へと進化してきたことがわかる（詳しくは 3 章以降を参照）．

次に，記号の特性を基準として分類すると，① 文字（テキスト，印刷）系メディア（新聞，雑誌，書籍，手紙など），② 音声系メディア（講演会，ライブ演奏，ラジオ，オーディオ機器，電話，CD，テープなど），③ 視覚系メディア（美術作品，演劇，映画，テレビ，ビデオ，DVD など）に分けることができる．ただし，現存するメディアは，これらのカテゴリーのいずれかひとつだけに属するというわけではなく，2 つあるいは 3 つの要素を部分的に含む場合が多いことに注意しておく必要がある．たとえば，テレビは映像を駆使した視覚系メディアに分類されているが，音声や文字も当然含まれる．新聞，雑誌にしても，写真や図表など文字以外の記号が頻繁に使われている．また，インターネットや DVD など昨今の電子メディアは，以上の ① から ③ のすべてを含む「マルチメディア」型メディアへと進化しているのが実情である．

第 3 に，コミュニケーションの特質を基準とするメディア分類法がある．コミュニケーションの規模で分類する場合には，① パーソナル・メディア（電話のように 1：1 でコミュニケーションが行われる場合や，テレビゲーム，CD，DVD のように 1 人で楽しめるメディア），② グループ・メディア（ミニコミ誌，電子掲示板，チャット，電子会議室などのように一定数以下の送り手ないし受け手の間で n：n のコミュニケーションを行うためのメディア），③ マスメディア（新聞，テレビ，雑誌，ホームページのように，特定の送り手から不特定多数の受け手に向けて 1：n の情報伝達が大量に行われる場合）という分け方が可能である．また，情報伝達の方向性を基準として分類すると，① 一方向メディア，② 双方向メディアに分けることができる．新聞やテレビな

図1.2 メディア・マトリックス

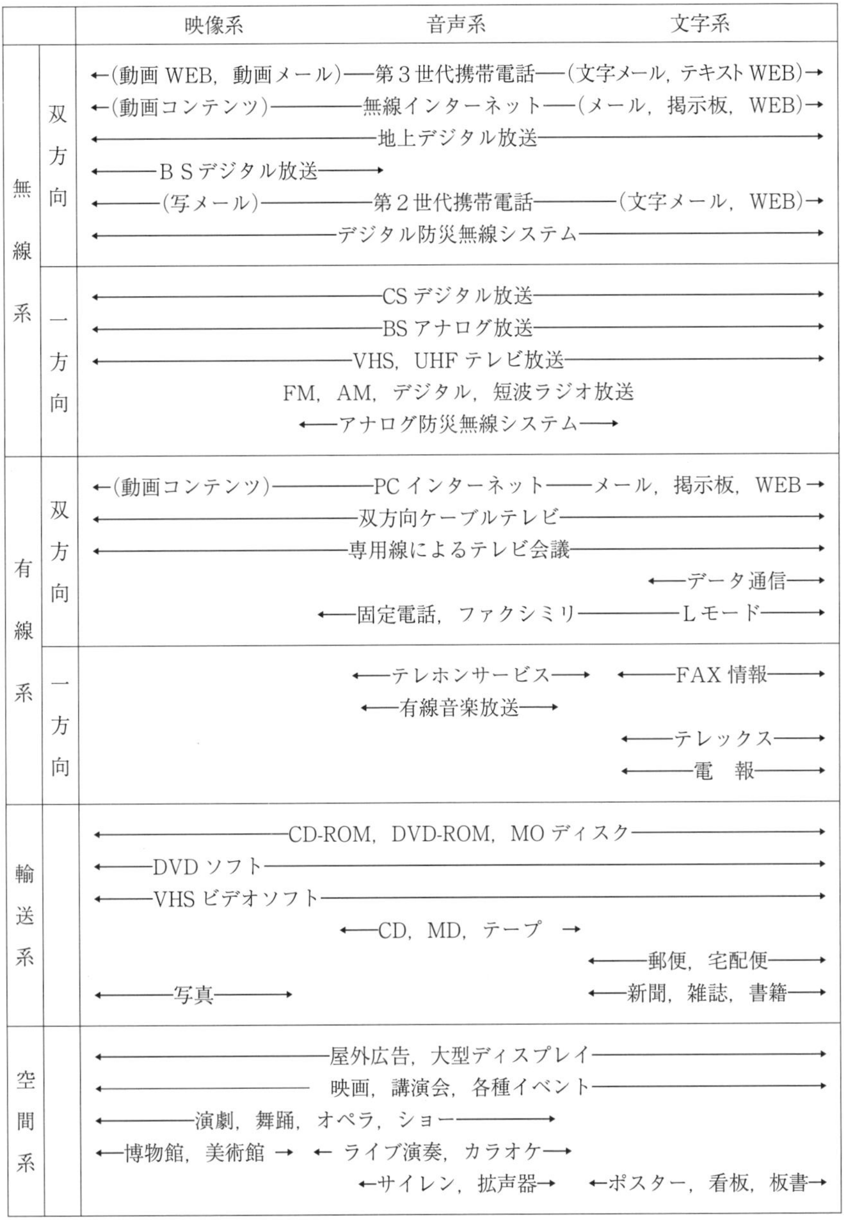

		映像系	音声系	文字系
無線系	双方向	←(動画WEB, 動画メール)──第3世代携帯電話──(文字メール, テキストWEB)→ ←(動画コンテンツ)────無線インターネット────(メール, 掲示板, WEB)→ ────────地上デジタル放送──────── ←──BSデジタル放送── ←──(写メール)────第2世代携帯電話────(文字メール, WEB)→ ────デジタル防災無線システム────		
	一方向	←────────CSデジタル放送──────── ←────────BSアナログ放送──────── ←────VHS, UHFテレビ放送──── FM, AM, デジタル, 短波ラジオ放送 ←──アナログ防災無線システム──		
有線系	双方向	←(動画コンテンツ)────PCインターネット────メール, 掲示板, WEB→ ────双方向ケーブルテレビ──── ────専用線によるテレビ会議──── ←──データ通信── ←──固定電話, ファクシミリ────Lモード──		
	一方向	←──テレホンサービス──→ ←──FAX情報── ←──有線音楽放送── ←──テレックス── ←──電　報──		
輸送系		←────CD-ROM, DVD-ROM, MOディスク──── ←──DVDソフト── ←──VHSビデオソフト── ←──CD, MD, テープ──→ ←──郵便, 宅配便── ←──写真── ←──新聞, 雑誌, 書籍──		
空間系		←────屋外広告, 大型ディスプレイ──── ←────映画, 講演会, 各種イベント──── ←──演劇, 舞踊, オペラ, ショー── ←──博物館, 美術館──→ ←──ライブ演奏, カラオケ──→ ←──サイレン, 拡声器──→ ←──ポスター, 看板, 板書──		

ど在来のマスメディアやインターネット上のホームページは，基本的には送り手から受け手へ一方的に情報が伝達されることで完結する一方向メディアである．これに対して，電話や電子メール，電子掲示板，チャット，ネットゲームなどは，送り手からの情報伝達に対して受け手が直接反応を返すことのできる双方向メディアである．さらに，コミュニケーションの到達範囲，流通範囲を基準として分類するならば，① 地域メディア（ローカル紙，タウン情報誌，コミュニティFM，ケーブルテレビ，ローカル放送のように，市町村や都道府県をエリアとするメディア），② 全国メディア（全国紙，大衆雑誌，ネットワーク放送などのように，全国をエリアとするメディア），③ グローバル・メディア（インターネット，衛星放送のように，国境を越えて複数の国家または地球全体を流通エリアとするメディア）に分けて考えることもできる．歴史的にみると，メディアの到達範囲は ① → ② → ③ へと拡大してきたことがわかる．

　以上のように，メディアの分類はさまざまな次元で行われてきたが，現代の代表的メディアを以上の分類軸にしたがって整理するために，「記号・メディア特性」を横軸に，「搬送体特性」と「コミュニケーションの方向性」を縦軸にした「メディア・マトリックス」をつくると，図1.2のようにあらわすことができる．下から上に行くほど，新しい21世紀型のマルチメディアに近づいていくことがわかる．

メディア特性

　それぞれのメディアは，独自の特性をもっている．同じ情報や記号であっても，それがどのようなメディアを搬送体とするかによって，まったく異なる特性を備えるようになる．たとえば，テレビ番組の情報は，テレビという同時性の強いメディアでは，長期の保存や繰り返し再生が不可能だったが，ホームビデオの普及によって，タイムシフト視聴や繰り返し視聴など，これまでテレビでは不可能だった機能を実現できるようになった．つまり，ホームビデオとい

うメディアが，利用者に対してテレビ番組という情報に新しい機能を付加することになったのである．そこで，上のマトリックスであげた各メディアがどのような特性を備えているかという点を整理してみよう．

(1) 時間的特性
同時性（速報性）
メディアの発達，とくに有線，無線の通信技術は，メディアのもつ情報処理，伝達のスピードを飛躍的に高めてきた．テレビ，ラジオの登場で，ニュースの速報性は飛躍的に高まった．インターネットでは，情報源からのニュースがダイレクトに利用者に届き，さらに速報性は高まっている．これに対し，輸送系メディアは一般に送り手から受け手に情報が伝達されるまでにかなりの時間がかかり，速報性では劣っている．

随時性（非同期性）
テレビやラジオは速報性にはすぐれているが，番組編成上の問題から，利用者にとって時間をずらした視聴が難しい．オーディオテープ，MD，ホームビデオなどの録音，録画装置を使えば，留守録機能により視聴時刻をずらすこと（タイムシフト）が可能になる．電話も同時性が強いために時間をずらして情報を伝えることが難しかったが，ボイスメールに録音することによって，情報送受信の随時性（非同期性）が高まった．携帯メールやPCメールは，送受信したメールを一時的にメールサーバーに蓄えておくことによって，随時性を飛躍的に高めている．

耐用性（情報蓄積性）
瞬間的に消えてしまう情報を大量に長期間保存できるメディアは，情報耐用性にすぐれている．新聞，雑誌，書籍などの文字系メディアは，情報の耐用性・保存性にすぐれている．

また，すでに述べたように，本来同時性の強いテレビの欠陥を補うために開発されたビデオデッキやオーディオ装置を活用することによって，映像や音声

を長期にわたって蓄積，保存することが可能になった．

(2) 空間的特性
流通範囲（到達エリア）
輸送系メディアは，伝送時間はかかるが，流通範囲は輸送機関が利用できれば，広い範囲にまで及ぶ．新聞，雑誌，書籍，CD，DVDなどは全国，さらには海外にまで販路を広げることができる．情報通信技術を使ったテレビ，ラジオ，インターネットなども，情報を世界的規模で流通させるのに適している．また，情報の種類によって，流通範囲が限定される場合もある．地域情報の流通に適しているメディアは，ローカル紙，タウン情報誌，ケーブルテレビ，コミュニティ FM などである．全国レベルで情報を流通させるためには，ネットワークテレビ，ラジオ，全国紙，CD や DVD などの輸送系メディアが使われる．また，インターネットや衛星放送は，国境を越えてグローバルに情報を流通させるのに適している．

利用場所
同じ映像でも，場所によって，その形態と利用スタイルは異なったものになる．映画館の大きなスクリーンで楽しむ映画，家庭のリビングルームにおかれたテレビで見る映画，マルチメディア対応パソコンでディスプレイの一部に写す映像，DVD プレイヤーで見る映画，電車の中で次世代携帯電話の小さな画面から見る映画，それぞれ利用場所が異なるだけではなく，そこで見られる映画の種類，視聴スタイル，映画鑑賞から得られる充足などはそれぞれ異なっている．

可搬性（モバイル性）
メディアは，それが一定の場所に固定されているか，それとも空間的に移動可能かという視点から分類することもできる．カナダの文明評論家，イニス (Innis, 1951 = 1987) は，紙の発明によって情報を遠方まで伝えることが容易になり，それが広大なローマ帝国支配を可能にしたと考え，これを「空間のメ

ディア」と呼んだ．つまり，可搬性の高いメディアは，交通機関の発達とあいまって，空間的な制約を克服する役割を果たすのである．その点では，携帯電話，PDA（携帯情報端末）などのモバイル通信機器は，まさに最先端の「空間のメディア」だといってよいだろう．

(3) 情報特性
大量性（情報量）

　メディアが登場した理由の1つは，人間の情報処理，伝達，記憶能力の限界を克服する点にあったが，メディアによって伝達できる情報量の大きさは，その点でも重要である．18世紀以降の産業革命によって，新聞や雑誌の大量印刷，大量流通が可能になり，いわゆるマスメディアが登場した．また，19世紀末の電気通信技術と20世紀の視聴覚メディアの発展によって，映像や音声を大量に制作，伝達することが可能になった．インターネットでは合計して数十億ページものウェブサイトが利用可能である．また，DVD-ROMなどの大容量ディスクと検索ソフトを使えば，百科事典，辞書，データベースなどの膨大な情報を記録し，その中から必要な情報を短時間で取り出すことが可能になっている．

選択可能性（多チャンネル）

　1つのメディアから自分の好きな情報を自由に選択可能かどうかという点も，メディアの重要な特性の1つである．とくに画一的，同質的な大衆文化，大衆消費時代が終わり，個性的な生き方を重視し，人々の価値観や嗜好が多様化した現代社会では，情報コンテンツの選択可能性の大きさがメディアの価値を規定する重要な要因になっている．多チャンネル・ケーブルテレビや衛星放送（CS，BS）が発展する背景にも，番組の品揃えと選択性の高さがある．インターネットも，情報選択性の高さという点では，どのメディアよりもすぐれている．ただし，選択した情報の質や信頼性という点では，マスメディアにくらべて問題を含む場合が少なくない．

情報モード（マルチメディア性）

　メディア・マトリックスでみたように，最近の通信系メディアは，映像，音声，文字などさまざまなモードの情報を同時に提供することができるようになっている．とくに，デジタルメディアは，あらゆる情報モードを1か0のデジタル信号に変換して処理することができるので，多様な情報の提供に適している．DVD，インターネットなどのマルチメディアは，その中で新聞，雑誌，テレビ，ラジオ，映画，音楽など既存のメディアから提供されるサービスを包摂するようになっており，情報モードの多様性はきわめて高くなっている．

(4)　**利用特性**

コスト（価格）

　メディアを利用するコストは，テレビやラジオのように無料のものから，ケーブルテレビ，新聞，雑誌，書籍，携帯電話のように有料のものまでさまざまである．メディアのコストは，ケーブルテレビ，インターネットのように利用者から料金を徴収する場合もあれば，広告スポンサーから情報提供の見返りとして徴収する場合もあり，また，新聞，雑誌，書籍，映画，PPV（ペイパービュー番組），携帯電話のパケット情報サービスのようにひとまとまりの情報に対して販売価格を設定する場合もある．どのくらいが適正価格かということは，他の財貨と同様に情報の流通市場における需要供給関係によって決定される．

操作性（使いやすさ）

　メディアがどの程度社会に普及するかを規定する重要な要因として，メディアの使いやすさ（操作性）がある．テレビが1950年代から60年代にかけて急速に普及した背景には，スイッチひとつで見られるという操作性の高さにあったことは疑いない．これに対し，コンピュータやインターネットは，まだ使いやすさという点ではかなり劣っており，テレビほどの急速な普及はみられず，いわゆるデジタルデバイドという利用者間の格差を生じている．80年代にニュー

メディアの旗手として喧伝されたビデオテックスが普及せずに消えてしまった理由の1つは，操作性の悪さにあったことは，当時の調査研究でも指摘されている（三上，1991など）．

用途（パーソナル性）

どのようなメディアも，普及初期は，価格が高いこともあって，ビジネス用途で使われることが多いが，価格の低下，サービスの多様化，大衆化に伴って，次第にパーソナルな用途の割合が高くなるという傾向がみられる．ビデオデッキ，ポケベル，携帯電話，インターネットなどはいずれも，普及初期はビジネスマンや専門家が仕事用に使っていたのが，次第に一般市民がパーソナル，プライベートな用途に使うようになり，それが爆発的な普及と大衆化を引き起こすという共通点をもっている．

(5) **IT親和性**

デジタルかアナログか

21世紀の情報革命の担い手は，いうまでもなく，インターネット，携帯電話，BS，CSなどのデジタルメディアである．したがって，情報をデジタル化して扱えるかどうかという点は，現代のメディアにおいてきわめて重要な特性である．デジタルメディアは，一般に情報の劣化が少なく保存性と再現性が高い，高精細度の映像が提供できる，コンピュータでの情報加工が容易で編集性にすぐれる，多様な情報モードを統合的に扱える，高速で大量の情報を処理できる，プログラムによる体系的な情報検索を行える，などの特性をもっている．

一方，アナログメディアは，さまざまな欠陥をもっているとはいえ，人間の細やかな感性や体感を伝えることができるという点では，デジタルメディアにはない優れた特性を保持しており，デジタルメディアによって完全に置き換えられてしまうことはないだろう．

ネットワーク接続性

新聞，雑誌，書籍，ラジオ，テレビなど在来のメディアは，相互にネット

ワークで接続して利用することが難しかったが，デジタル化することによって，ネットワークとの接続性を高め，その利用価値が飛躍的に高まっている．電子新聞，メルマガ，電子出版（DTP），インターネット放送，リアルビデオなどによる番組のオンライン配信などの新しいネットサービスが次々と始まっており，在来メディアとニューメディアの融合が急速に進みつつある．こうしたネットワーク接続は，既存メディアのもつ特性を大きく変容させている．

（注）

（１） 記号と情報は別の概念であり，両者は明確に区別して認識する必要がある．この点では，従来の情報論では，情報＝記号とする混同がしばしば見られる．例えば，吉田民人は，「情報とは物質・エネルギーの時間的・空間的・定性的・定量的パターンであり，パターンとは〈秩序―無秩序〉の視角からとらえられた物質・エネルギーの属性である」とし，これを「広義の情報」として定義している（吉田，1967：p. 82）．しかし，本書の以下の説明でも明らかなように，「パターン」は記号としての働きをもつが，それによって表象される情報そのものとは区別されるべきものである．吉田による情報概念は，その後かなりの影響力を持ち，情報＝記号という認識面の混同が最近の情報論にまで受け継がれている（例えば，梅棹，1988；正村，2000など）．逆に，記号論においては，記号を情報とはっきり区別する定義が一般的である．たとえば，池上嘉彦は記号を次のように定義している．「或る情報を他者に伝達したいと思っている人がまずなさなくてはならないことは，そのままでは影も形もない情報に形を与えて，相手にもその存在を感じとって貰えるようにする―つまり，「表現」する（表に現わす）―ことである．「表現」は二つの性質を備えていなければならない．一つは，情報の内容を表わしていること，もう一つは，相手によって知覚されうるということである．そのような両面を備え，表現の役を示すもの―それが一般に「記号」（sign）と呼ばれるものである．」（池上・山中・唐須，1994：p. 14）．

（２） 橋元は情報が記号に従属しない概念であるとして，次のような例をあげている．「たとえば，"明日，授業を休みます"という記号列は，その記号がもつ表現内容との慣習的関連において，受信者にある一定の情報を伝える．が，同時に，場合に応じて，声調・筆跡・イントネーション・言葉遣い等の付随要素から，たとえば記号の使用者が女性であること，関西出身者であること等の情報も伝えうる．……（中略）これは"情報"が記号に従属しない概念であるところに起因する」（橋元，1990：p. 100）．しかし，ここで付随要素と

される声調などは，非言語的なメッセージつまり記号であり，こうした言語的，非言語的な記号の組み合わせ集合が，特定の情報を受け手に伝えるわけだから，やはり「情報は記号によって伝達される」という依存的な関係は否定できないだろう．

(3) 客観的，総合的に評価すると，「情報」という日本語が産声をあげたのは，たしかに小野の探索の結果，明治9年，酒井少佐の翻訳したフランス軍事書の翻訳だったという結論を下すことができる．ただし，音成が独自の調査で，同じ酒井少佐の翻訳書に，明治11年というほぼ近い時点での「情報」用語を発見したのは，これに匹敵する発見だったと評価できる．仲本によれば，「小野厚夫氏（神戸大学），音成行勇氏（七尾短大）が，別々に調査を進められ，明治初年，酒井忠恕陸軍少佐が造語したことを突き止めた．当時，陸軍士官学校がフランス陸軍のテキスト4点の翻訳を企てて，その実行を酒井少佐に命じており，フランス語の "renseignement" の訳語として，「情状の報告または報知」を短縮したものと，小野氏らは推定した」としている（仲本，2003）

(4) 森鷗外が1911（明治44）年に刊行した小説『藤鞆絵』には，「情報」ということばが次のように使われている．「佐藤の為めには，かう云ふ不慮な出来事は，丁度軍隊の指揮官が部下の大勢ゐる前で，予期してゐない情報を得た時のやうなものである」（森鷗外，1911＝1972, p. 225）．主人公が若くて美しい芸者に出会ったばかりというのに，「あら．暫く．」と挨拶され，不意打ちを食らった様子を描写したくだりである．続く段落でも，『情報』ということばが比喩的に使われている．「『あなたあれ切り手紙も下さらなかったのね．随分だわ．』このことばには第二の情報が含まれてゐる．あれ切りの「あれ」と云ふ語がそれである．あれは或る積極的な出来事を指示してゐる．併しその出来事は，佐藤の為めには未知数である」（森，1972, p. 226）．鷗外は日清・日露戦争で軍医として出征した経験をもち，この小説を出した当時は，陸軍軍医の最高職に就いていた．また，1901（明治34）年には，クラウゼヴィッツの『戦争論』を翻訳し，その中で「情報」という訳語を繰り返し用いた．また，この頃には国語辞典にも「情報」ということばが「事情の報せ」を意味する新語として登場していた．鷗外が『藤鞆絵』で，再三にわたって，「情報」ということばを，軍事用語の比喩的使用とはいえ，日常生活の文脈で用いたのは，こうした個人的，社会的背景があったためと考えられるが，読者の注意を引きつける効果を狙ったとも解釈できる．電子図書として語彙検索が可能な鷗外の作品を調べてみると，この他に「情報」ということばが出てくる小説としては，1914（大正3）年に発表された『大塩平八郎』と，1916（大正5）年に発表された歴史小説『渋江抽斎』がある．どちらの小説にも，1カ所だけ「情報」ということばが出てくる．『大塩平八郎』の場合には，大阪の取り締まり当局が一揆の鎮圧に向けて情報活動を行っている様子を描写し

た次の箇所である。「土井の二度の巡見の外，中川，犬塚の両目附は城内所々を廻つて警戒し，又両町奉行所に出向いて情報を取つた」（森，1914＝1972, p. 45）。これも，平常時ではなく，銃砲類をもって決起した大塩ら過激派と取り締まり当局との間の準戦時体制における情報活動を記述した箇所であるから，軍事用語に準じる形で使用されたものと思われる。また，『渋江抽斎』では，「戦争は既に所々に起つて，飛脚が日ごとに情報を齎した。」という風に使われており，これも戦争中の情報活動を意味している（森，1916＝1999）。このように，森鷗外は「情報」ということばを，比喩的にせよ軍事用語として用いていたことがわかる。また，筆者が調査したところによると，同時代の文豪・夏目漱石の小説には，公開されている電子図書で語彙検索した範囲では，「情報」ということばはまったく使われていない。情報ということばが，日常生活でニュートラルな意味で広く使われるようになるのは，海外からinformation theory（情報理論）が輸入され，学術用語として再導入された第二次大戦後と考えるのが自然だろう。

（5）ベニガーは，情報のもつコントロール機能に注目し，19世紀に始まった産業革命が，大量・高速の生産，流通を可能にしたことから，「コントロールの危機」をもたらし，その危機に対応するべく高速・大量・遠隔地間の情報伝達・処理を可能にするテクノロジーが次々と開発され，そうした「情報革命」＝「コントロール革命」を通じて，今日の情報社会を生み出すことになったと指摘した（Beniger, 1986；水野，1999）。

（6）ここでの「情報化」という表現は，「記号化」と対概念であり，記号を媒介として生成されるパターンという意味では，池田謙一（1987）の用語法と近い。ただし，そこで生成される情報は必ずしも意味を伴うとは限らないこと，また，コントロールという主体の積極的な情報処理作用を前提とはしていない，という点では池田の概念と一線を画している。

（7）吉田民人は，これを「内記号」と呼び，高分子記号（DNAなど），ホルモン記号（インシュリンなど），神経記号（神経細胞の電気的パルス信号など）の3つの系統に整理している（吉田，1967：pp. 41-46）。

（8）吉田民人は，これを「外記号」と呼び，生得的外シグナル（生物の色，形状，匂いなどの刺激パターン，ミツバチのダンスなどの生得的な行動パターン），習得的外シグナル（学習することによって，情報を取り出したり伝えたりすることのできる外部の自然的パターン），外シンボル（イコンや言語など）の3つにまとめている。このうち，「外シンボル」は，記号としての働きをするものとして人為的に作られるので，本書では自然記号とは区別して考えることにしたい。

（9）マーシャル・マクルーハンは，メディアを「人間の（機能的）拡張」と定義した（Macluhan,）。すなわち，電話は耳の（機能的）拡張，テレビは視覚

や触覚の（機能的）拡張，電気通信は神経系の（機能的）拡張，衣服は皮膚の（機能的）拡張という具合に（McLuhan, 1964 = 1987）。本書の考え方もマクルーハンのメディア概念に近いが，マクルーハンのように，人間の（機能的）拡張物のすべてをメディアとする「汎メディア論」的な考え方はとらず，あくまでも「情報」機能の拡張物という限定された意味で用いる。

参考文献
Ayto, Jone, 1990, *Bloomsbury Dictionary of Word Origins*, p. 299.
Belkin, N.J, and Robertson, S.E.,1976, "Information Science and the Phenomenon of Information," *Journal of the American Society for Information Science*, 27(4), pp. 197-204.
Beniger, J.R., 1986, *The Control Revolution*, Harvard University Press.
Diener, R.A., 1989, "Information science. What is it?... What should it be?," *Bulletin of the American Society for Information Science*, 15 : 5, p. 17.
Hayes, R.M., 1969, "Education in Information Science," *American Documentation*, 20, pp. 362-365.
橋元良明, 1990,「ミクロ的視野からみた『情報』と『意味』」東京大学新聞研究所編『高度情報社会のコミュニケーション』東京大学出版会
林雄二郎, 1972,『情報社会論』講談社現代新書
池田謙一, 1987,「情報行動論試論―その理論的可能性の検討」『東京大学新聞研究所紀要』36, pp. 55-115.
池上嘉彦・山中桂一・唐須教光, 1994,『文化記号論』講談社学術文庫
Innis, Harold A., 1951 = 1987, *The Bias of Communication*. University of Toronto Press. 久保秀幹訳『メディアの文明史―コミュニケーションの傾向性とその循環』新曜社.
石井寛治, 1990,『情報・通信の社会史』有斐閣, pp. 125-133.
Keller, Helen, 1905 = 1966, *The Story of My Life*. New York : Doubleday. 岩崎武夫訳『わたしの生涯』角川文庫
Machlup, F. and Manfield, U., 1983, *The Study of Information: Interdisciplinary Messages*, New York : John Wiley & Sons.
正村俊之, 2000,『情報空間論』勁草書房
McLuhan, Marshall, 1964 = 1987, *Understanding Media*. New York : American Library. 栗原裕・河本仲聖訳『メディア論―人間の拡張の諸相』みすず書房
三上俊治, 1991,『情報環境とニューメディア』学文社.
三上俊治, 1997,「『情報』ということばの起源に関する考察」『東洋大学社会学部紀要』, 34-2号, pp. 19-42.
水野博介, 1999,『メディア・コミュニケーションの理論』学文社

最上勝也，1988，「『情報』ということば」『放送研究と調査』1月号，pp. 32-45.
森鷗外，1911＝1972，『藤鞆絵』『森鷗外全集』第8巻所収，岩波書店
森鷗外，1914＝1972，『大塩平八郎』『森鷗外全集』第15巻所収，岩波書店
森鷗外，1916＝1999，『渋江抽斎』岩波文庫
長山泰介，1983，「情報という言葉の起源」『ドクメンテーション研究』33号，pp. 431-435.
仲本秀四郎，1993，『情報を考える』丸善ライブラリー
仲本秀四郎，2003，「用語『情報』―ターミノロジー的考察」『情報の科学と技術』52巻，6号，p. 339
西垣通，2004，『基礎情報学』NTT出版
野口悠紀雄，1974，『情報の経済理論』東洋経済新報社
小野厚夫，1990，「明治9年，『情報』は産声」(『日本経済新聞』1990年9月15日朝刊掲載）
小野厚夫，1991，「明治期における『情報』と『状報』」『神戸大学教養部論集』No. 47，pp. 81-98
音成行勇，1990，「経営管理と情報の概念（1）―明治時代における形成過程の考察」『七尾論叢』第2号，pp. 99-125.
音成行勇，1991，「経営管理と情報の概念（2）―明治期における情報のことばの成り立ち」『七尾論叢』第3号，pp. 39-80.
Pearse, Charles, 1986, *Collected Papers of Charles Sanders Pearse*: Vol.1～8, Harvard University Press. 内田種臣編訳『パース著作集2「記号学」』勁草書房
Prigosine, I. and Stengers, I., 1984＝1987, *Order Out of Chaos*. 伏見康治・伏見譲・松枝秀明訳，『混沌からの秩序』みすず書房
Shannon, C.E. and Weaver, W., 1949＝1969, *The Mathematical Theory of Communication*, University of Illinois Press. 長谷川淳，井上光洋訳『コミュニケーションの数学的理論：情報理論の基礎』明治図書出版
Schument, J.R., 1993, "Communication and Information," in Schument, J.R. and Rubin, B.D. (eds.), *Between Communication and Information*, New Brunswick, N.J: Transaction, pp. 6-9.
上田修一，1990，「情報とinformationの語の意味の変化」『情報の科学と技術』第40巻1号，pp. 3-6.
梅棹忠夫，1988，『情報の文明学』中公叢書
Wiener, N., 1954＝1979, *The Human Use of Human Beings: Cybernetics and Society*. 鎮目恭夫・池原止戈夫訳『人間機械論：人間の人間的な利用』みすず書房
吉田民人，1967，「情報科学の構想」吉田民人・加藤秀俊・竹内郁郎編『社会的コミュニケーション』培風館

吉田民人，1997，『情報と自己組織性の理論』東京大学出版会
横田貢，1988，「『情報』という語の成立をめぐって―鷗外初訳かとする見方への疑問―」『情報研究』第9号，pp. 198-220.

■ 2章 メディアコミュニケーションの構造と過程 ■

1．情報行動

情報行動とは何か

　私たちは毎日，朝から晩まで，さまざまな情報を受け取ったり，伝達したり，処理したりしている．平均的な日本人の1日を思い浮かべてみよう．朝起きると，まずテレビのスイッチを入れてニュースを見る．そして，朝食をとりながら新聞に目を通す．通勤電車のなかでは，週刊誌とかスポーツ新聞を読んだり，中吊り広告をながめたりするかもしれない．車内には，携帯メールのやりとりに夢中になったり，マンガを読みふけったり，ヘッドホンステレオに耳を傾けたりしている若者も目につく．オフィスに着くと，まずはパソコンを立ち上げて電子メールをチェックするビジネスマンの姿が目につく．その後は，間歇的に仕事上の電話をかけたり，会議に出席したり，来客と応対したりすることもあるだろう．また，ワープロで各種の書類を作成したり，インターネットで必要な情報を収集したり，表計算ソフトでデータ処理をしたりする人もいる．イントラネットのグループウェアで電子会議やチャットをしたり，同僚と雑談を交わすひとときもある．帰宅後は，家族と夕食をとりながら雑談を交わし，食後のひとときはテレビのバラエティ番組やドラマなどを楽しむ人も多い．若い世代であれば，自室に戻って，好きな音楽CDを聞いたり，DVDビデオを再生して楽しむかもしれない．友人と電話するのも，午後10時台をピークとする夜間の時間帯であることが多い．就寝前のひとときは，学校の友達と携帯電話やメールを交わしたり，日記をつけたり，個人ホームページを更新する人もなかにはいるだろう．

　いま例示した行動はすべて，情報の収集，処理，発信，伝達，受信，蓄積，再生などに関わるものであり，これらを一括して「情報行動」と呼ぶことがで

きる.

情報行動論の展開

「情報行動」という言葉がいつ頃から使われるようになったのかは定かではないが、コミュニケーション研究者によって学問的対象として取り上げられるようになったのは、1970年頃であると思われる[(1)]。

例えば、北村日出夫（1970）は情報行動を「情報を環境との相互作用の中で引き出したり、行動主体にとって必要な情報を捜したり、また、行動主体の1つの行動として情報を伝えたりすること」と定義している。この場合、情報行動は「情報取得行動」と「情報伝達行動」に分けられ、前者はさらに、能動的な「情報探索行動」と受動的な「情報受容行動」に分けられている。また、後者の場合、情報伝達の対象である環境が別の行動主体であって、かつ相互間で情報の交換が行われるならば、そのような情報行動はコミュニケーションにほかならない。加藤秀俊（1972）も北村と同様に個体と環境の間の関係において情報行動をとらえているが、人間が感覚器官を通じて外界から受け取るさまざまな刺激の知覚を情報行動と定義している点が異なっている。この場合には、情報をあらゆる刺激と同義のものとして扱っている点では包括的であるが、情報行動を情報取得に限定している点では狭いとらえ方である。これに対して、中野収（1980）の場合には、情報環境と人間の相互作用として情報行動をとらえている。ここで「情報環境」とは、媒体・記号体系・情報の複合体によって構成される〈場〉のことをさしており、こうした情報環境において媒体、情報を選択し、情報に意味を付与することを通じて情報行動が成立するものと考えている。

一方、吉田民人（1990）は、情報行動という用語は使っていないが、実質的には情報行動論を展開している。吉田は北村らのいう情報行動に相当するものを、「情報伝達」「情報貯蔵」「情報変換」という3つの局面からなる「情報処理」のプロセスとしてとらえている。ここで、情報伝達は「発信」「送信」「受信」

の過程からなる情報の空間的移動を意味し，情報貯蔵は「記録」「保存」「再生」の過程からなる情報の時間的移動を意味し，情報変換は「記号変換」と「意味変換」とからなっている．

　外国では情報行動ということばはあまり使われず，むしろコミュニケーション行為とかメディア利用行動などといった概念のほうがポピュラーである．情報行動論ともっとも親近性の強いコミュニケーション論は，「利用と満足」研究 (Uses and Gratification Studies) であろう．「利用と満足」研究では，単にメディアを利用する行動そのものだけではなく，メディア利用を導く情報ニーズないし動機づけ，メディア利用の結果得られる充足，さらにメディア利用の社会的コンテクストなどをも重要な研究の対象としており，メディア利用行動を一連の社会的プロセスとして理解することをめざしている (Rosengren et al., [2] 1985)．

　情報行動に関する実証的な研究としては，電気通信総合研究所 (1981)，東京大学新聞研究所 (1987)（のちに東京大学社会情報研究所と改称）などの行った調査研究がある．このうち，東京大学新聞研究所の行った調査研究では，メディアを介さない直接型の「第Ⅰ種情報行動」，在来型メディアを利用する「第Ⅱ種情報行動」，ニューメディアを利用する「第Ⅲ種情報行動」に分類した上で，情報機能の4つの次元（収集・処理，伝達，蓄積・利用，操作）と生活行動の26領域とを組み合わせてつくった項目別に，第Ⅰ種，第Ⅱ種情報行動の実行状況および第Ⅲ種情報行動の利用希望とを調査している．調査の結果，情報行動の変化として，第Ⅰ種→第Ⅱ種→第Ⅲ種という単線型の推移はあまり予想されず，むしろ在来型メディアとニューメディアを複合的に利用するケースが多くなると予想されること，またニューメディアを使った第Ⅲ種情報行動として現状で比較的ニーズが強いのは，育児・教育，家庭での機器コントロール，映画・音楽，情報サービスの利用，ホームトレードなどの領域であること，一般に若年層ほどニューメディアへの接触率が高く第Ⅲ種情報行動に対して積極的であること，などが示唆されている．

東京大学社会情報研究所では，1995年以降，5年ごとに，全国の13歳〜69歳の男女を対象とする「情報行動」調査を行っている（東京大学社会情報研究所，1996，2001；橋元，2003）．この調査では，情報行動を次のように分類して，2日間にわたる情報行動の量を時間的に測定している．

A．直接情報行動（人と話をする，集会・会議・会合，授業・講習・講演会，文章を手で書く）

B．メディア利用型情報行動

　B1　パーソナル・メディア利用型（電話，携帯電話・PHS，携帯メール・WEB，ワープロ，パソコン，テレビゲーム，携帯情報端末，PCインターネット，コピー機，ビデオカメラ，カラオケ，その他の電子情報機器）

　B2，B3　マスメディア接触型（テレビを見る，ラジオを聞く，新聞を読む，本を読む，雑誌を読む，マンガを読む，その他の活字文章を読む，録画ビデオを見る，レンタルビデオ，DVD，テープやCDを聴く）

C．その他の情報行動（映画・演劇に行く，その他）

2．情報行動の基本モデル

　本書では，情報行動を「ある個人が，記号とメディアを介して，あるいは直接的に，情報を送受信，処理，蓄積する行為」と定義しておきたい．人間の行為は，内部あるいは外部の環境における変化に適応するために，ある目的，価値，規範あるいは欲求によって動機づけられて開始され，ある程度目的が達成されたり，価値や規範が実現されたり，欲求が充足された状態で終わるようなプロセスとして把握できるが，情報行動はこうした行為を構成する要素の一つである．

　情報行動を，情報リテラシーを基底条件として，目標，価値，規範，あるいは欲求にもとづく情報ニーズの発生から始まり，記号，メディアの選択を経て，

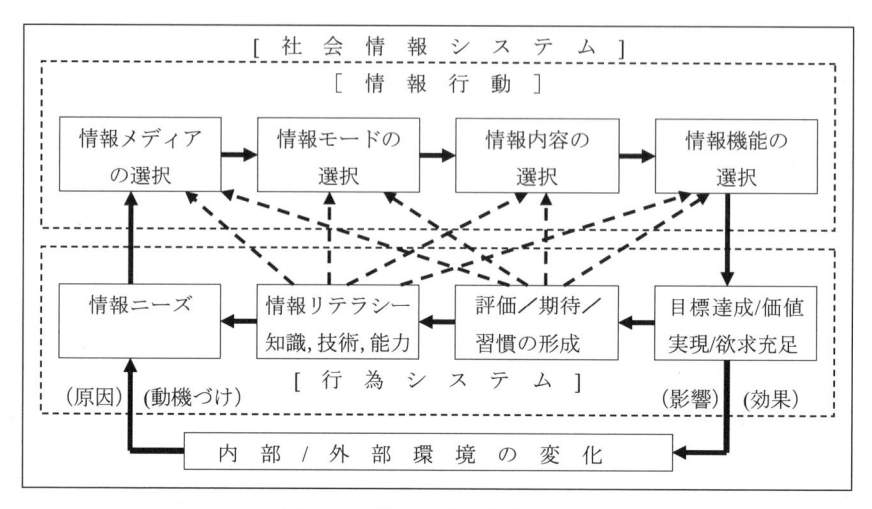

図2.1 情報行動の基本モデル

目標の達成／未達成，価値（規範）の実現／非実現，あるいは欲求の充足／不充足で終わるような行為プロセスとしてモデル化してみると，およそ図2.1のようにあらわすことができる[3]．

このモデルでは，情報行動を，「情報メディアの選択」→「情報モードの選択」→「情報内容の選択」→「情報機能の選択」という4つの位相の継起として捉えている．この4つは，必ずしも時間的にこの順序で生起するとは限らず，あくまでも情報行動のプロセスを論理的，構造的に再構成したものであることをお断りしておきたい．以下では，それぞれの位相ごとに，具体例に則して情報行動の構造と過程を説明しておきたい．

ここでは，災害時の安否情報の収集と伝達という問題を例にとって，このモデルを具体的に適用してみよう．

情報リテラシー

情報リテラシーとは，個人が知的資源としての情報を使いこなすために必要な基本的技能のことをいう（海野・田村, 2002）．「リテラシー」ということばは，

もともと「文字の読み書き能力」のことをさしており，リテラシーの歴史は，アルファベットとともに文字の文化が生成したギリシア時代にまで遡ることができる（詳しくは3章を参照）．読み書き能力としてのリテラシーがとくに問題になったのは，大量の労働者が都市で機械生産に従事し，教育によって読み書き能力を身につける必要性に迫られた18世紀～19世紀の産業革命期であった．日本でも，明治時代にはリテラシーを身につけた大量の読者層が生まれ，大衆文化の興隆を促進する原動力になった．

　しかし，現代社会で問題にされている「情報リテラシー」は，コンピュータやインターネットなどデジタル情報通信技術の発展と普及を背景として，主として，コンピュータやインターネットを利用するための基本的な技能をさしている場合が多い．多くの大学，高校などでは，こうした基本的技能を習得させるために「情報リテラシー」という科目が設置されている．現代人にとって，コンピュータやインターネットを使いこなす技能は，産業革命期の労働者大衆にとっての「活字の読み書き能力」に匹敵する基本的能力とみなされているのである．(4) ここでは，情報リテラシーということばを，情報行動との関連で，より広く次のように定義しておくことにしたい．つまり，情報リテラシーとは，「各種のメディアを用いて，情報を収集，受信，蓄積，処理，発信，伝達するために必要な基本的知識および技能」のことをいう．コンピュータ，インターネット，携帯電話などのデジタルメディアが現代社会では主要なメディアになっている以上，こうした高度の機能を備えたメディアを利用するための基本的技能は，情報リテラシーのなかでも重要な位置を占めている．

　情報リテラシーは，情報行動を規定する重要な要因の一つである．いくらインターネットで情報を得たり，オンラインショッピングをしたいと思っても，それを使いこなす基本的技能（情報リテラシー）がなければ，こうした情報行動をとることは困難だろう．一方，インターネット上で，いくら便利な情報サービスを提供しても，利用者の情報リテラシーがそれに対応していなければ，そうしたサービスは利用されずに終わるだろう．メディア機器のもつ情報機能

についても同様のことがいえる．例えば，携帯電話にはサイレントモード，マナーモード，携帯メールなど，従来の音声通話以外のさまざまな情報機能が付加されているが，一般に年配の人は若い世代にくらべて，こうした情報機能を十分に使いこなしているとはいいがたい．それは，高齢になるほど，携帯電話の各種情報機能を利用するための情報リテラシーが低くなるからだと考えられる．このように，情報リテラシーは，情報行動全般を規定する主要な基底的条件となっているのである．

情報ニーズの発生

　情報行動を引き起こす直接の原動力は，行為者が抱く情報ニーズ，ないし，情報行動への動機づけである．情報ニーズは，情報探索，受信，処理，伝達などに対する人々の関心，志向性（オリエンテーション），欲求，動機づけ，欠乏感，必要姓の認識，目標設定などからなる，心理的な状態変数である．調査などでは，特定の情報に対する関心度や必要性などを聞くという形で測定している．例えば，図2.2は，「ニューメディア研究会」（代表：川本勝）が札幌，高知，東京で行った意識調査において，「地域情報」を13項目に分け，それぞれについてどの程度関心があるかを，「非常に関心がある」から「まったく関心がない」まで4段階で答えてもらった結果である．これをみると，どの地域でも比較的関心が高い地域情報は，「保険，医療，福祉に関する情報」「地域の事件，事故に関する情報」「防犯，防災対策に関する情報」などであることがわかる（川本，2003）．

　このようにして測定される情報ニーズは，行為者の属性，おかれた状況，それ以前の情報行動とそれによる充足度，情報に対する評価と期待，情報リテラシーなどによって，大きく変化するだろう．災害時の安否情報へのニーズを例に，この点を検討してみよう．

　ふだんの生活では，家族や友人の安否について心配するということはあまりないが，大地震が起こった場合などには，被災地域に住んでいる家族や友人の

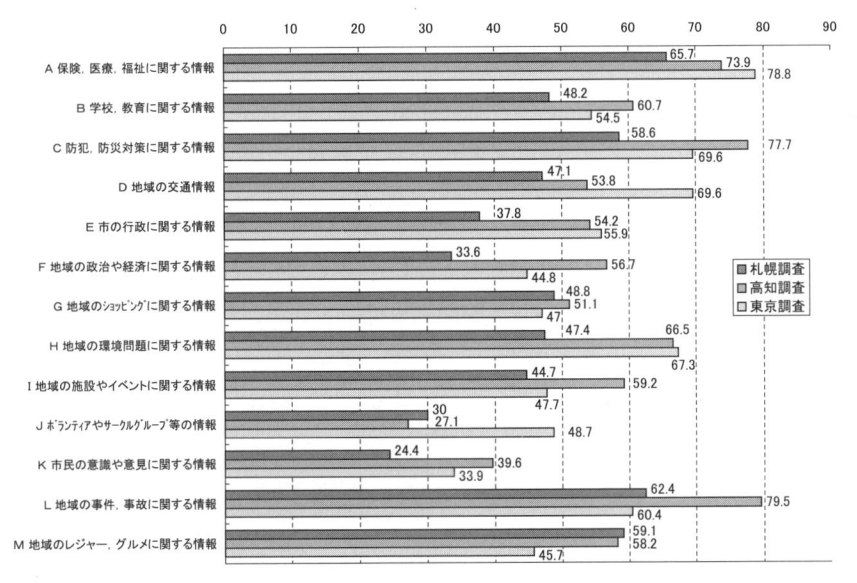

図2.2　地域情報に対する関心度（非常に＋ある程度関心がある人の割合）（％）

　安否がどうなっているかが発災当初は分からず，「安否情報」へのニーズが大量に発生する．例えば，1995年の阪神・淡路大震災では，地震直後，住民へのアンケート調査の結果，当日いちばん知りたかった情報は，もっとも多かった「余震の見通し」に続いて，「家族や知人の安否」をあげた人が神戸市で48％，西宮市で46％と2番目に多いという結果が得られた（東京大学社会情報研究所，1999）．これは，大地震によって，甚大な被害が予想される場合には，被災地域に住んでいる一般市民が無事かどうかという状況把握が非常に困難になり，そこで「状況の不確実性」が一気に増大したからである．そこで知りたい情報は，「家族が無事でいるか？」「どこに避難しているか？」「どうやって連絡をとったらいいのか？」といった情報である．被災地域にいる人たちにとっては，こうした身近な人たちの安否を知りたいという「情報受信」ニーズ以外に，心配している家族や友人たちに自分の無事を伝えたいという，安否情報の「伝達ニーズ」も同時に生じるだろう．つまり，「自分が無事であること」「避難先の

住所，連絡先」などを遠くにいる家族や友人たちに伝えたいという情報ニーズである．

情報メディアの選択

　このような情報ニーズが生じると，情報行動の第一段階として，そのニーズを充足してくれるメディアを選択するという位相が開始される．もし自分も被災地域で災害にあい，家族や友人が同じ屋根の下ですぐ近くにいれば，単に声をかけあうといった直接的なコミュニケーションによって，安否を確認することができるだろう．実際，大地震のときのとっさの行動として，まずとられる情報行動は，まわりの家族と声を掛け合うという，安否確認の行動であることが，過去の調査でも明らかになっている（東京大学社会情報研究所，1999他）．つまり，メディア選択の位相においては，まず「メディア」を利用するか，それとも直接対面的なコミュニケーションをするとか，自分の目や耳で観察するといった，メディアを介さない「直接的」な情報行動をとるか，という選択が考えられる．

　しかし，遠くにいて直接会うことが難しい状況において，家族の安否をすぐにでも知りたいという場合には，とりあえず相手に電話をかけて無事を確認するのが一番手っ取り早いだろう．しかし，阪神淡路大震災のような甚大な被害を伴う大規模災害が発生した直後には，全国から被災地域の家族・友人に向けて電話が殺到して「輻輳」状態を引き起こし，電話がなかなかつながらず，安否も確認できないという事態を生じやすい．そのような状況では，これに代わるメディアとして，伝言ダイヤルサービス，ラジオ，テレビ，インターネット，新聞などが安否情報を知るために有用なメディアとして活用されることになる．

　伝言ダイヤルは確かに輻輳に強いというメリットをもっているが，知名度が低いために，実際に被災地域の人による登録率が低い，利用度が低いという問題点も抱えている．テレビやラジオによる安否放送は，リスナーに安心感を与えるという効果はあるが，本当に知りたい人の安否がいつ放送されるか分から

ないので，実際の安否確認にはあまり役に立たないという欠点もある．インターネットの安否情報検索サービスは，安否を知りたい相手を自動検索してくれるので，情報探索には便利だが，現状では登録される安否情報の数が少ないこと，インターネットに登録される情報の信頼性，正確性が必ずしも保障されないこと，などの問題も抱えている．新聞は閲覧性・保存性・情報の信頼性という点ではすぐれているが，速報性に欠ける，詳しい個人情報までカバーできない，といった問題を抱えている(5)．

このように，安否情報を知ったり，伝える上で，現状ではさまざまなメディアが選択可能であるが，それぞれが一長一短を持っているので，状況に応じたメディアの使い分けが重要になる．

情報モードの選択

次に来るのは，選択したメディア上でどのような形態の「記号」を選択し利用するか，という位相である．これはふつう，「情報モード」と呼ばれている．それぞれのメディアには，利用可能な情報モード（記号形態）のレパートリーがある．

通常の固定電話ならば，主に「音声」という情報モード（記号）が，情報表象，伝送の手段として使われる．災害時に家族や友人の安否を確認したり，伝えたりするには，音声モードで十分だろう．しかし，無事な顔を見たいという場合には，画像を送れる「写メール」とか「テレビ電話」の活用も考えられる．また，ファックスを使えば，音声だけではなく，テキスト，イラスト，写真，地図などの記号（情報モード）も活用することができる．テレビは，テキスト，音声に加えて，写真，動画などの視聴覚的な情報モードを活用できるので，よりアクチュアルな情報の表象，伝達が可能である．ただし，個人の安否情報を伝える上では，必ずしもこうした情報は必要ないかもしれない．インターネットは，テキストから動画までを含むマルチメディア情報を表示することができるが，さらに，膨大なデータベースをプログラムと連動して提供することがで

きる．こうした高度の情報モード（記号体系）を内蔵しているがゆえに，インターネットでは，後述するように，安否情報の自動検索といった高度の機能を実現し，より効率的な安否情報の入手を可能にしてくれる．

したがって，情報モード（記号）の選択は，情報メディアの選択とともに，情報行動において，重要な位相を構成しているといえよう．

情報内容の選択

ひとくちに「安否情報」といっても，具体的にはどのような情報が求められているのだろうか？本当に必要にして十分な内容の安否情報が，必要な場所で，必要な時に，必要な人に対して，適切なメディアから提供されているのかどうか検証してみる必要があろう．

例えば，1995年1月17日に発生した阪神・淡路大震災では，発災から約2時間後，被災地域の神戸市をエリアとするAMラジオ局（ラジオ関西）で，安否情報の受付を始め，その後3日間にわたって，計4177件の安否情報を放送した．その内容をみると，「私は無事です．○○さんは大丈夫ですか？×××－××××に電話してください」「△△にいますから連絡してください」といったように，安否を気遣うものや，無事を知らせたり，連絡を呼びかけるものなどが比較的多かった（三上，1999）．

中村（2004）によれば，災害時に必要とされる安否情報としては，「個人と集団ごとに，死亡・負傷に関する情報，無事であることに関する情報，そしてこれらを知らせるように依頼する情報」などがあり，さらに「安否関連情報」として，「自宅等の物的被害に関する情報と避難連絡先の情報」などがあるという．そして，この中で人々が最も切実に知りたいのは「個人の無事情報」だとしている．

情報機能の選択

ここで「情報機能」というのは，情報の「探索」「送信」「受信」「処理」「記

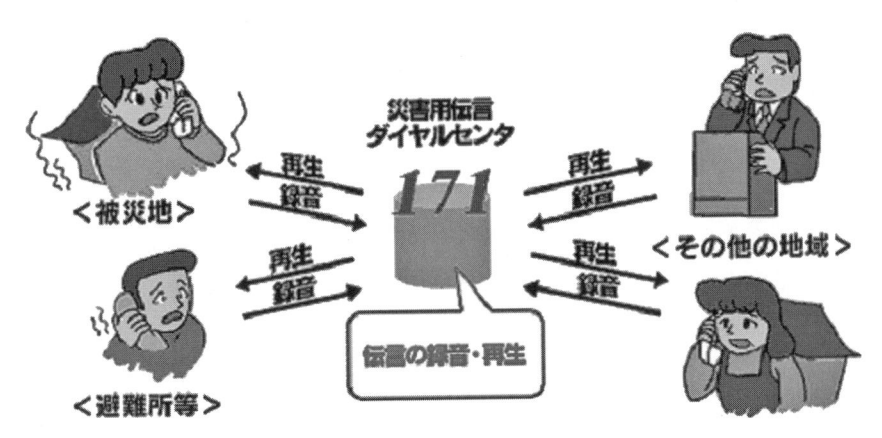

図2.3　災害用伝言ダイヤルの仕組み
出典：NTT東日本「災害用伝言ダイヤル・インターネット情報」
(http://www.ntt-east.co.jp/voiceml/way/index.html)

録」「蓄積」「再生」といった機能形態や，「一方向」「双方向」といった行動の方向性，メディア操作手順，アクセシビリティ，ユーザビリティといったユーザーインターフェイス面の性能などをさしている．安否情報を知りたいときには，どのような情報機能が必要とされ，実際に選択されるのだろうか．

　家族の安否を知るには，まず被災地域の家族に電話をかけてみる，ラジオやテレビの安否放送を聞く，インターネットの安否情報掲示板をみる，NTTの伝言ダイヤルにかけて，相手の電話番号を入力し，伝言メッセージを再生する，などといった方法が考えられる．これらの情報行動には，さまざまな情報機能が組み合わされた形で含まれていることがわかる．例えば，伝言ダイヤルで安否情報を確認する場合には，NTTの安否情報センター（ダイヤル171）に電話をかける（送信），相手の番号を入れて伝言を呼び出す（処理），相手の伝言メッセージを再生する（再生），といった一連の情報行動をとっているのである．逆に，被災地域にいて，伝言ダイヤルを使って安否情報を知らせたい人の場合は，やはりNTTの安否情報センターに電話をかけ（送信），自分の電話番号を登録し（記録），伝言メッセージを録音し（送信），全国に分散した交換

局のコンピュータにメッセージを保管する（蓄積），という一連の情報行動をとることになる．このように，情報ニーズが単に「知りたい」という「受信ニーズ」や，「伝えたい」という「送信ニーズ」であっても，実際に選択される情報行動モードは複合的である場合が少なくない．

　選択される情報機能が多様で高度になればなるほど，情報行動はより複雑で高い情報能力（リテラシー，ハンドリング能力）と行為者の負担（コスト，投資など）を要求するものとなる．それだけ，情報行動は「高度化」してゆく．また，利用するメディアも，デジタル，双方向などより高度に情報化された種類のものが必要になってくる．したがって，それだけ，学歴とか年齢などの属性の違いによる利用者間のデジタル・デバイド（情報格差）も大きくなる傾向がある．メディアに付加された機能がいくら高度化しても，それが本当に多くの人に利用されるとは限らないことに注意すべきである．

目標達成・価値（規範）実現・欲求充足

　情報行動は，一定の行為の枠組みの中で実行される結果として，個人および社会集団に対して一定の目標達成，欲求充足，価値ないし規範の実現をもたらす．機能という視点からみると，情報行動は(1)情報・知識の獲得，提供，(2)娯楽，レジャー，休息，(3)共通話題の提供，社会関係の形成，人間関係の円滑化，(4)財貨・サービスの獲得，提供，(5)コントロール（自動制御，遠隔操作，情報管理）などの機能を果たす．こうした結果は，行為主体の内部的，外部的な環境にも一定の影響を及ぼすだろう．

評価・期待・習慣の形成

　ただし，これらの情報行動は，必ずしも当該の行為主体あるいは主体を含む社会システムにとって望ましい結果をもたらすとは限らないことに注意すべきである．例えば，テレビドラマや映画を見ても期待はずれに終わって，不満があとに残ることはしばしば経験するところであるし，二人の会話が両者の関係

を悪化させる場合もある．こうした機能充足，価値実現，意味付与の結果に対する評価は，期待や習慣として蓄積され，それ以後の情報行動への動機づけ（ニーズ形成）や情報メディア，情報モード，情報内容，情報機能の選択にも大きく影響することになるだろう．

3．コミュニケーション

コミュニケーションとは

　情報行動のなかで中心的な位置を占めているのは，人と人との間，あるいは人と他の生物との間でのメッセージの伝達や交換，すなわちコミュニケーションである．一般に，コミュニケーションとは，個人をとりまく環境世界のなかで，複数の行為主体の間で，メディアを介して間接的に，あるいは直接対面的に，情報を発信，伝達，受信したり，交換したり，共有したりするような情報行動のことをいう．(6) この場合，情報行動の一方の主体が情報を発信するが受信はせず，他方の主体が情報を受信はするが発信はしないとき，この情報行動は「一方向的コミュニケーション」という．また，情報行動の主体が互いに伝達し合う情報の送信者であると同時に受信者でもあるとき，この情報行動は「双方向コミュニケーション」であるという．

　「コミュニケーション」（communication）ということばの語源は，ラテン語のcommunicareである．このことばは，もともと「共有する」という意味をもっていた．共有する対象は，情報，意味，知識，物などさまざまでありうるが，現在の日本では，メッセージのやりとりを通じて，複数の人々の間で「情報」「知識」「意味」「思想」「感情」などを共有するプロセスのことを，コミュニケーションと呼ぶのがふつうである．

　ただし，英和辞典でcommunicationを引くと，こうした情報伝達の他に，病気の「感染」とか，「交通」という語義もあることがわかる．たとえば，a means of communicationとは，「交通機関」のことを意味している（ランダムハウス英和辞典より）．

たしかに，情報伝達と交通とは，共通したところがある．メディアコミュニケーションは，情報メディアを媒介として，送り手から受け手に情報（メッセージ）が伝達されるプロセスのことであるが，交通の場合には，ある出発地から目的地まで，各種の乗り物（電車，バスなど）を使って人や物資を搬送するプロセスである．メディアコミュニケーションの場合，出発地に相当するのは「情報源」や「送り手」であり，目的地に相当するのは「受信者」や「オーディエンス」（視聴者，読者，ユーザーなど）である．搬送手段の乗り物は，各種情報メディア（テレビ，新聞など）であり，搬送されるのは情報ないし記号である．違う点があるとすれば，交通の場合には，搬送によって人や物資が単純に移動するのに対し，メディアコミュニケーションの場合には，受け手に情報が伝達された後も情報が送り手のもとに残り，その結果，送り手と受け手の間で情報が「共有」されるという点である．このほうがコミュニケーションの語源に近い．また，これはメディアコミュニケーションに固有の特性ともいえる．

シャノンとウィーバーの通信モデル

コミュニケーションのプロセスを図式的にモデル化する試みは，1940年代以降多数行われてきた．そのうちもっとも有名なのは，情報理論の創始者であるシャノンと数学者のウィーバーによる通信系モデル（図2.4）である．かれらは，コミュニケーションで扱うべき問題には，技術的問題（どのようにして，通信の記号を正確に伝送できるか），意味論的問題（どのようにして，伝送さ

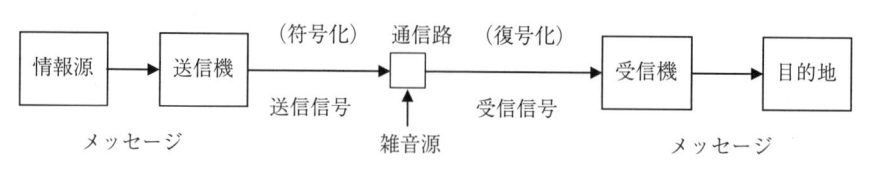

図2.4 シャノンとウィーバーのコミュニケーション・モデル

(Shannon and Weaver, 1949=1969, p.14より)

れた記号が，伝えたい意味を正確に伝えるか），効果の問題（どのようにして，受け取られた意味が望む仕方で相手の行動に影響を与えるか）という３つの段階があるとした上で，最初の技術的問題に焦点を当てて，コミュニケーションのモデルを定式化した．したがって，このモデルには，記号の意味やメッセージが受け手に及ぼす影響は含まれていない．

図のいちばん左端にある「情報源」(information sources) は，通常の送り手や発信者とほぼ同義であるが，一組の可能なメッセージの中から望むメッセージを，書かれた言葉，話し言葉，音楽などの形で選択する．送信機 (transmitter) は，このメッセージを信号 (signal) に変え，この信号は送信機から受信機 (receiver) に通信路 (communication channel) を通して実際に送られる．電話回線などはその一例である．受信機は伝送された信号をメッセージに変換しなおし，このメッセージを受信者（目的地）に受け渡す．ただし，送信のプロセスにおいて，音のゆがみ，電波妨害，送信の誤りなどで情報が意図通りに伝わらないことがあり，そうした歪みをもたらすものは，「雑音」(noise) と呼ばれる．

シャノンとウィーバーのモデルは，記号の意味や効果を捨象しているとはいえ，コミュニケーションの基本要素と，情報伝達のプロセスを簡潔かつ的確に表現しており，社会的コミュニケーションの基本モデルとしても有効性が高い．

社会的コミュニケーションのモデル

その後，とくに人文社会科学的な視点に立つコミュニケーション研究者が中心となって，記号の意味や効果，認識過程，フィードバック過程などを加味した修正モデルがいろいろと提案されてきた．たとえば，ドフラー（1966＝1994）は，シャノンとウィーバーのモデルを双方向コミュニケーションに拡張した図式を提案している．また，オスグッドとシュラム（Schramm, 1954），池上（1984）などは，記号論の成果を取り入れて，シャノン・モデルの「送信機」と「受信機」の部分をさらに細かく，「記号化」「記号解読」という意味作

用に分解した図式を提示している．さらに，G・ガーブナー（Gerbner, 1956）は，これと類似しているが，コミュニケーションを「ある人が，ある出来事を知覚し，ある状況の中で，なんらかの手段を使って，一定の形をもった内容を伝え，なんらかの影響を及ぼす」ような一連のプロセスと定義し，こうした出来事⇒知覚⇒コミュニケーションの過程で，主観的な取捨選択や評価が加わることによって，現実世界の知覚がいかに変容し得るかを示した．

シャノンらのモデルはコミュニケーションの基本モデルとしては，2つの点で不十分なものであった．1つは，情報伝達の流れが一方向的なものにとどまり，通常のコミュニケーションに特徴的な双方向性ないしフィードバック性が考慮されていないことである．もう1つは，情報源（送り手）においてメッセージがつくられる過程，あるいは目的地（受け手）においてメッセージが解釈される過程を考慮に入れていないことである．

会話や電話など，現実のコミュニケーションの多くは，メッセージが送り手と受け手の間で双方向的に交換される．この場合，メッセージの送り手（情報源，発信者）は，相手からのメッセージを受け取るときには，受け手（目的地，受信者）となる．つまり，同じ人や組織が，コミュニケーションの過程で送り手と受け手の役割をともに果たすことになる．

一方，メッセージは情報源あるいは送り手の中でアプリオリに与えられているのではなく，送り手のなかでつくられるものである．つまり，送り手が伝えたい情報あるいは意味内容がメッセージの形で表現されるという過程（これを記号化という）が伝達に先だって生じているのである．さらに，コミュニケーション過程は受け手がメッセージを受け取るところで終わるのではなく，そのメッセージからなんらかの情報あるいは意味内容を読みとる過程（これを記号解読あるいは情報化という）をも含むものでなければならない．そうでなければ，情報ないし意味内容が送り手から受け手に伝達されたとはいえないからである．

したがって，シャノン・ウィーバーのモデルは，現実の社会的コミュニケー

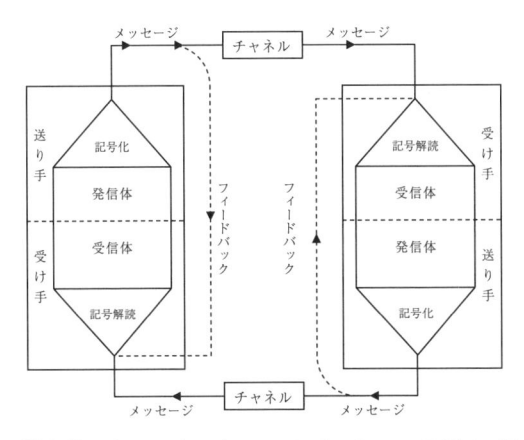

図2.5　社会的コミュニケーションのプロセス・モデル（竹内, 1990）

ション過程に適合したモデルに修正されなければならない．実際，ドフラー，オスグッド，シュラムなど多くのコミュニケーション研究者や社会心理学者がこうした視点からいくつかの修正モデルを提案してきた．

　竹内によれば，記号化を通じて精神内容をメッセージに変換する発信体を「送り手」と呼び，記号解読を通じて復元された精神内容に反応する受信体を「受け手」と呼ぶとすれば，コミュニケーションにおいては，同一の人間が記号化を行う「送り手」にもなり記号解読を行う「受け手」にもなるという点でメッセージ交換の相互性がみられるという．しかも，送り手が発するメッセージは，相手の反応を事前に予想したり，発した後で自らの間違いに気づいたりするなど，自分自身にとってのフィードバックにもなっている．そこで，竹内はメッセージ交換の相互性やフィードバックを考慮に入れて，図2.5のようなコミュニケーション・モデルを提示している．

　ここでは，情報の受け手がインプットされたメッセージを解読して反応を形成し，その反応（精神内容）をふたたびメッセージに記号化してアウトプットするまでの過程を「情報処理」と呼び，コミュニケーションを人間の個体ないし集合体の間における情報処理と伝達の過程としてとらえている．

記号論の視点を取り入れたモデル

　言語学者のヤコブソンは，言語的コミュニケーションのプロセスにおいて，コンテクスト（状況，文脈），記号化および記号解釈を行う際に参照されるコードの重要性を強調したコミュニケーション・モデルを提示した（Jacobson, 1973, 邦訳 pp. 187-188）.

　ヤコブソンは，言語コミュニケーションの構成要因について次のように述べている．

　　「発信者は受信者にメッセージを送る．メッセージが有効であるためには，第一に，そのメッセージによって参照されるコンテクストが必要である．これは受信者がとらえることのできるものでなければならず，ことばの形をとっているか，あるいは言語化され得るものである．次にメッセージはコードを要求する．これは発信者と受信者に全面的に，あるいは少なくとも部分的に共通するものでなければならない．最後に，メッセージは接触を要求する．これは発信者と受信者との間の物理的回路・心理的連結で，両者をして伝達を開始し，持続することを可能にするものである」

　池上嘉彦はヤコブソンの考え方にもとづいて，図2.6のようなコミュニケーション・モデルを提示している．

　ここで，「コード」とは，伝達において用いられる，記号とその意味，およ

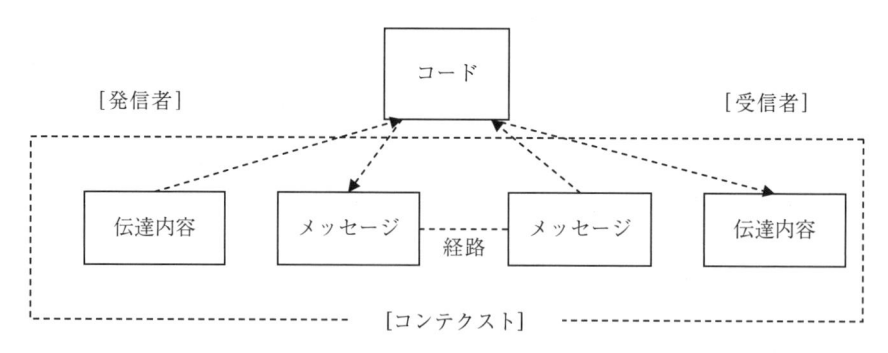

図2.6　記号論によるコミュニケーション・モデル (池上, 1984, p. 39)

び記号の結合の仕方についての決まりのことをいう．発信者はメッセージを作成する際に，また受信者はメッセージを解読する際にコードを参照する．参照すべきコードはふつう発信者と受信者によって共有されている．そうでなければ，メッセージに含まれる情報内容を正しく相手に伝えることはできない．ただし，現実のコミュニケーションにおいては，あらかじめ決められたコードを参照するだけでは情報が正確に伝わらない場合が少なからずある．そのような場合には，発信者あるいは受信者は記号を適切に解釈するために「コンテクスト」（文脈，状況）を参照しなければならない．たとえば，日本人の会話によく出てくる曖昧な受け答えや，赤ちゃんのバーバー，ダーダーなどの片言ことばなどは，会話の前後関係や発話場面，表情・身ぶり・イントネーションなどの「コンテクスト」を参照しなければ，適切に解釈することは不可能であることが多い．

このように，コミュニケーションの過程は，送り手と受け手との間で，相互にメッセージの発信，受信の役割を交換しながら，コードやコンテクストを参照することによって成立するものである．

マス・コミュニケーションのモデル

情報の送り手が専門分化した組織体であり，受け手が不特定多数の大衆であるようなコミュニケーションは，一般にマス・コミュニケーション（あるいはマスコミ）と呼ばれている．マスコミはコミュニケーションの一類型であるが，そこにはいくつかの特徴的な要因やプロセスが含まれている．

マス・コミュニケーションにおいては，発信者がいくつかに分かれており，それぞれがメッセージの生産，加工，伝達を行っている．ニュース報道の場合には，事件などの出来事や対象，2次的な情報源，取材記者，編集者，整理部記者などがそれぞれ情報の発信者となり，ニュース製作に関わっている．ニュース製作に携わるマスメディア組織のスタッフは「ゲイトキーパー」とも呼ばれ，かれらは絶えず流入してくる情報の流れをコントロールする役割を果

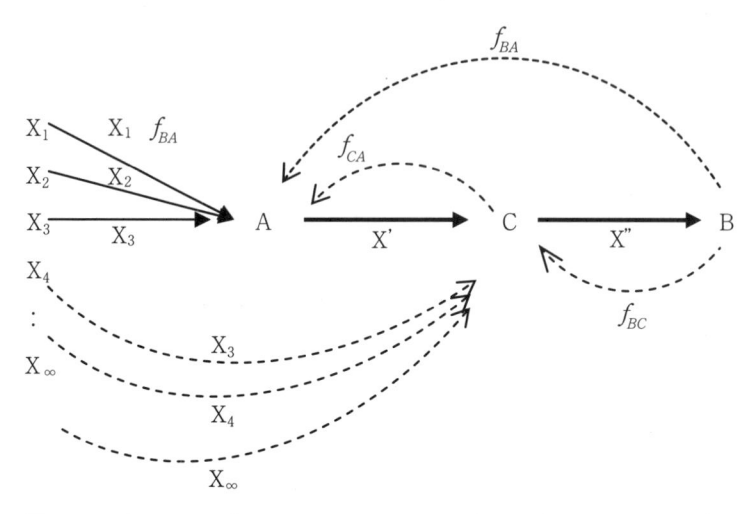

図2.7　ウェスレーとマクリーンのマス・コミュニケーション・モデル

たしている．この場合，マスメディアは，情報源（ニュースソース）と受け手大衆とを結ぶ中間地点に位置している．マスメディア組織にとっての情報源には，記者が取材してはじめて知る事件や出来事と，自ら情報を提供する外部の組織や個人とがある．記者による事件や事故などの現場取材・現地レポートは前者の例であり，スポンサー企業からの広告提供，記者会見やインタビューなどによる情報入手，国会中継，政見放送，テレビ討論会，紙上座談会，投書欄などは後者の例である．

このようなマスメディアの媒介的役割に注目したコミュニケーション・モデルとしてもっともよく知られているのが，ウェスレーとマクリーン（Westley and Mclean, 1957）のモデルである．かれらは，心理学者のニューカムやハイダーの認知的均衡理論を援用して，図2.7のようなマス・コミュニケーションの図式を提唱した．

ここでは，Cはマスメディア組織，Bは受け手大衆をあらわしている．CはBに代わって外界の事象Xについての情報を取材などによって直接収集したり，情報源Aから情報を得たりして，これを受け手Bに伝達する．これによって，

受け手Bは自分の手の届かない遠い所で起こっている事柄に関する知識を手に入れ，情報環境を拡大することができる．Aは多くのXの中から取捨選択して，自分の意図に合致した形に情報を加工してCに伝える．これによって，受け手Bに影響を与えようとするのである．広告，宣伝，キャンペーンなどはそうした意図をもったコミュニケーションの例である．CもXやAから得た情報を必ずしもそのまま伝えるわけではなく，受け手の関心やニーズなどを考慮して，一定の取捨選択あるいは修正を加えた上で伝達する．このような情報源あるいは送り手による情報の取捨選択過程は，「ゲイトキーピング」と呼ばれる．

　ウェスレーらのモデルでもう1つ特徴的な点は，BからAへ，あるいはCからAへ，あるいはBからCへのフィードバックが含まれているということである．AはCあるいはBへのコミュニケーションが意図した結果を生んでいるかどうかを知るために，世論調査や市場調査などの手段を用いて，送り手や受け手の反応を調べようとする．また，送り手も受け手の反応を知るために意向調査や視聴率調査などを行ったりする．フィードバックは，こうした発信者側からの働きかけ以外にも，投書の手紙や電話，投票行動，購買行動など受け手自身の行動によっても示され，こうした情報が送り手側に返ってくる．

　マス・コミュニケーションは，このように外界の事象あるいは情報源からマスメディアへ，マスメディアから受け手へと情報が流れる過程で，ゲイトキーピングが行われ，受け手に対する効果ないし影響が送り手や情報源に一部フィードバックされる，という図式でとらえることができる．

メディアコミュニケーションの基本モデル

　本書では，これら先達者の作ったモデルを参考にしながらも，記号，メディア，情報，情報行動に関するこれまでの考察をもとに，独自のメディアコミュニケーション・モデルを提出することにしたい．図2.8はこれを示したものである．

　メディアコミュニケーションは，ある行為者Aが，送信ニーズにもとづいて，

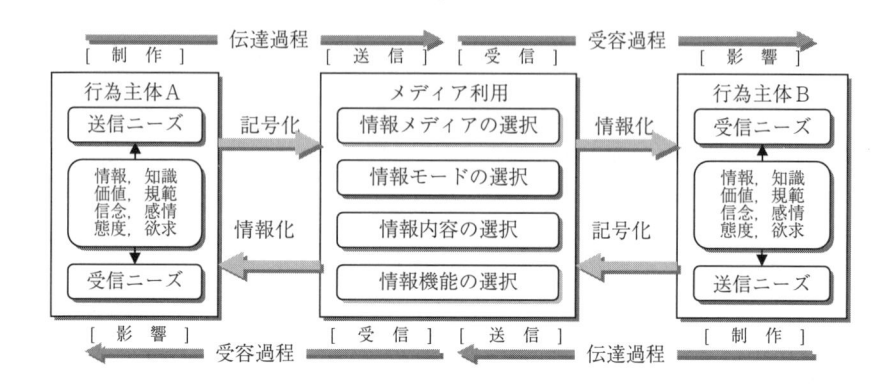

図2.8　メディアコミュニケーションの基本モデル

一定の特定のメディアを利用して，受け手に向けて情報を記号化して伝送するという「伝達過程」と，別の行為者Bが，受信ニーズにもとづいて，特定のメディアを利用し，送り手から伝送された記号を受信して情報化するという「受容過程」とから構成されている．この2つのプロセスが完結したときに，メディアコミュニケーションは成立したということができる．

メディアコミュニケーションの伝達過程

　送り手となる行為主体Aは，なんらかの送信ニーズにもとづき，内部または外部のメディアを利用して，情報を記号化し，受け手に向けて発信する．送信ニーズを引き起こす原因は，行為主体Aのもつ情報，知識，価値，規範，信念，感情，態度，欲求などであり，それは内部的，外部的な環境の変化によって引き起こされる．この場合，制作主体は，ひとりの個人のこともあるし，学校や企業のような組織（集団）のこともあり，また新聞社や放送局のような専門のマスメディアのこともある．具体的に3つの事例を取り上げて考えてみよう．

［事例1］　電子メールによるレポート提出の情報伝達過程
　A君がB先生に電子メールを使ってレポートを提出するというメディアコミュニケーションを考えてみよう．B先生からレポート課題を与えられたA君

は，図書館やウェブサイトでの情報探索，専門家への聞き取り等を通じて必要な情報を獲得し，これをもとにパソコンのワープロソフトを使ってレポートをまとめる．これをパソコンの通信ソフトを使って，B先生のメールアドレスに向けて添付ファイル形式でメールを送信するということになる．

[事例2] 放送局による地震津波災害情報の伝達過程

　この事例は，送り手が新聞社や放送局などのマスメディアの場合である．例えば，北海道沖の海底でマグニチュード8クラスの巨大地震と大津波が発生し，沿岸部を中心に甚大な被害が発生したとする．これほどの大災害はニュース価値が大きいので，当然のことながら全国の視聴者に向けて迅速に報道しなければならない，という情報送信ニーズを生じる．新聞社や放送局は直ちに現地へ記者やカメラマンを派遣し，情報収集に当たらせるとともに，政府や自治体の災害対策本部，気象庁など各種の情報源からも取材を行い，情報収集につとめる．テレビで言えば放送局に集まった多数の情報をもとに，NHKや民放はニュース番組を制作し，一般視聴者に向けて送出するだろう．

[事例3] 旅行代理店による海外旅行ツアー情報の伝達過程

　3番目の例として，旅行代理店が海外旅行のパッケージツアー情報を提供するという場合を考えてみよう．いちばん多いのは，店頭などで配布するパンフレットを作成する，雑誌や新聞に広告を出す，といった在来メディアを使った広告宣伝であるが，最近では，インターネットの公式ホームページにテキスト，写真，イラスト入りのツアー情報を掲載し，アクセスする人にみてもらうという方法もとられるようになっている．インターネットでは，たんなる情報の提供に加えて，掲示板などのコミュニティサイトや口コミサイトを設けて質問を受けたり，利用者の体験談を書き込みしてもらうなど，双方向機能を活用する企業も増えている．また，ホテルやパッケージの予約，申し込みをオンラインで受け付けるサービスも増えている．iモードなど携帯電話の情報サイトを使った同様のサービスも数多く提供されている．

　以上3つの事例のいずれにおいても，メディアコミュニケーションの伝達過

程は,「情報の制作過程」と「情報の送信過程」という2つの下位プロセスから構成されていることがわかる.

情報の制作過程

　情報の制作過程は，行為主体において情報送信ニーズが発生してから，必要な情報を収集し，それを処理し，送信すべき情報を制作するまでのプロセスである．このプロセスは，行為主体が個人の場合と，集団や組織の場合とではかなり異なったものになるが，メディアコミュニケーションにおいては，それが受け手の情報受信ニーズや情報行動能力，送り手の意図，欲求，目標，価値，規範などによって方向づけられること，双方向コミュニケーションの場合には，会話や質疑応答，討論のように，しばしばコミュニケーションの相手側から受け取る情報への反応として始動されること，制作される情報は，利用を想定されるメディアの種類，利用可能な情報モード，情報内容，情報機能による制約を受けること，といった点では共通している．また，つねに「情報収集」「情報処理」「情報制作」という3つの段階を経て行われるという点でも共通している．上にあげた3つの事例に沿ってこの点を検討してみよう．

(1) 情報収集

　情報制作の第1段階は，必要な情報を収集することから始まる．

　事例1では，A君は何よりもまず，B先生から与えられたレポートの出題意図やテーマの意味を理解し，レポート執筆に必要な情報を収集しなければならない．情報収集の方法としては，関連文献や資料の収集，キーワード検索によるインターネット情報の探索，専門家などへのヒアリングやインタビュー，アンケート調査や実験の実施，データベースの検索，などといった方法が考えられる．この場合の利用可能な情報源は，図書館，書店，新聞の縮刷版，データベース，専門家，一般市民などである．

　事例2では，放送局では，スキップバックレコーダーに収録された地震発生

時の映像を探索し，地震の揺れに関する映像情報を収集する．また，地震の震源域，震度，マグニチュードなど「災害因」に関する情報，津波発生の危険度に関する情報，警報や避難勧告・指示などに関する情報を収集する．同時に，この地震で各地にどの程度の被害が生じているかという「被害情報」，行方不明者がいる場合には，その「安否情報」についても収集しなければならない．放送局が収集すべきこれらの「災害情報」は，時間の経過とともに刻々と変化してゆくのが普通である．

事例3についてみると，企画を立てる旅行代理店では，まず受け手である消費者がどのような海外旅行のパッケージツアーを希望しているか，実際の利用実績，評判などに関する情報を収集するだろう．利用可能な情報源としては，各種アンケート，店頭での客の要望や利用者の感想，最近のツアー利用実績統計，インターネット掲示板などでの体験談などがある．また，海外旅行先の観光資源，治安状況，イベント，受け入れ体制などに関する情報収集も欠かせない．他社の同種ツアー企画に関する調査も必要だろう．また，広告宣伝に使う写真，映像，資料などの情報収集も行わなくてはならないだろう．

(2) 情報処理

必要な情報を収集しても，それをただ寄せ集め，コピーするだけでは，受け手のニーズを充足させ，かつ送り手の意図，目標，価値，規範に適合する情報を作り出すことはできない．集めた情報を適切に処理することが次に必要となる．具体的には，情報の理解，取捨選択，修正，加工，編集などの「情報処理」が必要になる．

事例1では，次にA君がなすべきことは，集めた情報の中から，レポートに必要な情報を取捨選択し，自分自身の問題意識と現状認識を明確にし，問われているテーマへの解答を探求し，レポート全体の構成，内容を固めることである．これが情報処理のプロセスを構成する．

事例2では，地震発生直後から放送局の記者，カメラマン，その他のスタッ

フが収集した地震，津波関連の情報を，デスクその他の担当者が，ニュース価値や情報の信頼性などを判断しながら取捨選択し，編集を加える．震度情報やマグニチュード，震源地などについての情報は，気象庁発表のものが自動的にオンエアされるので，情報処理はほとんど自動的，機械的に行われるだろう．しかし，被害情報や安否情報については，取材を重ね，情報の信頼度，正確さ，詳しさなどを絶えずチェックしながら，迅速で的確な情報処理が要求される．

　事例3では，旅行代理店は，消費者のニーズ，評判，利用実績，海外情報などについて収集した情報を的確に評価し，市場動向にマッチし，売上げを最大化するようなツアー企画を選定することが求められている．2004年初頭で言えば，SARS，テロ，航空機事故，鳥インフルエンザなど，短期間で海外旅行市場に大打撃を与えるような出来事も頻発しているから，そうした思いがけない事態にも対処できるような情報処理の体制をつくっておくことが重要になっている．

(3)　情報制作

　こうした情報収集，情報処理をもとに，送出すべき情報が実際に制作（生産）されることになる．

　事例1の場合，レポートの構成，内容が固まったところで，実際に自分自身の文章でレポートの執筆を進めることになる．これが情報制作の段階である．レポートはワープロで文章を作成するのが通常の方法だが，必要に応じて，資料中の図表やイラスト，写真などを挿入するのも効果的である．読者の理解を助け，適正な引用を行うための注釈や文献リストも必須だろう．

　事例2では，ニュース速報でとりあえず，各地の震度情報，推定震源域，マグニチュードに関する情報を制作し，津波警報や注意報，避難勧告などが出れば，それをただちに伝えるよう準備を整える．これと並行して，被災現場からの現地リポート，ヘリコプターからの被害映像，警察発表の死傷者数などが，テキストやナレーションを交えて放送番組上にオンエアされることになる．放

送局の調整室やスタジオでは，ディレクターやプロデューサーの指示のもとで，担当者が，番組進行表や放送台本にもとづき，送出される素材を時間を計りながら，与えられた秒単位のニュース枠の中で家庭のテレビに向けて送出してゆくという緊張する作業が続けられるのである．

　事例3では，旅行代理店が情報処理過程を経て決定した企画をもとに，大筋のパッケージツアー情報をつくり，広告代理店や印刷業者などに委託して，広告やパンフレットなどを作成する．依頼を受けた広告代理店は，スタッフや機材を動員して，海外での撮影，記事作成，デザインレイアウトなどを行い，パッケージツアーのパンフレット，雑誌新聞広告，ウェブサイトの情報コンテンツなどを制作することになる．

情報の送信過程

　情報の送信過程は，「制作過程」において収集・処理・制作された情報をさまざまなメディアに乗せて，受け手に向けて送信することを意味している．メディア利用には，図2.8に示したような「情報メディアの選択」「情報モードの選択」「情報内容の選択」「情報機能の選択」という4つの要素が含まれている．

(1) 情報メディアの選択

　送り手が選択するメディアは，1種類だけのこともあれば，複数のメディアを組み合わせた「メディアミックス」方式をとる場合もある．送り手は，当然のことながら，ターゲットとする受け手が利用しやすいメディアを送信手段として用いるが，メディアの選択基準は，必ずしも受け手のアクセスしやすさだけではなく，利用したい情報モード，情報内容，情報機能も考慮に入れ，1章で述べたメディア特性を評価した上で，最適なメディアを選択することになる．

(2) 情報モードの選択

　情報モードというのは,「文字テキスト」「イラスト,図表」「音声」「静止画像」「動画」「データ」といったように,情報が表象される記号形態のことをさしている.メディアと同じく,送り手は,情報を伝達する際に,単一の情報モードだけを利用するわけではなく,通常はテキストと写真,動画と音声といったように,複数の情報モードをミックスして利用する.それによって,必要にして十分な情報を受け手に伝達することが可能になる.また,デジタルかアナログかといった送信信号の種類も,情報モードの一形態と考えられる.

(3) 情報内容の選択

　伝達される情報の内容は,主として行為者の送信ニーズによって規定されるが,情報内容の選択は,利用する情報メディア,情報モード,情報機能,そしてターゲットとする受け手の特性によって規定されるところが大きい.娯楽的な情報内容を伝えたい場合には,新聞よりもテレビが選択されやすいだろう.情報内容の正確さや詳しさを重視する場合には,テレビよりも新聞,書籍などのメディアが選好されやすい.情報内容をわかりやすく伝えたいときは,テキストだけではなく,イラストや写真,音声,動画などの情報モードを併用するかもしれない.地震発生後に津波警報を伝えたい場合には,情報機能に注目して速報性の高いテレビや防災無線が使われるかもしれない.伝えるべき相手が高度の教育を受けた専門家であれば,詳しくて難解な情報内容であっても許容されるが,逆に一般大衆に科学的内容の情報を伝える場合には,専門用語を避け,かみくだいた表現で内容を伝えるだろう.

(4) 情報機能の選択

　情報機能というのは,「送信」「受信」「蓄積」「処理」「再生」など,情報の働き方をさす場合もあれば,CATVの「双方向機能」や「リモコン操作機能」,携帯電話の「動画送信機能」や「マナーモード」,ビデオデッキの「CM自動

カット機能」など，情報メディアに付随している具体的な諸機能をさす場合もある．送り手は，送信ニーズにもとづいて，ニーズを充足させ，受け手に対する効果を最大化するために，メディアのもつさまざまな機能を選択的に利用することになる．

メディアコミュニケーションの受容過程

行為主体Aがメディアを使って送信した情報を，情報受信ニーズをもった行為主体Bはメディアを利用して受け取り，一定のコードにもとづいて記号を解釈して「情報化」する．この情報をもとに，知識，価値，規範，信念，感情，欲求，態度などの総体である情報世界を「構成」することを通じて，行為主体の内部および行為主体の関わる社会生活や社会全体に何らかの結果ないし影響が引き起こされる．このようなプロセスを，本書ではメディアコミュニケーションの「受容過程」と呼ぶことにする．

伝達過程の場合と同様に，受容過程も2つの下位プロセスに分けて考えることができる．すなわち，「受信過程」と「影響過程」である．

ここで，受け手が一般市民の場合に限定して，いくつかの具体的事例をあげながら，メディアコミュニケーションの受容過程について検討することにしたい．

[事例1] テレビドラマの受容過程

専業主婦である30代のA子さんは，毎朝，食事のひととき，NHKの連続テレビ小説の15分ドラマ（通称「朝ドラ」）を見るのが習慣になっている．A子さんにとって，朝ドラは，「情緒的解放」を与えてくれる娯楽番組であると同時に，ちょっとした生活の知恵とか家族関係のあり方とか恋愛の機微などを教えてくれる「日常生活の教科書」にもなっている．また，家族の絆とか友情・愛情の大切さを再確認させてくれる「価値強化」の役割も果たしてくれる．さらに，主人公と自分自身の生き方を重ね合わせることによって，かつて夢見たが実現できなかった「もう1つの自分」を見つけ，白日夢の中に「代理満足」

の源泉を見いだすこともある．A子さんのサークル仲間には，同じ朝ドラのファンが何人かいて，会うたびに，その日の朝ドラが話題になり，友人との「人間関係の円滑化」にも役立っている．このように，テレビドラマの受容過程は，単なる情報の受信にとどまらず，受け手の欲求充足，価値，規範，信念，対人関係などにも幅広い影響を及ぼすことが少なくない．

[事例2] 災害時における安否情報の受容過程

　1995年1月17日，東京に住む神戸出身のBさんは，朝のテレビニュースで神戸地方の大地震発生を知り，家族・親戚・友人の安否が心配で何回も電話をかけたが，輻輳のために通じず，テレビ，ラジオ，新聞，パソコン通信を利用して安否を確認しようとした．NHKラジオでは，1日中安否放送を流していたが，家族の安否には触れず，結局，夕方になって家族からの電話連絡で無事を確認することができ，ほっとひと安心した．ラジオの安否放送は直接家族の無事にはふれていなかったものの，家族の住んでいる地域の人たちからの無事だという安否情報を聞いて，家族の無事を推測することができたので，不安を和らげるのに役に立った．

[事例3] インターネットの子育て支援掲示板の利用過程

　カリフォルニアに住む夫婦共働きのCさんには，小学生の子どもがいるが，ある晩のこと，子どもが原因不明の高熱を出して大騒ぎとなった．あいにく休日のため，病院にも行けず，応急措置法を求めてインターネットの子育て支援掲示板にアクセスしてアドバイスを求めたところ，すぐに体験者や専門の医師から適切な解答が返ってきた．その指示に従って，とりあえずの応急措置をとった結果，子どもの病状がやわらぎ，一命を取りとめることができた．これをきっかけとして，Cさんは，掲示板のコミュニティメンバーとも親しくなり，オフ会などを通じて，同じ悩みを抱える地域の子育て世代仲間たちとの人間関係が広がった．

　メディアコミュニケーションの受容過程は，「情報の受信過程」と「情報の影響過程」という2つの下位プロセスから構成されている．それぞれについて，

具体例を引き合いに出しながら検討を加えることにしたい.

情報の受信過程

　行為者Bがメディアを通じて情報を受信する過程では，Bは送り手Aの送信過程と同じように，「情報メディアの選択」「情報モードの選択」「情報内容の選択」「情報機能の選択」という4つの意思決定を連続的に行い，その結果として，受け取った記号を「情報化」して，独自の情報世界を構成していることがわかる.

(1) 情報メディアの選択

　受信者がどのようなメディアを選択するかは，その人のメディア選好性，メディアの利用可能性，利用コスト，利用習慣，過去における欲求充足度，メディアのもつ特性など，多様な要因によって規定される．事例1では，A子さんはテレビドラマを見ることが毎日の習慣になっており，テレビ視聴はほとんどライフスタイルの一部になっている．事例2では，安否情報を得るのに災害直後には電話がつながらず，利用不能状態にあった．事例3では，インターネットに加入し，ふだんから掲示板にアクセスしていること，ネット掲示板のもつ即時性，インタラクティブな特性などが利用と充足にとって重要な要件となっている.

(2) 情報モードの選択

　テキスト，映像，音声，データなどの情報モードは，利用者にとって重要な選択基準となる．事例1では，テレビドラマという映像と音声の世界が，B子さんを白日夢へと導いてくれるのだし，主人公の生き生きとした姿が一緒に泣いたり笑ったりと情緒的解放を与えてくれるのである．また，番組のなかで流れるナレーションは，ドラマの根底を流れる価値観や教訓などを教えてくれるだろう．出演する人気タレントの表情や演技，身につけているファッション，

そこで展開するストーリーは，翌日の友人との会話における格好の話題となる．事例2では，安否情報を入手するために，ラジオの安否放送，新聞の死亡者名簿，パソコン通信の地震関連掲示板での安否情報検索データベースなど，多様な情報モードが選択可能であった．現在では，この他に，NTTの災害用伝言ダイヤル，インターネットの安否情報掲示板，BSデジタル放送のデータ放送など，さらに多様な情報モードで安否情報の入手が可能になっている．

(3) 情報内容の選択

受信過程で中心部分をなすのは，どのような内容の情報を選択するかという局面である．事例1では，主婦A子さんは，朝ドラという放送番組を毎日視聴対象として選択しており，事例2では，被災地にいる家族の安否情報（無事でいるのか，ケガをしたり病気になっていないか，避難先は安全なのか，どうすれば連絡がとれるのか，生活に不安はないのか，などなど）が知りたい情報内容である．事例3では，急病になった子どもの病名は何なのか，応急処置の方法はどうすればいいのか，近所の救急病院はないのか，などといった緊急医療の情報を求めて，インターネット掲示板へのアクセスが行われたのである．

(4) 情報機能の選択

行為者Bがどのような情報機能を利用するかは，Bのもつ情報ハンドリング能力，情報ニーズ，メディア利用習慣，利用可能性，利用コストなどによって大きく規定される．事例1では，主婦A子さんがもし双方向機能つきのテレビでドラマを見ていたとしても，A子さんの情報ニーズが単に家事の合間に気晴らしをしたり，情緒的解放を求めたり，友人との話題づくりにあるとするならば，双方向機能を活用することはまずないだろう．しかし，もしA子さんが主人公の生きた時代の背景情報を詳しく知りたいと思ったり，主人公の着ている服を売っている店などの情報を知りたいと思ったとすれば，双方向機能を使った情報検索を活用するかもしれない．事例2では，Bさんは輻輳のために電話

による安否情報入手に失敗したが，その後NTTが開発した「災害用伝言ダイヤル」がもし当時すでに利用できており，しかもBさんがその使い方について十分な知識をもっていたとすれば，すぐに伝言ダイヤルにアクセスし，家族や友人の安否情報を検索したことだろう．しかし，最近起きた芸予地震の事例をみると，災害用伝言ダイヤルのサービスが提供されたにもかかわらず，被災地域でこれを利用したのはわずか1％にすぎなかったのである．これでは，せっかくメディア上で便利な情報機能が提供されても，それが利用者に周知されない限り，実際には有効に活用されないだろう．

メディアコミュニケーションの影響過程

受け手が受信した記号，メディアを通して獲得した情報をもとに構成する「情報世界」は，受け手の心理や行動，社会生活にさまざまな影響を及ぼし，それは環境世界にも直接，間接に一定の影響を及ぼす．こうした一連のプロセスは，メディアコミュニケーションの「影響過程」として把握することができる．このプロセスは，いわばメディアコミュニケーションにおける受信過程の後続過程であるが，伝統的なメディアコミュニケーション研究においても重要な研究対象となっている．

受け手に対する影響は，(1) 認知レベル，(2) 情動レベル，(3) 態度・行動レベルの3つに分けて考えることができる．

(1) 認知レベルの影響

毎日の新聞報道やテレビニュースは，私たちの住む地域や日本国内や世界各地で起きている重要な出来事を知らせてくれる．それによって，私たちは自分を取り囲む「環境世界」についての認識を得ることができるのである．これは，マスメディアの「環境監視機能」と呼ばれるものである．したがって，情報メディアが受け手に対して及ぼす認知的影響の第1は，「環境世界」についての認識を形成することにある．ただし，その認識はつねに正確で信頼できるもの

であるとは限らないことに注意すべきである.

　認知的影響の第2は,特定の「環境世界」におけるさまざまな問題や争点となる事柄に対する関心や重要度の認識（これを争点顕出性という）に影響を及ぼすことである.例えば,地球温暖化に関する国際会議が開催され,これがトップニュースとして大きく報じられると,これを見た人々が,地球温暖化問題を,我が国が取り組むべき重要な問題だという認識をもつようになるといったことがある.これを,マスメディアの「議題設定機能」(agenda-setting function) という（竹下,1999）.

(2) 情動レベルの影響

　情報メディアが受け手に及ぼす影響として,もう1つ重要なのは,受け手の情動状態に及ぼす影響である.たとえば,災害が接近したときに,警報が発せされ,避難命令が伝えられると,それが受け手に大きな不安や恐怖感を引き起こし,避難行動を誘発することもある.また,ある商品やタレントの歌などが大ヒットし,これがテレビ番組や広告で大々的に宣伝されると,それにつられて,受け手大衆はファン心理をあおられて,集合的な行動に走るということもしばしばみられる.これは,マスメディア,とくに感情的なアピール力をもつラジオやテレビが及ぼす影響の1つである.

　一方,テレビドラマやスポーツ番組などは,視聴者に感動を与えたり,夢中にさせ,情緒的解放という重要な機能を果たしている.これは,従来の「利用と満足」研究で広く確認されているところである（ヘルツォーク；マクウェールなど）.また,インターネットの利用と満足に関する最近の研究（三上,2003など）によれば,インターネットのウェブサイトに関しても,テレビと同様に,利用者は気晴らしをしたり,日常生活の雑事から逃避するなど,情緒的解放に相当する効用をえていることが明らかにされている.

(3) 態度・行動レベルの影響

　認知的，情動的な影響にくらべると，メディアコミュニケーションが人々の態度や行動にまで大きな影響を及ぼすというケースは少ない．ひとことでいえば，人々はメディアからの情報だけでは容易に動かされないということが，過去の多くの研究で明らかになっている．

　しかし，視聴者を強く引きつけてやまない魅力あふれるテレビタレントや，インターネットユーザーにネット掲示板やチャットルームなどのコミュニティサイトを通じて親しく語りかけるくちコミリーダーのメッセージは，視聴者やネットユーザーの態度や行動に大きな影響を及ぼすこともしばしばある．

　続く3章から6章においては，新聞，放送，インターネット，携帯電話という21世紀を代表する情報メディアを取り上げ，その発展の歴史を概観したあと，それぞれのメディアコミュニケーションの構造と過程について，詳しく検討を加える．

(注)
（1）　情報行動論の包括的レビューは，黒須（1997）が詳しい．
（2）　「利用と満足」研究は，能動的な受け手という視点から人々のメディア利用を実証的に研究するもので，1940年代からアメリカで始まった．最近の研究動向についてはRosengren et al(1985)を参照．情報行動論と「利用と満足」研究の関連，比較については，高橋（1997）が詳しく検討している．
（3）　この情報行動モデルは，池田（1987），三上（1991）を参考にしながら，新たな概念や構成要素を付加して作成したものである．
（4）　情報リテラシーと似たことばに「メディア・リテラシー」という用語がある．これは，情報リテラシーよりもやや狭い意味で使われることが多い．少なくとも，この概念がカナダやイギリスで使われ始めた1980年代には，「テレビや新聞などイデオロギー性を内包させたマスメディアを批判的に読み解く能力」というクリティカルな意味あいをもって使われていた．その後，NPOによる市民運動が展開される中で，メディア・リテラシーの概念は，単にメディアを読み解く能力だけではなく，自ら主体的に多様なメディアを使って情報を創造，発信する能力まで含む広い意味合いをもつようになった．例えば，1992年にアメリカで開催された「メディア・リテラシー運動全米指導者

会議」では，次のように定義している：「メディア・リテラシーとは，市民がメディアにアクセスし，分析し，評価し，多様な形態でコミュニケーションを創りだす能力を指す．この力には，文字を中心に考える従来のリテラシー概念を超えて，映像および電子形態のコミュニケーションを理解し，創りだす力も含まれる」（鈴木，1997より）．このレベルになると，本書での「情報リテラシー」とほぼ同義の概念ということもできる．
（5） 災害時の安否情報の伝達とメディアの役割については，中村・廣井（1997），三上（2002），中村（2004）などを参照．
（6） コミュニケーションを一意的に定義することは非常に難しい．例えば，Dance & Larson（1972）は，コミュニケーションの定義を収集した結果，126にのぼるリストを作成している．本書の定義は，あくまでも情報行動の一形態として，コミュニケーションを定義したものである．

参考文献

Dance, F.E. and Larson, C., 1972, *Speech communication: Concepts and behavior* New York : Holt, Rinehart and Winston.
DeFleur, M.L., 1966＝1994, *Theories of Mass Communication,* New York : David McKay. 柳井道夫・谷藤悦史訳『マス・コミュニケーションの理論』（第5版）敬文堂
電気通信総合研究所，1981,『情報・通信ニーズの行動科学的分析と長期予測』『情報行動の長期予測に関する研究』
Gerbner, G., 1956, "Toward a general model of communication," *Audio-Visual Communication Review,* 4 : pp. 171-199.
池上嘉彦『記号論への招待』岩波新書，1984.
Jacobson, R., 1973＝1987, *Selected Writing*s. 川本茂雄ほか訳，『一般言語学』みすず書房
川本勝，2003,『地域情報化と社会生活システムの変容に関する実証的研究』平成11年度～14年度科学研究費補助金（基盤研究A）研究成果報告書
北村日出夫，1970,『情報行動論―人間にとって情報とは何か』誠文堂新光社
加藤秀俊，1972,『情報行動』中公新書
黒須俊夫，1997,「コミュニケーションと情報行動」，田崎篤郎・船津衛編『社会情報論の展開』北樹出版
McQuail, D. and Windahl, S., 1981＝1986, *Communication Models: For the Study of Mass Communications.* Longman. 山中正剛・黒田勇訳『コミュニケーション・モデルズ』松嶺社
三上俊治，1991,『情報環境とニューメディア』学文社
三上俊治，2002,「阪神淡路大震災における安否放送の分析」『東洋大学社会学部

紀要』，39号，pp. 119-130.
三上俊治，2003，「インターネットの利用と満足」通信総合研究所編『インターネットの利用動向に関する実態調査報告書2002』通信総合研究所
水野博介，1998，『メディア・コミュニケーションの理論』学文社
中村功・廣井脩 「災害時の安否情報とメディアミックス」『東京大学社会情報研究所調査紀要』10号
中村功，2004，「安否伝達と情報化の進展」廣井脩・船津衛編『災害情報の社会心理』北樹出版
中野収『現代人の情報行動』NHK ブックス，1980.
Rosengren, K.E., Wenner, L. Palmgreen, P. (eds.), 1985, *Media Gratifications Research : Current Perspective*, Sage.
Schramm, W., 1954, *The Process and Effects of Communication*. Urbana, IL: The University of Illinois Press.
Shannon, C. and Weaver,W., 1949,*The Mathematical Theory of Communication*, Illinois University Press.
鈴木みどり，1997，『メディア・リテラシーを学ぶ人のために』世界思想社
髙橋利枝，1997，「情報化と情報行動」田崎篤郎・船津衛編『社会情報論の展開』北樹出版
竹内郁郎，1990，『マス・コミュニケーションの社会理論』東京大学出版会
竹下俊郎，1999，『メディアの議題設定機能』学文社
東京大学新聞研究所，1987，『「情報行動センサス」に関する予備的調査研究』
東京大学社会情報研究所，1997，『日本人の情報行動 1995』東京大学出版会
東京大学社会情報研究所，1999，『阪神・淡路大震災における情報伝達と住民の対応』
東京大学社会情報研究所，2002，『日本人の情報行動 2000』東京大学出版会
海野敏・田村恭久，2002，『情報リテラシー』オーム社
R・ヤコブソン著，1973，川本茂雄監訳，『一般言語学』みすず書房，pp. 187-188.
Westley, B.H., and Maclean, M.S. Jr., 1957, "A Conceptual Model for Communication Research," *Journalism Quarterly*, 34, pp. 31-38.
吉田民人，1990，『自己組織性の情報科学』新曜社

■ 3章　活字メディアの生成と展開 ■

1．文字の誕生と成長—グーテンベルク以前

　情報メディアの歴史は20世紀からはるか大昔の原始時代にまで遡ることができる．人間が身体メディア以外に，その情報能力を拡大するための「道具」として発明した最初のコミュニケーション・メディアが何であったかは，記録が残っていないので定かではないが，おそらくは火や煙など自然の素材を使って遠方との間で情報のやりとりをしたことにあったのではないかと想像される（田村，1990）．また，記録に残る限りでいえば，いまから1万5000年ほど前の氷河時代にクロマニオン人が狩りの様子などを描いた「ラスコーの洞窟壁画」（南仏地方）が最古の情報メディアだったというのが，いまでは通説になっている．[1]

　身体以外のいかなるメディアもなかった原始時代には，人々が情報を伝えようとしても，直接的には自分の声が届く範囲，肉眼で見える範囲にしか情報を伝えることはできなかった．また，口承に頼っていたのでは，長大な情報を蓄積し，後世に正確に伝えることもできなかった．空間的，時間的な制約を克服して情報を遠方へ，そして後世へと確実に伝えるには，何らかの情報メディアの助けがどうしても必要だった．文字の発明はそのような必要性から必然的に生み出されたのである．

メソポタミア文明とともに誕生した文字と粘土板

　文字の起源は，紀元前4000年頃，メソポタミア地方でシュメール人の発明した「楔形（くさびがた，せっけい）文字」だったといわれている．これは葦の茎を三角形や釘の形に切って柔らかい粘土板に文字を刻み込み，日乾しまたは素焼きして保存に耐えるようにしたものである．この粘土板こそは，歴史上最

初の，文字を記録する専用の情報メディアであった．

　初期の楔形文字は，1つひとつがモノや生物をあらわした「表意文字」だったが，次第に抽象化して，音をあらわす「表音文字」へと移行していった．粘土板には，楔形文字で穀物や家畜の数など記録や当時の社会に関するさまざまな情報が記されており，6000年以上の時間の壁を超えて，現代のわれわれに貴重な情報を伝えている．

　文明の発祥地であるメソポタミア地方で文字が誕生したのは，決して偶然とはいえない．歴史上初めて登場した「文明」，すなわち農耕技術，定住社会の出現により，情報を知識として記録し，保存し，広く社会成員の間で共有する必要性が生じた．また，定住社会の成立は，社会秩序を維持するために，法律の制定を必要とした．ハンムラビ法典が楔形文字の粘土板に記されていたことは有名である．こうした社会的要請のもとに文字とそれを記録する粘土板というメディアが出現し，広く使われるようになったと推測される．

「空間のメディア」登場

　メソポタミアの粘土板が，時間の壁を超えて情報を伝達してくれる「時間のメディア」だったとすれば，これよりやや遅れて紀元前3000年前後に古代エジプトで発明されたパピルス[2]は，「空間のメディア」だったといえる．

　パピルスは，粘土板に比べて耐久性には劣るが，軽くて携帯性にすぐれていたので，空間的な制約を超えて，はるか遠方まで容易に情報を伝えることが可能になった．パピルスにはヒエログリフ（聖刻文字）が書かれていたが，それは楔形文字よりも具象的で様式化された文字だった．「パピルスが発明されるまで，エジプト人はヒエログリフを石に刻んでいたが，薄くて軽いパピルスが発明されると，植物の茎をペンにして文字を書くようになり，それに合わせて，ヒエログリフ自体も次第に単純化されていった．これにともなって，読み書きが世俗化し，それが古代エジプトに大きな社会革命を引き起こすことになった」とハロルド・イニスは述べている（Innis, 1951＝1987）．パピルスは，紀元

3章　活字メディアの生成と展開　81

前7世紀頃，エジプトからフェニキアを経て，ギリシアに輸入され，また紀元前3世紀頃には，ローマ帝国に輸入されている．

アルファベットの文化的影響

　アルファベットは，紀元前720年〜700年頃，ギリシアに導入されたといわれる．その当時，ギリシアではまだ口承文化が長く続いていた．ギリシア人は母音を導入するなど，アルファベットを改良したが，ギリシア時代の初期には，アルファベット文字は，あくまでも音読を実現させる手段としてのみ使われ，黙読を前提とする文字使用はほとんど行われなかった（Chartier and Cavallo, 1997＝2000）．それまでは口頭伝承で受け継がれてきたホメロスの2大叙事詩が，紀元前700年〜650年頃，はじめてアルファベットを用いて記録された．この作品は，口誦の叙事詩を文字に直したもので，「声の文化」を代表する作品であった（Ong, 1988＝1991）．

　しかし，ギリシア文化の最盛期，プラトンなどの哲学者たちが活躍した紀元前5世紀になると，書かれた文字で思考を展開し，初めから書かれたテクストとして叙述し，刊行するという習慣が定着し，テクストは口頭コミュニケーションから自立するようになった(3)．それによって，「精神は解き放たれて自由になり，より独創的で抽象的な思考をめざすことが可能になった」（Ong, 1988＝1991）．つまり，アルファベットの普及とともに，書かれたテクストによる自立的な「情報世界」が新たに出現したのである．

　また，受け手である読者の側でも，書かれたテクストを黙読するという行為が，この時代に新しく出現したといわれている．これによって，読み手の声は内面化され，「頭の中で読む」ことが可能になった（Chartier and Cavallo, 1997＝2000）．ただし，ギリシア時代のアルファベットは，まだ語間の切れ目や句読点などもなく，また黙読の技法も未発達で，黙読の習慣が一般の読者に定着することはなかった．「黙読は新奇な発明ではあったが，ギリシア人にあっては，声に出して読む音読によって深いところで規定されたものだった．音読の残響

が抑えようもなく内面に響きわたっていたのである」(Chartier and Cavallo, 1997＝2000).

紙の発明とその伝播

　文字を記録するためのメディアとしては，今日では紙が依然としてもっともポピュラーであるが，その紙が最初に発明されたのは漢の時代の中国だった．

　中国では，紙の発明以前は，文字を筆記するメディアとしては，絹布，竹筒，木筒などが用いられていた．紙が発明されたのは，西暦105年のことである．後漢の都，洛陽で，宮廷で宦官として要職についていた蔡倫(さいりん)が，植物繊維を原料として製紙術を開発したといわれている．それ以前の前漢の時代にも，すでに古綿を原料とした「紙」が製造されていたという考古学的資料もあるが，蔡倫は，原材料や製紙技術に改良を加え，良質で耐久性に優れた紙をつくることに初めて成功したとみられている（鈴木，1976）.[4]

　蔡倫の開発した製紙技術は，またたく間に中国全土に広がったが，それがシルクロードを通って西洋に伝わったのは8世紀以降のことである．751年，唐とサラセン帝国の戦争をきっかけとして，製紙技術がサマルカンドに伝わり，10世紀にはエジプト，11世紀にはスペインやイタリアにも製紙工場がつくられるようになった．日本に製紙術が伝わったのは，西暦610年のことであった．

活版印刷以前の書籍

　中国で紙が発明されるよりもやや早く，紀元前2世紀頃，パピルスよりも耐久性にすぐれ，製本が容易にできる「羊皮紙」（パーチメント）が小アジアのペルガモンで発明された．羊皮紙はヨーロッパ大陸でキリスト教文化の発展に大きく貢献した．修道院や僧院では，羽ペンを使って，専門の写本僧の手によって，美しい写本が次々と作られるようになった．こうして書籍の出版が発展し，写本の仕事も次第に民間の職人の間へと広がっていった．

　ヨーロッパでは，ローマ帝政初期までは，書物は主にパピルスでつくられた

巻子本(巻物)であった．巻子本の内容は，主として宗教，法律，時間の計測，歴史的事項の記述などであり，読者層も，聖職者と貴族に限られていた．

　しかし，ローマ共和制の末期には，文学や通俗的な読み物などの娯楽的，文化教養的内容の巻子本が増加していった．紀元1世紀頃になると，読者層も次第に拡大し，貴族階級に加えて，教養のある中流階級の人びとにまで広がっていった．技術者，役人，軍人，教養のある商人や農民，手工業者，恵まれた境遇にある婦人たちなどが新しい「読者大衆」を構成するようになった (Chartier and Cavallo, 1997 = 2000)．かれらの愛読する書物は，官能に訴える文学など娯楽的な内容のものが多く，彼らは自宅で巻子本を広げながらひとり読書に熱中したのである．

　この頃になると，従来の巻子本とは異なる新しい体裁の書物が発明された．それは，現代でもふつうに使われている「冊子本」(codex)である．羊皮紙は，破けにくい，1枚を折り畳める，両面に書写できる，簡単に切り揃えられる，などの長所を備えていたので，冊子本の制作に適していた．冊子本は，ページで区切られ，片手でも読むことができる，製造時間が短くて済む，巻子本よりも低価格である，などの利点をもっていたので，次第にパピルス製の巻子本にかわって普及するようになった．5世紀になると，巻子本は完全に冊子本にとって代わられるに至った(5)．

　中世に入ると，文法や書記法がさらに発達し，12世紀には，品詞ごとにスペースを入れて「分かち書き」するという形式が確立するに至った．書物は，章，節などで区分けされ，段落に分けられ，各章にはタイトルがつけられ，アルファベット順の索引，目次が加えられるようになった．こうした文章構成の整備にともなって，わざわざ音読しなくても文章を容易に理解できるようになり，黙読の習慣が広がった．それとともに，文章のスタイルも，より簡潔なものになった．また，人に知られずに読めることから，いまでいう「ポルノグラフィ」的な書物が出回るようになったというのも，黙読のもたらした興味深い影響である (Chartier and Cavallo, 1997 = 2000)．

2. 活版印刷術の発明とその影響

活版印刷術の発明

　印刷の起源は，押印法といわれており，文明の歴史とともに長い．紀元前5000年頃からエジプトやメソポタミアで押印が使われていた．円筒形の石や鉱物に文字や絵を刻み込み，やわらかい粘土板の上に押しつけ，ころがして「スタンプ印刷」する方法が用いられていた．この方法は，紀元前18〜19世紀頃にはギリシア，ローマ，中国にも広まっていった．木版印刷の技術は，8世紀頃，中国ではじまり，朝鮮半島や日本にも早くから伝えられた．また，活字についても，中国で11世紀に素焼きの活字がつくられ，13世紀には朝鮮半島で銅の金属活字がつくられていた．しかし，本格的な機械で大量の書物を活版印刷し，流通までも含めた「出版システム」が成立するのは，15世紀のグーテンベルク以降のことである．

　1430年代から40年代にかけて，ドイツやオランダでは，活字を用いた印刷技術の開発が複数の発明家によって進められていた．ドイツのマインツ市に住むヨハネス・グーテンベルクもそのひとりであった．

　グーテンベルクは，1400年頃，ライン河畔のマインツで都市貴族の長男として生まれた．1436〜40年頃，シュトラースブルクに滞在し，宝石加工，手鏡制作技術を習得したが，この頃すでに書物印刷に必要な活字の鋳造，植字，印刷に関する技術を習得していたと推測されている（戸叶，1992）．マインツに帰省後の1448年頃，グーテンベルクは印刷術を完成させるため，ヨハン・フストに資金提供を仰いだ．フストは印刷機械や紙，インクなどの購入用にグーテンベルクに資金を貸し付けたが，その後両者の間にトラブルが起こった．そして，1455年，グーテンベルクが『42行聖書』の印刷をほぼ完成させた頃，フストから契約不履行で訴えられ，印刷機械一式と印刷工ペーター・シェーファーを取り上げられてしまった．その結果，フストはシェーファーとともに『42行聖書』を独自に完成させたといわれている．この間のくわしい経緯は謎に包まれ

ているが，グーテンベルクが1450年から1455年の間に活版印刷技術を完成させたことは事実のようである（高宮，1998；Febre and Martin, 1971＝1985）．

　1450～55年頃，グーテンベルクは鉛とアンチモンの合金を使った活字を印刷機に組み込み，羊皮紙と紙の両方を使って，『42行聖書』と呼ばれる世界最初の活版印刷物を作った．そして活版印刷術は，それまでの手書き写本に代わって「活字メディア」を新たに誕生させることになったのである．

活版印刷術の影響

　活版印刷術のおかげで，出版される書籍の数は飛躍的に増大し，出版文化が大きく発展した．印刷術はまた，印刷物の標準化と合理化，著作権に対する認識，マルティン・ルターらの宗教改革思想の普及，コペルニクスやケプラーらの天文学を中心とする自然科学の発展，黙読習慣による近代的自我の確立，思考と表現の世界における聴覚優位から視覚優位への移行，などにも大きな影響を与えたといわれている（Eisenstein, 1983＝1987；Ong, 1988＝1991）．

　活版印刷技術開発の最大の影響は，出版物の激増とそれに伴う出版産業，出版文化の興隆，そして書物の低価格化であろう．書誌学者ヘーブラーによれば，1480年頃を境として，出版市場は次第に組織化されるようになり，平均発行部数も400～500になったという．15世紀末には，いくつかの大きな出版業者は1500～2000部の出版物を発行していた．フェーブルとマルタンによれば，16世紀を通じて，パリでは2万5000点以上，ドイツでは4万5000点の書物が刊行されており，16世紀における印刷物の発行部数は総計1億5000万冊以上にものぼると推計されるという（Febre and Martin, 1971＝1985）．

　印刷本は，写本にくらべて安価に制作できたので，写本よりも広範囲の領域で活動を展開できた．その結果，大衆的な文学や詩などの作品も大量に出回るようになった．

　活版印刷の普及による印刷物の標準化と合理化も見逃すことのできない影響である．写本にみられる多様な書体が次第にすたれ，活字の書体は次第に標準

化されて「ゴシック体」と「ローマン体」にはっきりと分化していった．また，出版点数の激増に伴い，アルファベット順の索引の整備，各種の目録や辞典の編纂などが進んだ．こうした標準化，合理化の進展は読者の思考様式にも影響を与えたものと推測される（Eisenstein, 1983＝1987；McLuhan, 1962＝1986）．

　初期の印刷本は，いかに写本を忠実に「模倣」するかということに腐心していた[(6)]．印刷本が写本の模倣を脱して，独自の出版スタイルを確立し，革命的な影響力を及ぼすようになったのは，宗教改革が始まった1520年代以降のことである．

　1517年10月31日，ヴィッテンベルク大学の神学教授であったマルティン・ルター（Martin Luther, 1483-1546）は，アウグスティヌス礼拝堂の扉に「95箇条の贖宥状提題」と題する檄文を貼り出し，当時のローマ教皇庁への挑戦状をたたきつけ，宗教改革を訴えた．この檄文は，学者・僧侶向けにラテン語で書かれていたが，翌年にはこれを平易なドイツ語に要約して「免罪符と神の恩寵に関する説教」と題する小冊子（パンフレ）として印刷した[(7)]．これは，印刷物を使って世論喚起を行った，史上初めてのプレスキャンペーンであった．これによって，ルターの名前と宗教思想は急速にヨーロッパ全土に広がったのである（Chartier and Cavallo, 1997＝2000）．

　活版印刷物の普及は，自然科学的認識（世界観）の普及に対しても少なからぬ影響を及ぼしたと考えられている．科学史において印刷術の果たした役割はあまり高く評価されてこなかったが，アイゼンステインによれば，多くの自然科学者が活版印刷術の恩恵により多数の文献や観測データを入手できるようになり，それが科学革命を生む重要な要因になったとしている．たとえば，ケプラーの地動説に大きく貢献したティコ・ブラーエは，14歳でプトレマイオスの全著書を購入していたという．16世紀以降，自然科学者たちはそれまでは目に触れることもなかった文献を比較的容易に入手できるようになり，それが新しい科学的知識の発見と普及に少なからぬ貢献をしたと思われる[(8)]（Eisenstein, 1983＝1987）．

3章　活字メディアの生成と展開

このように，活版印刷術は，単に書物の普及を促しただけではなく，新しい宗教思想の普及や科学的研究の進展にも大きな影響を及ぼし，人々の構成する「情報世界」に新たな地平を切り開くという重要な役割を果たしたのである．

マクルーハンらによれば，活版印刷術は，黙読習慣の普及を通じて近代的自我の確立にも大きく寄与したといわれている．黙読習慣そのものに関しては，すでにギリシア時代に発明され，写本の全盛時代であった中世にも広く行われていた．しかし，活版印刷術によって，広く一般大衆が読書層として登場し，余暇時間の多くを読書に費やすようになるにつれて，黙読の習慣が日常生活に定着し，それが人々の内面世界を大きく広げることに貢献したと考えられる．オングとマクルーハンは，活版印刷術が思考と表現の世界における聴覚優位から視覚優位への移行を促したと主張した．[9]

3．新聞の登場と大衆化

世界最初の新聞

グーテンベルクの活版印刷術発明からわずか数十年後の15世紀末，はやくもドイツで，「フルックブラット」と呼ばれる不定期の印刷物が発行されるようになり，戦争などのニュースを一般読者に伝えた．今日の活字ジャーナリズムのはしりといえる．活字印刷による世界最初の週刊新聞は，1609年にドイツで発行された『アヴィサ・レラツィオン』（Avisa Relation oder Zeitung）だったといわれる．

1650年になると，ライプツィヒの書籍商であったティモセウス・リッツ（Timotheus Ritzsch）が，『アインコメンデ・ツァイトゥンゲン』（Einkommende Zeitungen；「到来するニュース」の意味）という新聞をほぼ毎日発行し始めた．これが，世界最初の日刊新聞だといわれている．[10]

英語による最初の日刊紙は，1702年にイギリスのロンドンで創刊された『デイリー・クーラント』（Daily Courant）である．アメリカ最初の日刊紙は，1783年にフィラデルフィアで発行された『Pennsylvania Evening Post』だった．

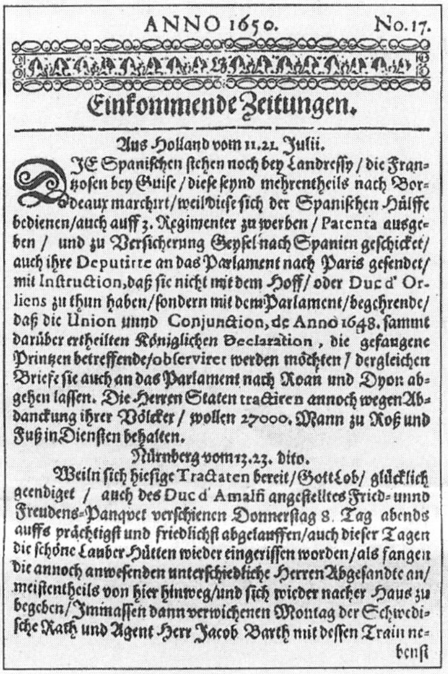
ANNO 1650. No. 17.

Einkommende Zeitungen.

Aus Holland vom 11.21. Julii.

DIE Spanischen stehen noch bey Landressy / die Frantzosen bey Guise / diese seynd mehrentheils nach Bordeaux marchirt / weil diese sich der Spanischen Hülffe bedienen / auch auff 3. Regimenter zu werben / Patenta ausgeben / und zu Versicherung Geysel nach Spanien geschicket / auch ihre Deputirte an das Parlament nach Paris gesendet / mit Instruction, daß sie nicht mit dem Hoff / oder Duc d' Orliens zu thun haben / sondern mit dem Parlament / begehrende / daß die Union unnd Conjunction, de Anno 1648. sammt darüber ertheilten Königlichen Declaration, die gefangene Printzen betreffende / observiret werden möchten / dergleichen Briefe sie auch an das Parlament nach Roan und Dyon abgehen lassen. Die Herren Staten tractiren annoch wegen Abdanckung ihrer Völcker / wollen 27000. Mann zu Roß und Fuß in Diensten behalten.

Nürnberg vom 13.23. dito.

Weiln sich hiesige Tractaten bereit / Gott Lob / glücklich geendiget / auch des Duc d' Amalfi angestelltes Fried- unnd Freudens-Panqvet verschienen Donnerstag 8. Tag abends auffs prächtigst und friedlichst abgelauffen / auch dieser Tagen die schöne Lauber-Hütten wieder eingerissen worden / als fangen die annoch anwesenden unterschiedliche Herren Abgesandte an / meistentheils von hier hinweg / und sich wieder nacher Haus zu begeben / Immassen dann verwichenen Montag der Schwedische Rath und Agent Herr Jacob Barth mit dessen Train nebenst

図3.1　世界最初の日刊紙『アインコメンデ・ツァイトゥンゲン』（1650年）

また，わが国最初の日刊紙は，1870（明治３）年に創刊された『横浜毎日新聞』であった．

マスメディアの成立

19世紀に入ると，産業革命の進展とともに，新聞の発行部数は飛躍的に増大し，大量の一般大衆を読者とする新聞，すなわち今日でいう「マスメディア」（mass media）へと発展を遂げていった．その火ぶたを切ったのは，1833年にニューヨークで創刊された『ザ・サン』（The Sun）である．当時まだ22歳の青年実業家だったベンジャミン・デイは，大衆向けの日刊紙を１部１セントという低廉な価格で発売した．記事の内容も，地域ニュース，セックス，犯罪，ヒューマンインタレストものなど，大衆の嗜好に合わせてつくられた．その結果，発売からわずか６カ月後には，発行部数は8000部となり，競争相手をはる

かにしのぐまでに成長した．同業者もデイの成功に刺激されて，競って同種の大衆新聞を発行した．1835年創刊の『ニューヨーク・ヘラルド』，1840年創刊の『ニューヨーク・トリビューン』などはその例である．こうして，「ペニープレス」（1セント新聞の意味）と呼ばれる大衆新聞がたちまち市場を席巻するようになったのである．

　この時期に，大衆新聞（マスメディア）が登場し，かつ成功をおさめることができたのは，その歴史的背景として，いくつかの技術的，経済的，政治的，社会文化的な条件が整っていたことを忘れてはならないだろう．

　技術的条件としては，新聞の高速大量印刷を可能にした輪転機の発明を第1にあげることができる．ケーニヒが1814年に開発したシリンダー印刷機は，一度に両面印刷ができ，毎時間1000部以上を自動印刷することができた．1830年までに，アメリカでは1時間に4000部を印刷できる輪転機が実用化され，これが低廉な日刊紙の印刷を可能にしたのである．また，鉄道の開通により，短時間で遠方まで新聞を輸送することが可能になり，これも発行部数の増加に貢献した．

　経済的条件としては，産業資本主義の発展と労働者の生活水準の向上を指摘することができる．産業革命は都市への人口集中をもたらし，産業資本家は低廉な労働力を使って，新しい産業をおこすことができた．新聞産業も同様であった．また，都市の労働者は，農村に比べて生活水準が高く，大衆新聞の定期購読者となるだけの経済的余裕があったのである．

　政治的条件としては，欧米で新聞に対する言論統制が次第に撤廃され，民主主義思想が普及した結果，新聞の情報を求める一般大衆のニーズがいちじるしく高まったことがあげられる．また，社会文化的な条件としては，普通教育の普及とともに，都市の中産階級の人びとを中心に，読み書き能力（リテラシー）が著しく向上したことにより，新聞読者層が一気に拡大したことがあげられる．例えば，アメリカでは1830年代に公立学校制度が初めて導入されている．

4. 日本の近代化と新聞の発展

新聞の登場

わが国では，江戸時代に瓦版がニュースを定期的に発行するメディアとして，一般庶民の間にも広く流通していた．現存する最古の瓦版は，1615（元和元）年に大阪夏の陣を報じた絵図であったといわれる．「新聞」という名称を関した最初のニュースメディアは，1862（文久2）年に幕府洋学調所（しらべどころ）が発行した「官板バタヒヤ新聞」だった．これは，木活字で印刷した半紙2つ折数枚綴じの小冊子で，海外ニュースを集録したものであり，発行も不定期だった（小野，1961）．

国内のニュースを中心に報じた最初の本格的な新聞は，1868（明治元）年に佐幕派の柳河春三が創刊した『中外新聞』だったといわれる．これは，半紙を2つ折りにして綴じた小冊子形式の新聞で，3～5日に1回の割合で発行されていた．ただし，明治新政府によって同年6月には発行禁止になってしまった．

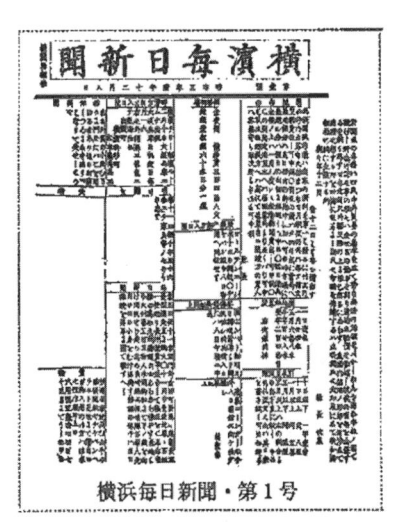

図3.2 日本最初の日刊紙『横濱毎日新聞』(1870年)

日本最初の日刊新聞は，1870（明治3）年に発行開始された『横浜毎日新聞』である．これは，鉛活字を用いて舶来の洋紙に印刷した1枚刷りタブロイド版の新聞だった．内容的には貿易関連の記事が多かった．

　廃藩置県の行われた1871（明治4）年には，大阪，京都，名古屋，金沢など地方の中核都市でも新聞が発行されるようになった．新橋―横浜間に鉄道が開通した1872（明治5）年には，東京最初の日刊紙である『東京日日新聞』が発行されている．『東京日日』は，官庁買い上げなどの保護を受け，政府の広報紙的な役割も果たすようになった．

政論新聞と統制

　明治初期には，『東京日日新聞』のような政府系新聞と並んで，『評論新聞』『曙新聞』『潮海新報』のように，民権派や旧佐幕派による政府批判を展開する政論新聞が次々と現れた．そのため，明治政府は1875（明治8）年6月，「新聞紙条例」と「讒謗律（ざんぼうりつ）」を公布し，新聞に対する取締りを強化した．これによって，新聞発行が罰則をともなう許可制となり，国家の転覆を企てたり，政府に公然と反対する言論を展開する新聞の社主・編集者は懲役刑，禁固刑を科せられることになった．実際に，1876（明治9）年には『朝野新聞』編集長の末広重恭らが讒謗律違反で禁錮刑を受けた他，政府批判の言論を展開する多数のジャーナリストが獄に投じられ，『評論新聞』『潮海新報』などが発行禁止になった．

新聞の大衆化

　このような政論新聞の読者は，主として知識人やエリート層であったが，一般の読者を対象として，主に社会，経済，文化情報を提供する「小新聞」が現れるようになった．『読売新聞』（1874年創刊）はその代表格であった．漢字にはふりがなをつけ，小説や巷の話題など軽い読み物を積極的に取り入れ，庶民の人気を博した．発行部数も大新聞をしのぐまでに成長した．

一方，政論を中心とする大新聞も，経営方針を次第に転換させ，次第に商業新聞への道を歩むようになった．その中で，『大阪毎日新聞』と『大阪朝日新聞』は，不偏不党を掲げ，万人向きのニュースや娯楽情報を提供し，大幅に部数を拡大し，『読売新聞』とともに，次第に寡占体制を築いていった．
　これとは別に，『万朝報』など，低俗でセンセーショナルな内容の記事を売り物にする大衆向けの新聞が人気を博し，19世紀末の東京では，一時期『朝日新聞』『報知新聞』『東京日日新聞』をしのぐ部数を誇るまでに成長した．

言論統制時代の新聞

　20世紀に入り，日露戦争，関東大震災を経て，新聞の競争激化と寡占化が進んでいったが，同時に，国家による厳しい言論統制のもとで，「不偏不党」「客観報道」を標榜し，「社会の木鐸」としての言論性，批判性を減退させていった．
　とくに，満州事変から日中戦争，そして太平洋戦争へと戦局が険しさを増すにつれて，国家による言論統制が強まり，1940年代には1県1紙体制へと統合化されるとともに，全国紙，ブロック紙，県紙という今日の新聞発行類型の基礎がつくられた．戦時中，新聞は国家による大衆動員のためのプロパガンダ手段として活用され，ジャーナリズム性を完全に剥奪されたのである．

戦後の新聞

　戦後日本の新聞は，連合軍による占領下での言論統制と，民主憲法下での言論の自由拡大という2つの相反する契機を抱えながら，新しいスタートを切った．
　実質的な占領統治を行ったGHQ（連合国軍最高司令部）は，終戦直後の1945年9月10日に「言論および新聞の自由に関する覚書」により新聞報道に対する検閲を行い，連合軍への批判，占領政策を妨害する動きを封じた．検閲制度は1948年に廃止されたが，1950年朝鮮戦争が勃発すると，GHQは共産党の機関紙を発行禁止にしたり，朝日，毎日，読売など新聞社の社員を追放するな

ど，いわゆる「レッドパージ」を行うなどの言論統制を行った．

一方，戦時中の国家統制が解除されたために，戦後は新興紙が多数発行されるとともに，新聞の自由競争が激化した．その中で，有力な全国紙がマーケット全体で大きなシェアを占めるとともに，都道府県単位では，有力県紙が大きなシェアを占めるなど，新聞の寡占化が進んだ．

5．現代の新聞

新聞の現状

2003年10月現在，日本新聞協会加盟の日刊紙（2003年10月現在124紙）の総発行部数は7034万部（朝夕刊別部数）[11]となっている．内訳は，朝刊が5125万部，夕刊が1919万部である．この数字は，世界的にみると，5519万部のアメリカ（2002年）をはるかに引き離し，中国の8205万部（2001年）に次いで第二位である．人口1000人当たりの発行部数で比較すると，世界第1位はノルウェーの705部で，日本は653部で第2位となっており，新聞購読率もきわめて高いということができる（図3.3）．

1紙あたりの販売部数をみても，第1位の読売新聞が1007万部，第2位の朝日新聞が827万部，第3位の毎日新聞が393万部となっており，これは海外の主要全国紙と比較しても，（中国を除けば）際立って大きな数値である[12]．これら3大全国紙は，大部数であるだけではなく，情報の質も高く，世論に対する影響力も大きいという点で，世界的にみても，特異な存在といえる．

このように，わが国の全国紙が量と質の高さを維持している要因としては，① 正確で客観的な報道で読者の高い信頼を得ていること，② 個別配達制度が充実していること，③ 国民の高い教育水準とリテラシー，などが指摘されている（佐塚，2000）．

しかし，新聞発行部数の推移をみると，1990年代以降，発行部数の伸びは大幅に鈍化しており，2001年以降はわずかながら減少する傾向を示していることがわかる（図3.4）．いまや，紙の新聞は飽和状態に達し，逓減状態へと推移

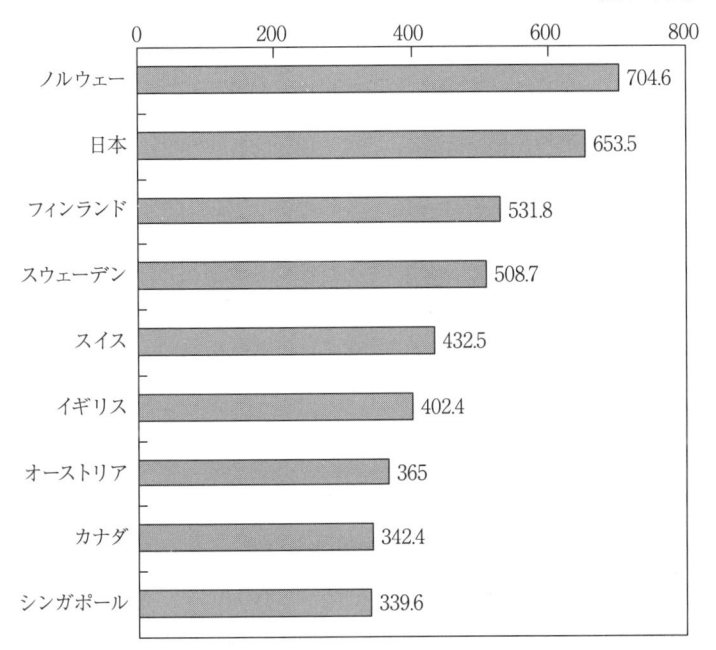

```
                                              (部／千人)
       0     200     400     600     800
ノルウェー  ████████████████████ 704.6
    日本  ██████████████████ 653.5
フィンランド ███████████████ 531.8
スウェーデン ██████████████ 508.7
    スイス ████████████ 432.5
   イギリス ███████████ 402.4
オーストリア ██████████ 365
    カナダ █████████ 342.4
シンガポール █████████ 339.6
```

図3.3 人口1,000人あたり新聞発行部数の国別ランキング

(『日本新聞年鑑』2003-2004年より作成)

するきざしを見せているのである.

伸び率低下の原因としては,① 定期購読世帯が飽和状態に達していること,② 多メディア化が進み,テレビやインターネットなど競合メディアに利用者を奪われていること,③ 若い世代を中心に「活字離れ」が進み,新規購読者の獲得が難しくなっていること,などをあげることができる.

新聞メディアの電子化

1970年代以降,情報化の進展とともに,新聞の電子化も著しく進展した.それは,① 新聞製作の電子化,② インターネット新聞(ニュースサイト),マルチメディア新聞などの多メディア化,という2つの面でとらえることができる.

3章 活字メディアの生成と展開

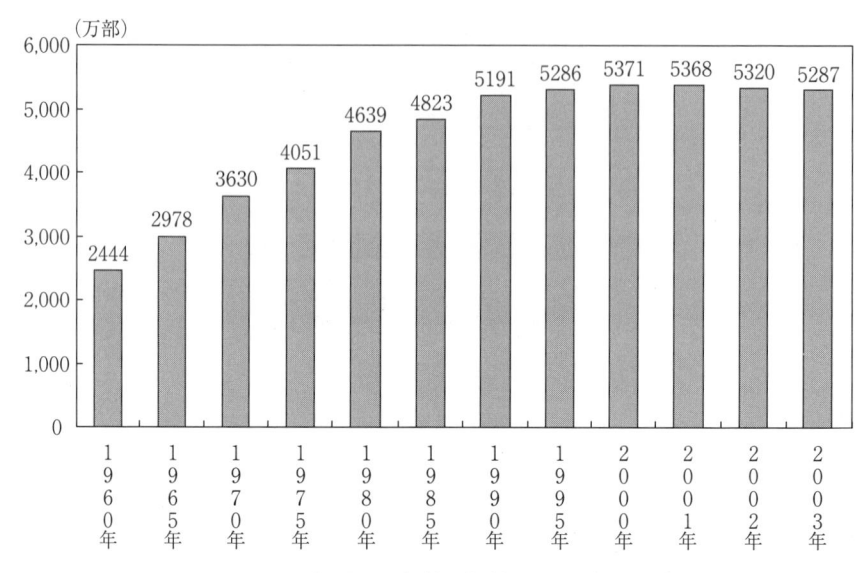

図3.4　新聞発行部数の推移（1960〜2003年）

（日本新聞協会調べ）

年	発行部数（万部）
1960年	2444
1965年	2978
1970年	3630
1975年	4051
1980年	4639
1985年	4823
1990年	5191
1995年	5286
2000年	5371
2001年	5368
2002年	5320
2003年	5287

(1) 新聞製作過程の電子化

　1960年代終わり頃から，新聞社では新聞の製作工程を効率化させるために，CTSなど印刷工程の全面機械化とコンピュータの導入を積極的にはかるようになった．その第1号は，佐賀新聞社（1968年）である．さらに，朝日新聞と日本経済新聞が，それぞれ「ネルソン」「アネックス」と呼ばれる大型コンピュータ導入による電算編集システムを開発，記事の編集から，組版，印刷までをコンピュータによって高速処理できるという画期的なシステムであった．

(2) 電子新聞，記事データベース，ニュースサイト事業の展開

　新聞製作のコンピュータ化，インターネットの普及，ブロードバンド化が進展するとともに，新聞社は電子・電波メディアを通じた情報提供に力を入れるようになった．これは，紙媒体の発行部数低迷を打開する業界の生き残り策でもあった．斎藤（2000）によれば，新聞社が取り組んでいる電子・電波メディ

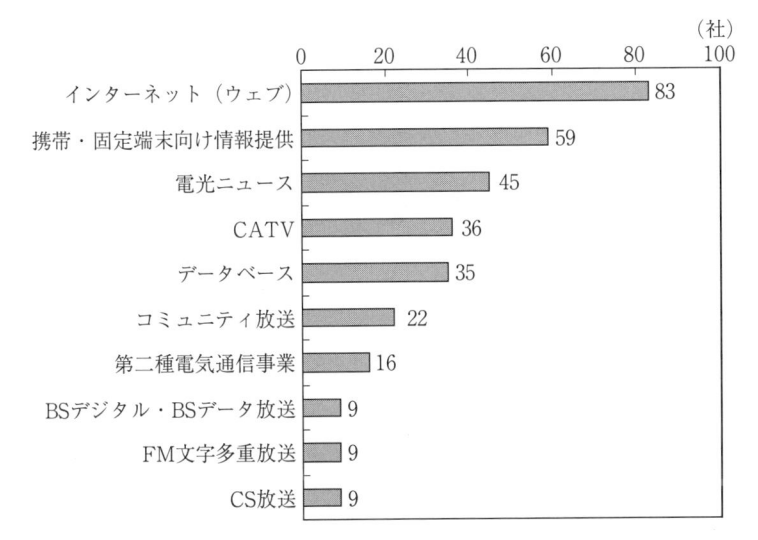

```
                              （社）
          0    20   40   60   80  100
インターネット（ウェブ）　　　　　　　　83
携帯・固定端末向け情報提供　　　　59
         電光ニュース　　　45
             CATV　　36
          データベース　　35
       コミュニティ放送　22
     第二種電気通信事業　16
BSデジタル・BSデータ放送　9
        FM文字多重放送　9
            CS放送　9
```

図3.5 新聞・通信各社の電子・電波メディア参入状況（2004年）

注）参入とは，「本体事業」または「1％以上出資，役員の派遣，社員の出向を伴う別会社の事業」をさしている．2004年1月，日本新聞協会編集制作部調べ

アによる情報提供サービスには，① コンピュータ・ネットワークを利用したもの（インターネット上のニュースサイト，電子メールによるニュース配信など），② 屋外や車内の「電光掲示板ニュース」，③ 携帯情報端末や携帯電話情報サイトを利用したモバイル型情報提供サービス，④ 衛星データ通信を利用した「電送ファクシミリ新聞」などがある．これに加えて，⑤ 地上波テレビ文字多重放送，BSデジタルのデータ放送，⑥ CS放送，CATVなどでの文字ニュースサービス，⑦ CD-ROMやインターネット上での記事データベース提供サービスも含めることができる．

日本新聞協会の調査によると，新聞・通信各社の電子・電波メディア参入状況は，図3.5のようになっている（日本新聞協会，2004a）．このように，インターネットを中心に据えながら，各社とも電子・電波メディアを活用した多様な情報サービスの展開をはかろうとしているのである．

6. 新聞のメディアコミュニケーション過程

　新聞は，新聞社または通信社を送り手とし，読者を受け手とする，マス・コミュニケーションである．これをメディアコミュニケーションの基本モデルに即して示すと，図3.6のように表すことができる．

新聞の伝達過程

　新聞の伝達過程は，ニュースの取材，通信社からの配信などの情報収集に始まり，社会部，政治部など部門ごとに記事を取捨選択，編集し，整理部で見出しをつくり，レイアウトを行うという制作過程を経て，組版→印刷→発送→戸別配達・販売という送信過程までを含んでいる．

(1) 新聞の制作過程

　新聞の制作過程は，まず取材活動から始まる．取材を担当する新聞記者は，政治部，経済部など各部ごとに，担当の記者クラブや国内，海外の支局を拠点として，日常的な取材活動を行っている．取材内容は，パソコンで記事にして，各部のデスクに送られる．デスクは，原稿をチェックし，必要な加筆修正を行って，整理部にまわす．整理部の編集記者は，受け取った原稿を読み，紙面での扱いを決めた上で，見出しをつけ，レイアウトをしてから，制作部門に送る．制作部門では，整理部から送られてきた記事，見出し，写真，図表をコンピュータ上で紙面割付け，組版を行う．これをもとにゲラ刷りを印刷し，編集部が最終的なチェックを加えたあと，紙面データをフィルム化し，印刷工場に送る．

　インターネット新聞（ニュースサイト記事）制作の場合には，印刷工程はなく，すべてがコンピュータ上で行われるので，よりスピーディな制作が可能である．

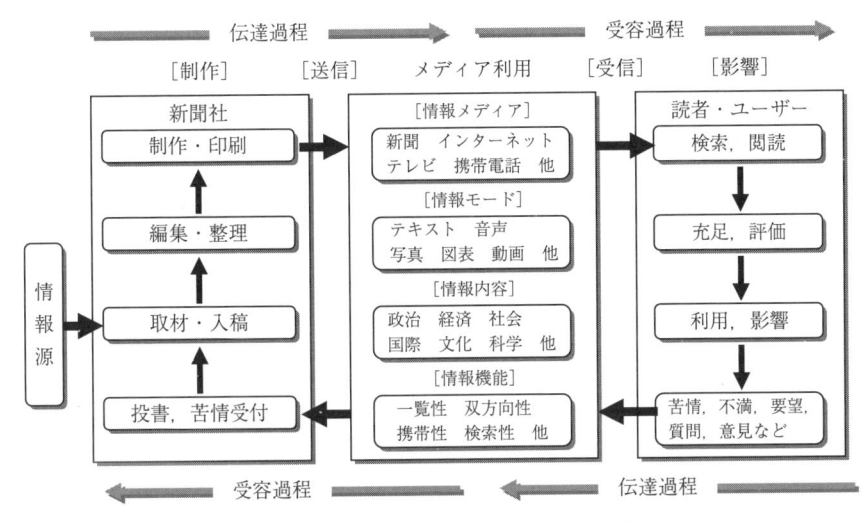

図3.6 新聞のメディアコミュニケーション過程

(2) **新聞の送信過程**

印刷工場で刷り上がった新聞は，ただちに販売店に運送され，チラシなどの折り込みを入れた上で，戸別配達される．2003年10月現在，印刷工場から発送される新聞の約94％が販売店経由で戸別配達され，約5.5％がキオスクやコンビニの店頭で販売され，郵送その他が約0.6％となっている（日本新聞協会，2004b）．

新聞の受容過程

2000年10月にNHKが実施した国民生活時間調査によると，新聞閲読率は，平日49.4％，土曜日49.1％，日曜日46.6％となっており，ふだん新聞を読んでいるのは国民の半数に満たないことがわかる．平均閲読時間をみると，平日で国民全体平均時間が23分，行為者平均時間が46分となっている[13]．これは，テレビ視聴時間の5分の1強にすぎない．

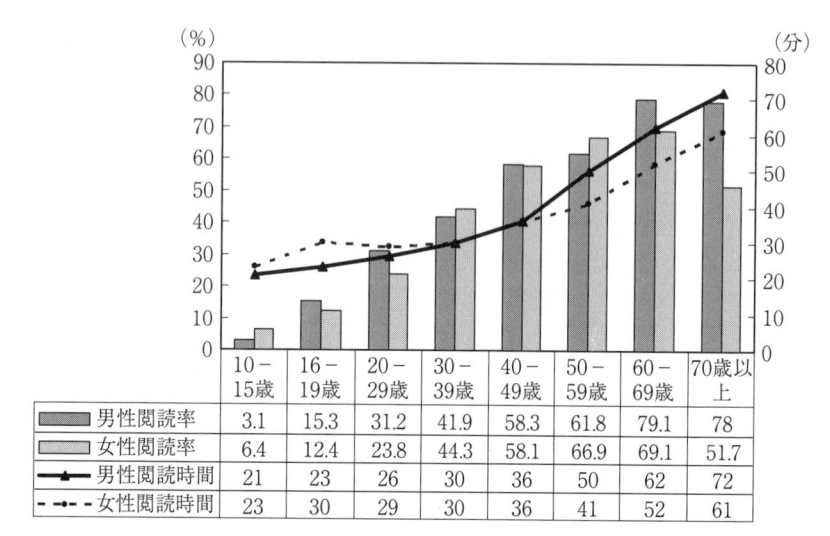

	10-15歳	16-19歳	20-29歳	30-39歳	40-49歳	50-59歳	60-69歳	70歳以上
男性閲読率	3.1	15.3	31.2	41.9	58.3	61.8	79.1	78
女性閲読率	6.4	12.4	23.8	44.3	58.1	66.9	69.1	51.7
男性閲読時間	21	23	26	30	36	50	62	72
女性閲読時間	23	30	29	30	36	41	52	61

図3.7　年齢別にみた新聞閲読率，（行為者平均）新聞閲読時間（2000年）

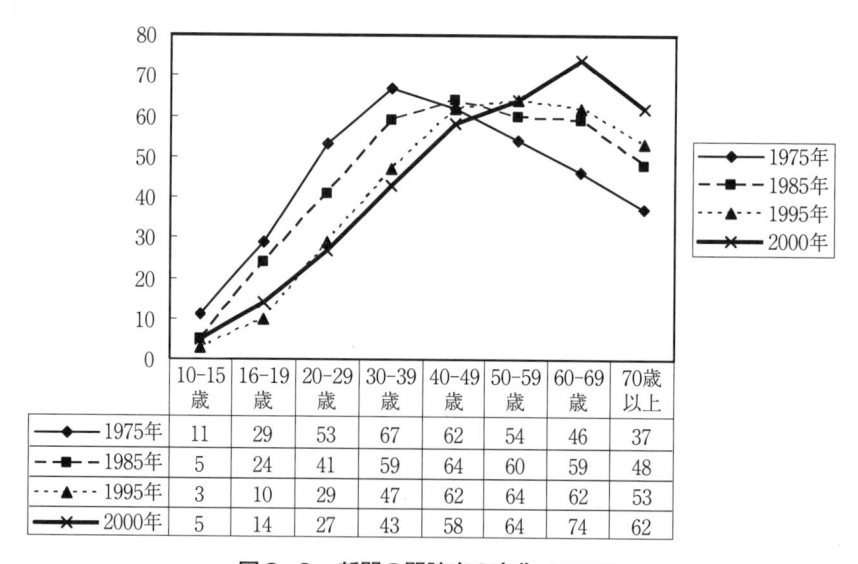

	10-15歳	16-19歳	20-29歳	30-39歳	40-49歳	50-59歳	60-69歳	70歳以上
1975年	11	29	53	67	62	54	46	37
1985年	5	24	41	59	64	60	59	48
1995年	3	10	29	47	62	64	62	53
2000年	5	14	27	43	58	64	74	62

図3.8　新聞の閲読率の変化（2000年）

(1) 性別，年齢別にみた新聞閲読状況

同じNHK生活時間調査によると，1日平均（平日）の新聞閲読率，閲読時間には，性別，年齢別で大きな格差がみられる．男性は閲読率が51.5%，平日平均閲読時間（行為者平均）が50分であるのに対し，女性は閲読率が47.5%，平日平均閲読時間が43分と，いずれも男性より少なくなっている．性別・年齢別に閲読率，平均閲読時間を比較してみると，図3.7のように，年齢が高くなるにつれて，（行為者平均）新聞閲読時間は長くなるという傾向がはっきりとみられる．

NHKの生活時間調査で，新聞の閲読状況（行為者比率）の変化をみると，1975年の時点では，30代の閲読率がもっとも高かったが，10年ごとにみると，閲読率のピークが次第に高齢化しており，2000年調査では行為者比率のピークは60代にまで高齢化していることが明確に読みとれる（図3.8）．同じグラフで，30代以下をみると，行為者比率は年々低下しており，若年層の「新聞離れ」が確実に進行していることもわかる．

(2) なぜ若い世代で新聞離れが進むのか？

それでは，なぜ新聞だけが若者層に敬遠されているのだろうか？　その原因

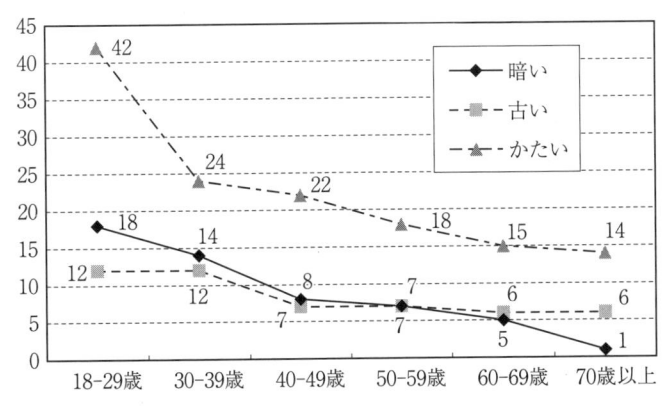

図3.9　年代別にみた新聞のイメージ（日本新聞協会「1991年度新聞信頼度調査」）

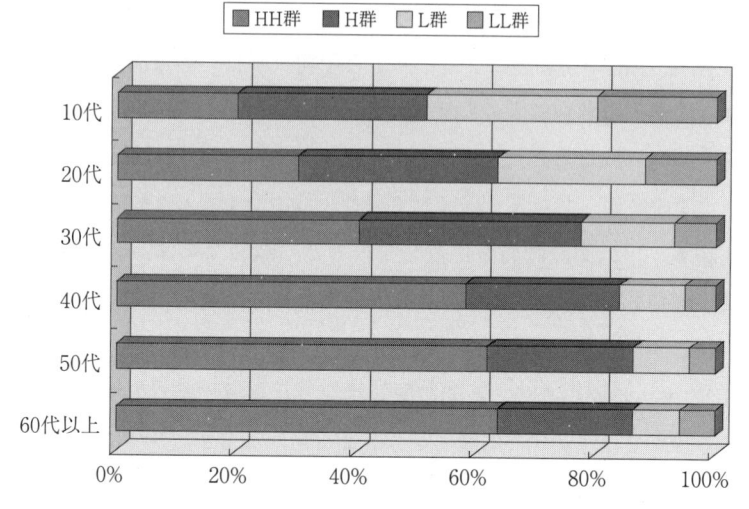

図3.10 新聞に対する「親近度」尺度と年齢の関連性

注）HH群はもっとも親近度が高いグループ，LLはもっとも低い群

としては，新聞に対するイメージないし評価が大きく関わっているようである．日本新聞協会が2年おきに実施している「新聞信頼度調査」でも，新聞に対するイメージは，年齢の若い層ほどネガティブになっていることがわかる．

　少しデータは古いが，1991年の新聞信頼度調査でみると，若者層ほど新聞に対して「暗い」「かたい」「古い」というイメージを抱いているという傾向がはっきりとみられる（図3.9）[14]．

　1999年6月に日本新聞協会が実施した「新聞の評価に関する読者調査」では，新聞閲読行動と関連の深い「評価尺度」として，「必要度」「信頼度」「愛着度」「親近度」の4つを取り上げているが，いずれの尺度についても，10代，20代，……と高齢層になるほど，評価が高くなるという傾向がみられた．とくに，「親近度」で年齢との関連がもっとも強くみられる（図3.10）．しかも，判別分析を行ったところ，新聞閲読率との相関がもっとも高かったのは「親近度」だった．これらの分析結果をもとに，調査報告では，「若い層の新聞の購読率・閲読率が低いことの理由は，こうした評価の低さにあるのではないか」と結論づ

けている（坂巻, 1999）．

7．ニュースサイト登場と新聞の未来像

ニュースサイトの登場

　1993年にインターネットの商用サービスがスタートし，WWW（ワールドワイドウェブ）技術の開発により，テキスト，音声，画像を含むマルチメディア・コンテンツをパソコンのブラウザ上で手軽に表示できるようになってから，欧米や日本でインターネット上での電子新聞サービス（以下では「ニュースサイト」という統一呼称を用いる）が次々と始まった．日本では，1995年6月に朝日新聞が初のニュースサイト asahi.com をスタートさせ，毎日，読売，日経，産経などがこれに続いた．

ニュースサイトのメディア特性

　ニュースサイトには，紙の新聞にはない特性がある．情報モード，情報内容，情報機能に分けて検討してみよう．

(1) 多様化する情報モード

　紙の新聞とは違って，ウェブ上のニュースサイトは，テキストはもとより，美しいカラー写真，イラスト，さらには音声や動画，アニメーションも自由に表示することができる．まさにマルチメディア情報モードをもったニューメディアといえる．

(2) 情報内容の特性

　ニュースサイトの情報コンテンツは，基本的に紙の新聞とほぼ同じであるが，トップページには，最新のニュースを大きく載せ，全国紙の場合には，15分～30分ごとに最新情報に更新されているのが普通である．また，アサヒコムの「eデモクラシー」などにみられるように，ユーザー参加型の情報コンテンツ

を積極的に取り入れるなど，読者による投稿の占める比重がより大きいという特徴もみられる．

(3) 情報機能の高度化

紙の新聞では，一覧性，保存性，情報の詳細性が高いという他のメディアにはない特徴があるが，ニュースサイトの場合には，「双方向機能」「データベース検索機能」「速報性」「ハイパーリンク機能」など，インターネットに特有の情報機能を備えている．

こうしたメディア特性を備えたニュースサイトは，従来の紙の新聞とは異なる機能を果たすようになっている．

ニュースサイトの伝達・受容過程

(1) ニュースサイト制作の実態

「電子ジャーナリズム研究会」(三上他，2000)では，インターネット上のオンライン・ジャーナリズムの実態を総合的に把握するために，全国の新聞社，放送局のうち，ウェブサイトを公開し，かつ継続的にニュースを提供しているサイトの編集担当者を対象として，電子メールと郵送法を併用して，アンケート調査を実施した[15]．

ニュースサイトで提供されている情報やサービスの内容をみると，ニュースは当然として，その他では，「イベント案内」「会社案内」「地域情報」「広告」「リンク集」「購読申し込み」「天気予報」を提供しているところが多くなっている（図3.11）．「社説・論説」といった固い内容の情報を提供しているところも，半数近くに達している．これに対し，インターネットの双方向性を生かした「読者のページ，投稿欄」をもうけているところは，16社と少数にとどまっている．インターネットのもつ情報機能がまだ十分には活用されていないようである．

紙の新聞にないもう1つの情報機能として，双方向機能や情報検索機能があ

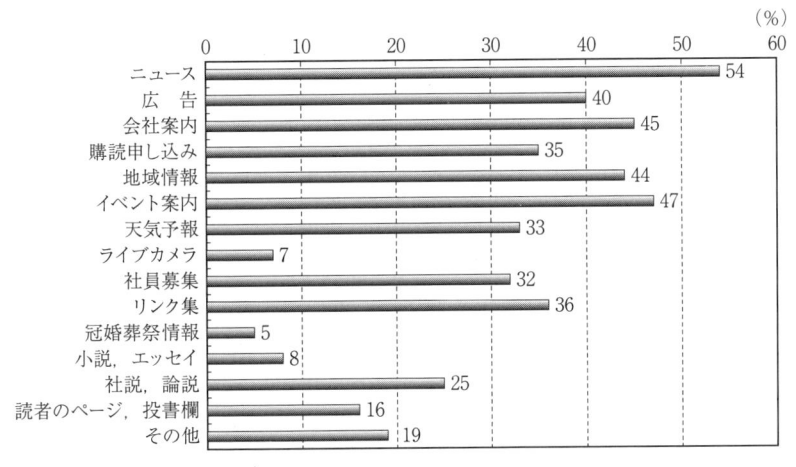

```
                           (%)
     0   10   20   30   40   50   60
ニュース                        54
広告                   40
会社案内                  45
購読申し込み            35
地域情報                 44
イベント案内              47
天気予報              33
ライブカメラ   7
社員募集              32
リンク集               36
冠婚葬祭情報  5
小説, エッセイ  8
社説, 論説          25
読者のページ, 投書欄    16
その他             19
```

図3.11　ニュースサイトの情報内容

る．調査対象の新聞社のうち，自社コンテンツの検索機能を提供しているところは29％，電子掲示板を設けているところは15％であり，あまり高いとはいえない．

情報モードについてみると，テキスト以外では「静止画」（写真）を使用しているところが66％と比較的高いものの，ビデオ映像や音声を取り入れているサイトはわずか2％にすぎず，マルチメディア対応の面では遅れている．放送局のニュースサイトでは，57％がビデオ映像を載せ，43％が音声を載せていることから考えると，新聞社のマルチメディア制作能力の低さを反映した実態といえよう．

(2) ニュースサイトの利用実態

次に，インターネット上の電子新聞あるいは「ニュースサイト」の利用実態について，これまでに行われた各種の調査研究の成果をまとめておこう．ここで引用するデータは，三上他（1998），斉藤・川端（1999），斉藤（2000），通信総合研究所（2003）による「ニュースサイト」（電子新聞）利用者調査の結果である．

(3) ニュースサイトの利用状況

　通信総合研究所の全国調査（2002年実施）によると，ニュースサイトにふだんアクセスしている人は，PCインターネット利用者の約41％である．アクセス頻度をみると，「週に数回くらい」という人がもっとも多く，「1日2回以上」がこれに次いでいる．[16]

　ニュースサイトの中で，もっともよく利用されているのは，「Yahoo!ニュース」である（図3.12）．インターネット利用者の過半数が利用している．ただし，Yahoo!ニュースには，読売新聞，毎日新聞，共同通信などがニュースを配信しているので，実質的には大手の新聞社や通信社の制作したニュースに接触しているということができる．アサヒコム，MSNニュースがこれに次いでいる．このように，新聞社に加えて，ポータルサイトがニュース利用の新しい

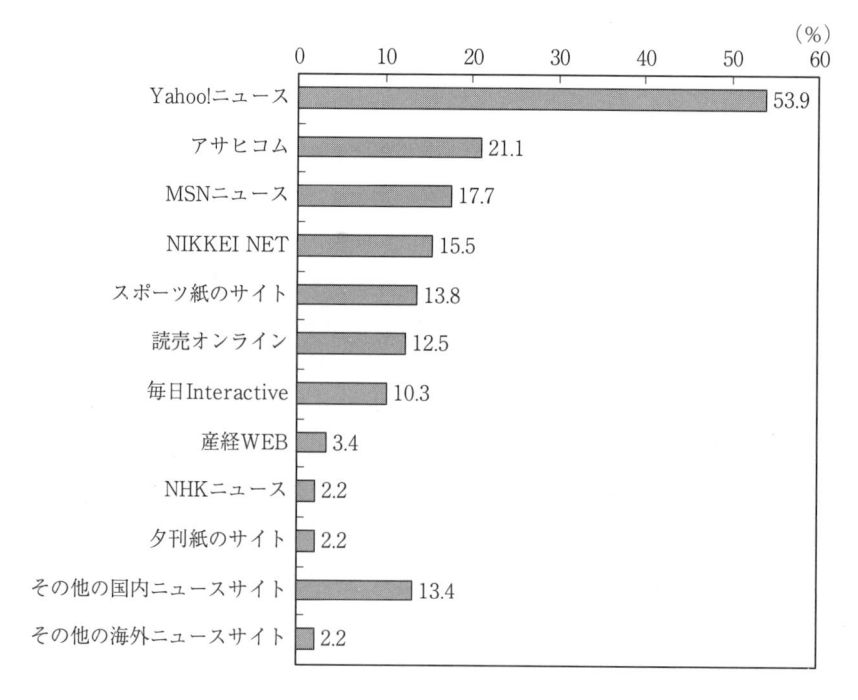

ニュースサイト	利用率(%)
Yahoo!ニュース	53.9
アサヒコム	21.1
MSNニュース	17.7
NIKKEI NET	15.5
スポーツ紙のサイト	13.8
読売オンライン	12.5
毎日Interactive	10.3
産経WEB	3.4
NHKニュース	2.2
夕刊紙のサイト	2.2
その他の国内ニュースサイト	13.4
その他の海外ニュースサイト	2.2

図3.12　よく利用されているニュースサイト（通信総合研究所「全国調査」2002年より）

プラットフォームになっているというのは興味深い現象である．

ニュースサイトで実際に利用されている情報コンテンツをみると，図3.13のようになっている．もっともよく利用されているのは「その日のトップニュース」であり，利用者の4人に3人以上がこれを利用している．まさにインターネットの速報機能をよく活用しているという実態が明らかになっている．次に多かったのは「スポーツ，芸能」であり，「天気予報」「経済・ビジネス」がこれに続いている．これに比べると，「掲示板」「記事データベース」など，双方向機能を活かした情報コンテンツの利用度はまだまだ低い．

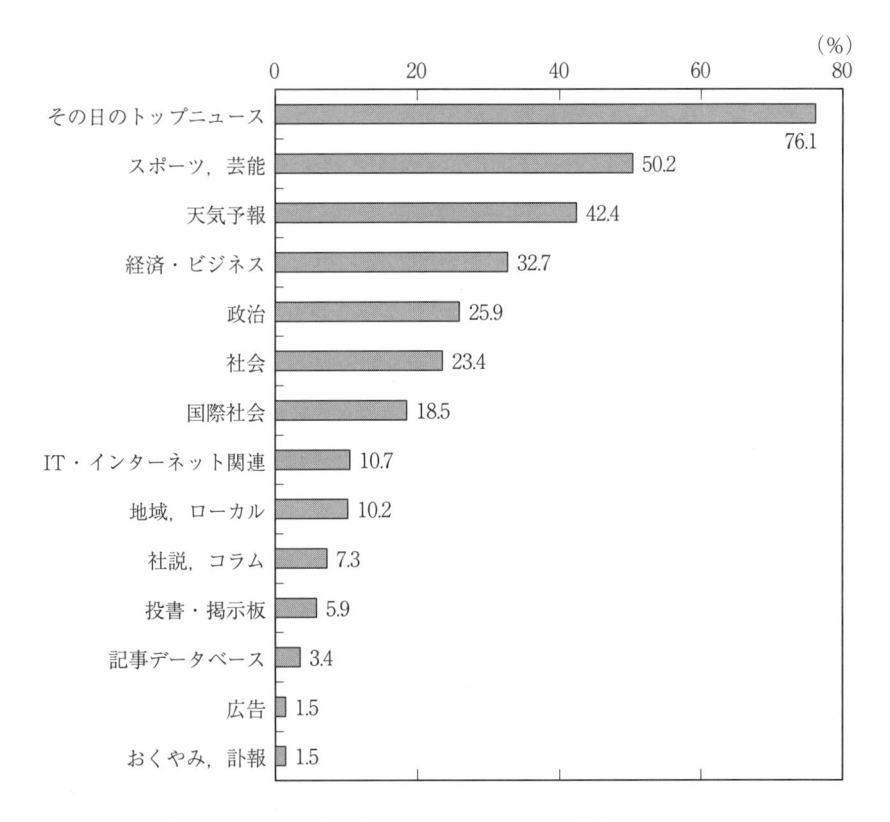

	(%)
その日のトップニュース	76.1
スポーツ，芸能	50.2
天気予報	42.4
経済・ビジネス	32.7
政治	25.9
社会	23.4
国際社会	18.5
IT・インターネット関連	10.7
地域，ローカル	10.2
社説，コラム	7.3
投書・掲示板	5.9
記事データベース	3.4
広告	1.5
おくやみ，訃報	1.5

図3.13　よく利用するニュースサイトの情報コンテンツ

（通信総合研究所「全国調査」2002年より）

(4) ニュースサイト定期利用者の特性

 ニュースサイトを定期的に利用する人（日常的によく利用する人）はどのような特性をもった人なのだろうか．調査結果によれば，性別では男性のほうが女性よりもよく利用している．年齢との関連はあまり強くみられない．学歴の高い人ほど，ニュースサイトをよく利用している．メディア利用頻度との関連をみると，ウェブの1日平均利用時間の長い人ほど，またインターネット利用歴の長い人ほど，ニュースサイトをよく利用している．また，興味深いことに，新聞閲読時間の長い人ほどニュースサイトの利用頻度が高くなるというプラスの相関がみられる．

(5) ニュースサイトの利用動機

 三上他（2000）の調査によれば，ニュースサイトを利用する理由の第1は，「最新のニュースが見られるから」(81％) という点にある．また，斉藤（2000）の調査によれば，「習慣として定期的に利用している」(60％)，「特定のニュースの展開を知りたいとき」(56％) という回答が多い．

(6) ニュースサイトを利用しない理由

 斉藤（2000）の調査によると，ニュースサイトを利用しない人が，利用しない理由としてあげたのは，「紙の新聞で十分だから」「テレビニュースで十分」「サイトをよく知らないから」「接続に費用がかかるから」「ディスプレイ上で読みにくい」などとなっている．

(7) ニュースサイトへの不満

 また，利用者がニュースサイトのどんな点に不満をもっているかをみると，「1つひとつの記事が短い」「記事本数が少ない」「表示が遅い」「オンライン独自の情報が少ない」「ニュースの重要度がわかりにくい」といった点に不満が集中していることがわかる．

(8) 有料化に対する意識

ニュースサイトが有料化した場合，紙の新聞とほぼ同じ情報が提供されると仮定して，月々いくらくらいなら支払ってもいいかという設問に対しては,「有料なら利用しない」という回答が最も多く，有料での利用には否定的な人が現状では多いことを示している．有料でも利用するという人の場合，支払限度額としては，「1000円未満」が圧倒的に多く，1000円以上の支払いには抵抗が強いという調査結果が得られている（三上他，2000）．

(9) 新聞，テレビなど他メディアの利用への影響

ニュースサイトの利用は，新聞やテレビなど既存のマスメディアへの接触にもある程度の影響を与えている．

三上他の調査によれば，ニュースサイトを利用するようになってから「新聞を読まなくなった」人が5％,「新聞を読む時間が減った」人が21％いた．また，斉藤他の調査によれば，ニュースサイト利用によって「新聞を読む時間が減った」人は約20％いた．つまり，ニュースサイト利用者の約2割が新聞を以前ほど読まなくなっているという結果が得られている．テレビニュースへの接触度も，新聞と同じくらいの影響を受けている．

多メディア化と新聞の未来像

それでは，インターネットの普及とデジタル化に代表されるメディア環境の多様化時代を迎えて，新聞社はどのようにこれに対応したらよいのだろうか．この問題について，メディアコミュニケーション論の視点から若干の考察を加えてみたい．

(1) 新聞の機能はどう変わるか？

上にみたように，新聞は「速報性」という点では，テレビやニュースサイトに比べて明らかに劣っている．しかし，新聞には，他のメディアにはない，す

ぐれた情報機能がある．それは，「解説論評性」「携帯性」「一覧性」「保存性」などである．これは，ニュースサイトでは得難い機能特性であり，この点での優位性は当分揺るがないだろう．解説論評性は，利用者からみると，議題設定機能（日々の出来事の中で，地域社会や国全体にとっていまなにが重要な問題かを知る）や世論形成機能（争点となっている問題についての意見分布を知り，意見を形成する上でのオピニオンリーダーとなる）を持っているということである．新聞は，こうした重要な社会的機能を今後とも維持してゆくだろう．

(2) 新聞に対する評価，イメージ

新聞に対するイメージは，「暗い」「固い」「親しみにくい」と芳しくないが，「信頼性」という評価では，インターネットを媒体とするニュースサイトに比べるとはるかに高く，今後もその基調は変わらないだろう．このような高い信頼性は，長い年月かかって築き上げた一種の「ブランド・エクイティ」（情報資産）であり，将来にわたって貴重な付加価値となり続けるだろう．

(3) 新聞とニュースサイトの棲み分けをどうはかるか？

これまでのメディアの歴史を振り返ってみると，新しいメディアが出現すると，新しいメディアが既存メディアの機能を全面的に代替することによって，既存メディアを駆逐してしまう場合もあれば，一部の機能を代替するだけにとどまったり，既存メディアにはない機能を付加することによって，既存メディアとの棲み分けが行われる場合とがあった．例えば，1980年代に急速に普及が進んだビデオデッキは，テレビにない記録性，非同期性をもって，テレビを補完する役割を果たした．

ニュースサイトの場合にも，上にみたように，新聞には，他に代え難い重要な情報機能や情報資産，利用者からの高い評価があり，そうした機能的優位性は今後とも著しく低下するとは考えられないので，ニュースサイトとの棲み分けをはかることが可能だと思われる．

その場合，新聞に欠けている「情報検索性」「インタラクティブ性」「速報性」「マルチメディア性」，「ハイパーテクスト性」をニュースサイトで補完するという位置づけで両者の棲み分けをはかることが必要だろう．

　新聞のもつ資産の上に立って，その付加価値をさらに高めるには，定期的な新聞購読者に対しては，無料でこれらのサービスを優先的に提供するような仕組みをつくる必要があろう．

(4) 若年層の新聞離れをくい止めるにはどうすればよいか？

　若い人々の新聞離れ現象を食い止めるためには，なによりもまず，彼らの利用習慣を高めることが重要であり，そのためには，学校における新聞の活用教育（NIE）[17]を促進することも有効であろう．

　また，インターネット，携帯電話など，若者層に浸透しているメディアと新聞との連携を強化することも効果的だろう．例えば，新聞読者へのサービスとして，インターネットのメール配信，携帯電話への情報配信サービスを無料化するなど．

　さらに，例えば，夕刊を廃止するとか，朝刊だけで間に合うようにするといった，痛みを伴う抜本的な情報制作・送信過程の改革も視野に入れる必要が出てくるかもしれない．また，情報内容に関していえば，欧米のように雑誌スタイルを取り入れ，スポーツ版，総合ニュース版，地域版，生活版，科学技術版など，ジャンルごとの分冊方式にして，読者がニーズに応じて情報内容を自由に選択・購読できるようにするといった方式の導入も考慮に値する．

　新聞のメディアとしての信頼性をさらに高めるには，専門ジャーナリスト育成をはかることが不可欠だろう．そのために，大学でメディアコミュニケーション学やジャーナリズムの専門教育を受けた学生の雇用を促進したり，現場ジャーナリストの再教育を強化するなどの地道な対策も必要とされよう．

　最後に，これからの新聞は，インターネット，携帯電話，デジタル放送，DVDなどのデジタルメディアのコンテンツに関するインデックス情報の提供

を充実させるなどして，メディアコミュニケーションの多様化，高度化への対応をはかることが望まれる．

(5) 21世紀の新聞はどうなるか？

今後インターネット，携帯電話，地上デジタル放送などデジタル情報革命が進展しても，テレビ放送と同様に，紙の新聞は決してなくなるわけではなく，最有力のマスメディアとして存続するだろう．

しかし，多様化するメディア環境の中で，相対的な地位の低下は避けられない．今後は，インターネット，マルチメディア，デジタル放送などとの融合を深め，互いに機能を補完しながら棲み分けをはかり，その中で「ジャーナリズム機能をもった公共的マスメディア」としてのポジショニングを強めることが必要だろう．

提供する情報のクオリティ（質）の高さがますます求められるようになり，それに対応するような紙面づくり，人材の確保，教育，昇進システムなど組織面の改革が進むことになるだろう．新聞には，これまで以上に編集機能の高度化が求められ，編集者の役割はさらに増大するだろう．

(注)
（1） ただし，それよりはるか以前の紀元前4万5,000年頃に，ネアンデルタール人がマンモスの歯を細工して作ったとみられる装飾品らしきものが発見されている．そこには，明らかにシンボリックな人工彩色を施した跡が残っているという（Marshack, 1993）．
（2） パピルス（Papyrus）は，英語の紙（paper）の語源にもなっている．起源前3000年頃，ナイル河のほとりに無数に茂っていた葦（あし）によく似たパピルス草を原料としてつくられた，文字を記録するためのメディアである．パピルス文書はすべて巻物形式のいわゆる「巻子本（かんすぼん）」であった．現在，続きものの書籍を「第～巻」と呼ぶのは，当時の名残りである．
（3） ギリシア時代は，人々がアルファベットを使い始めた時期であった．ソクラテスはまだアルファベットを使ってはいなかった．かれは弁論術の達人だったが，それはすべて口頭で伝えられたのである．プラトンは，ソクラテ

スの弁論を文章にしたが，まだ会話そのものであった．しかし，プラトンが生きた紀元前5世紀は，口誦を中心とする「声の文化」から，読み書きを中心とする「文字の文化」への移行期にあった．この転換期に，プラトンは，伝統的な口承文化を代表する詩人たちを厳しく批判し，新しい文字文化にふさわしい思考様式と教育制度を確立すべきことを主張したのである（Havrock, 1963＝1997）．

（4）『後漢書』のなかの列伝「蔡倫伝」には，紙の発明された事情が次のように記されている．「古より書契多く編するに竹筒を以てし，其の縑帛を用うるもの之を謂いて紙となす．縑貴くして簡重く，みな人に便ならず．倫すなわち意を造し，樹膚，麻頭，および敝布，魚網を用い，以て紙となす．元興元年，これを奏上すれば，帝その能を善し，是より従い用いざるなし．故に天下みな"蔡侯紙"と称す．」（鈴木，1976からの引用）

（5）冊子本の普及は，いろいろな面で読書スタイルの変化を促した．冊子本にはページがふられていたから，参照・引用が容易になり，注釈つきの本が激増した．その結果，本文と注釈などを関連づけながら読むというスタイルも生まれた．また，片手で読むのが容易だったので，書物を読みながら余白に書き込みをするという習慣も生まれた．さらに，ページ区切り，テクスト間のコンマ，コロンなどの区切りが導入されるに従って，「断片的な読み」という新しい読書スタイルが普及していった．

（6）「印刷出版業者も，大量生産の印刷本の巻頭に写本と同様の曼草模で縁取られたページを配したり，文頭の飾り文字を後から読者が書き込めるように残すことがあった．これはただ，写本の時代に同じような企業家だった写本商の手続きをそっくり模倣しているにすぎない．」（Chartier and Cavallo, 1997＝2000；p. 253）．実際，当初約100年間くらいの間は，印刷本と並んで，写本がより価値の大きい限定豪華本として並行的に出版されていたのである．

（7）ルターのドイツ語訳聖書は，1546年の彼の死に至るまでに，400以上の再版を記録したという．ただし，ルターの宗教思想を一般大衆に広めたのは，聖書そのものではなく，彼の書いた2冊の教理問答書であり，また「パンフレ」と呼ばれる小冊子であった．しかも，このパンフレは，改革の先導者たちが，口頭で宣伝するための文書という性格を強く帯びていたので，印刷術が宗教改革に与えた影響は，あくまでのオーラルコミュニケーションを媒介にした間接的なものであったという指摘もある（Chartier and Cavallo, 1997＝2000）．

（8）「あちこちに散在している観察者に向けて，同一表示のついた同一の画像を印刷刊行し，観察者は出版者に情報をフィードバックするという方法のおかげで，天文学者や地理学者，植物学者，動物学者などの資料は，旧来の限界をはるかに超えて豊富になり，古い歴史を持つアレクサンドリア博物館のま

れに見る豊かな資料をもしのぐほどになった．……幾世代にもわたって受け継がれたきた閉ざされた天体あるいは単一の集合体といった概念に代わって，開かれた研究が進歩してやまない学問の前線にひしめき合っている新たなイメージが生まれたのである」（Eisenstein, 1983＝1987）．

（９）「印刷によって，思考と表現の世界でながく続いていた聴覚の優位は，視覚の優位にとってかわられることになった．視覚の優位は，書くこととともにすでに始まってはいたが，書くことの力だけでは十分に開花できなかったのである．印刷は，書くことがかつてなした以上に容赦なく，語を空間のなかに位置づける．書くことは，音の世界から視覚的空間の世界に語を移しかえる．しかし，印刷は，こうした空間のなかのある位置に語を釘づけにする」（Ong, 1988＝1991, pp. 249-253）．

（10）　新聞学の教科書やメディア史の書籍では，しばしば『ライプツィガー・ツァイトゥング』（Leipziger Zeitung）が世界最初の日刊紙として紹介されている（小野，1961；稲葉，1989；佐藤，など）．しかし，最近の研究で，これは必ずしも正確とはいえないことが明らかになっている．アンソニー・スミスによれば，「1650年にライプツィヒで書籍商ティモテウス・リッチが世界最古の日刊紙『アイン・コメンデ・ツァイトゥンク（到来ニュース）』を創刊した．その10年後，彼はさらに多くの情報源を利用して多方面のニュースを扱った商業紙『ノイ・アイラウフェンデ・ナッハリヒト・フォン・クリークス・ウント・ヴェルト・ハンデルン（戦争と世界情勢に関する最新情報）』を創刊している」（Smith, 1979＝1988）．詳しくは，三上（2003）を参照のこと．

（11）　ここでの発行部数は，海外との比較のためにセット紙を朝・夕刊別に数えて集計したものである．具体的には，2003年10月現在のセット紙の発行部数は1746.5万部，朝刊単独の発行部数が3378.1万部，夕刊単独の発行部数が162.9万部であるから，総発行部数は，1746.5万×2＋3378.1万＋162.9万＝7034万部ということになる．データは，日本新聞協会経営業務部調べの数字である（「新聞の発行部数と世帯数の推移」http://www.pressnet.or.jp/data/01cirsetai.htm）

（12）　日本ABC協会の販売部数データ（発行社レポート）より．ただし，これは新聞協会のデータと同様に公称の部数であり，実態を必ずしも正確に反映しているとはいえない．実際には，押し紙（本社から販売店に提供される無代紙）と残紙（販売店が実際の契約部数以上に仕入れ，残った新聞を古紙回収業者に回す）が「販売部数」に上乗せされているともいわれ，各社とも実態以上の部数となっている可能性を否定できない．

（13）　朝刊と夕刊に分けてみると，閲読時間にはかなりの差がみられる．日本新聞協会が行った「2003年全国メディア接触・評価調査」によると，朝刊の（国民全体）平均閲読時間は26.2分，休日は30.3分だったのに対し，夕刊の

(国民全体) 平均閲読時間は16.5分とかなり短い (日本新聞協会, 2004c).
(14) 2003年に日本新聞協会が実施した「全国メディア接触・評価調査」では, 新聞, テレビ, ラジオ, 雑誌, インターネットの印象・評価を聞いているが, それによると, 新聞は「情報源として欠かせない」「社会に対する影響力がある」「知的である」という評価は他メディアよりも高いが,「親しみやすい」「わかりやすい」「情報が速い」「楽しい」「時代を先取りしている」というイメージではテレビに大きな差をつけられている (日本新聞協会, 2004d).
(15) 本調査の概要は次のとおりである. 調査対象：ニュースサイトを開設している全国の放送局 (17社), 新聞社 (66社), 通信社 (2社) のウェブサイト編集担当者, 計85社. 調査時期：1999年10月18日〜11月30日. 調査方法：調査票による郵送調査 (送付には電子メールと郵便を併用). 有効回収：放送局14社, 新聞社41社, 計55社 (64.7%)
(16) 本調査の概要は次のとおりである. 調査対象：全国の満12歳以上75歳以下の男女個人1,750人. 有効回収1,169人 (66.8%) 抽出方法：層化二段無作為抽出法. 調査方法：留置回収法.
(17) NIE (エヌ・アイ・イー) とは, Newspaper in Education (教育に新聞を) の略称で, 学校等で新聞を教材にして勉強する学習運動のことである. 1930年代にアメリカで始まり, 日本では, 日本新聞協会が1989年から教育界と連携して組織的な取り組みを始めた. その後, 1998年に財団法人・日本新聞教育文化財団に事業を移管し, 2000年10月には横浜にNIE全国センターを開設し, NIEを推進している. NIEの効果調査をみると, 実践前にくらべて, 子どもたちが「新聞を進んで読むようになった」. また, 小学生の場合には, 実践前よりも新聞の閲読頻度はわずかながら増大する効果がみられる. このことから, NIEには新聞閲読習慣をもたない子供たちの「新聞離れ」を食い止める効果が期待される.

参考文献

朝日新聞総合研究センター・調査研究室研究チーム, 1998,「電子メディアと新聞ジャーナリズム」(上, 下),『朝日総研リポート』No. 131, 132

Chartier, R. and Cavallo, G., 1997＝2000, *Histoire de la Lecture dans le Monde Occidental*. 田村毅・片山英男・月村辰雄・大野英二郎・浦一章訳『読むことの歴史』大修館書店

Eisenstein, Elizabeth L., 1983＝1987, *The Printing Revolution in Early Modern Europe*, Cambridge：Cambridge University Press. 別宮貞徳監訳『印刷革命』みすず書房

Febre, L. and Martin, H.J., 1971＝1985, *L'apparation du Livre*. 関根素子・長谷川輝夫・宮下志朗・月村辰雄訳『書物の出現』上・下, 筑摩書房

春原昭彦, 1969, 『日本新聞通史』現代ジャーナリズム出版会
Havrock ,E.A.,1963＝1997, *Preface to Platon*. Harvard University Press. 村岡晋一訳『プラトン序説』新書館
稲葉三千男, 1989, 『コミュニケーション発達史』創風社
稲葉三千男・新井直之・桂敬一編著, 1995, 『新聞学』(第3版) 日本評論社
Innis, Harold A., 1951＝1987, *The Bias of Communication*. University of Toronto Press. 久保秀幹訳『メディアの文明史―コミュニケーションの傾向性とその循環』新曜社
Marshack, 1993, "The Art and Symbols of Ice Age Man," in David Crowley and Paul Heyer, eds., *Communication in History*, Longman.
McLuhan, Marshall, 1962＝1986, *The Gutenberg Galaxy : The Making of Typographic Man*. 森常治訳『グーテンベルクの銀河系』みすず書房
三上俊治, 赤尾光史, 竹下俊郎, 斉藤慎一, 1998,「電子新聞の受容過程に関する調査研究」『東洋大学社会学部紀要』第35-2号, pp. 19-65
三上俊治・赤尾光史・竹下俊郎・斉藤慎一・吉村卓也, 2000,「オンラインジャーナリズムの構造と機能に関する実証的研究」電気通信普及財団・平成11年度助成研究報告書
三上俊治, 2003,「世界最初の日刊新聞・再考」(http://sophy.asaka.toyo.ac.jp/users/mikami/mediken2001/mk010604.html)
NHK放送文化研究所, 2002, 『日本人の生活時間・2000』NHK出版
日本新聞協会, 2004a,「新聞・通信各社の電子・電波メディア参入状況」日本新聞協会編集制作部 (http://www.pressnet.or.jp/data/07multimedia.htm)
日本新聞協会, 2004b,「新聞の戸別配達率」日本新聞協会経営営業部 (http://www.pressnet.or.jp/data/01cirtakuhai.htm)
日本新聞協会, 2004c,「平均新聞閲読時間」日本新聞協会広告委員会 (http://www.pressnet.or.jp/data/06rdrshpB.htm)
日本新聞協会, 2004d,「各メディアの印象・評価」日本新聞協会広告委員会 (http://www.pressnet.or.jp/data/06rdrshpC.htm)
Ong, W.J., 1988＝1991, *Orality and Literacy : The Technologizing of the Word*. Routledge. 桜井直文・林正寛・糟谷啓介訳『声の文化と文字の文化』藤原書店
小野秀雄, 1961, 『新聞の歴史』東京堂出版
斉藤慎一, 川端美樹, 1999, 『高度情報社会におけるニュースの変容』財団法人・ハイライフ研究所
斉藤慎一, 2000,「高度情報社会におけるニュース・メディア―電子新聞の現状と今後の展望」橋元良明編著『情報化と社会生活』北樹出版
坂巻善生, 1999,「新聞評価の新尺度」, 『新聞研究』1999年12月号, pp. 31-45.
佐藤卓也, 1999, 『現代メディア史』岩波書店

佐塚正樹，2000，「新聞」，藤竹暁編『図説・日本のマスメディア』NHK ブックス
Smith, Anthony, 1979＝1988, *The Newspaper : An International History,* Thames and Hudson : London. 仙名紀訳『ザ・ニュースペーパー』新潮選書
鈴木敏夫，1976，『プレ・グーテンベルク時代：製紙・印刷・出版の黎明期』朝日新聞社
高宮利行，1998，『グーテンベルクの謎―活字メディアの誕生とその後』岩波書店
田村紀雄，1990，『道具の情報学』KDD クリエイティブ
戸叶勝也，1992，『ドイツ出版の社会史―グーテンベルクから現代まで』三修社
通信総合研究所，2003，『インターネットの利用動向に関する実態調査報告書 2002』
山本文雄編著，1981，『日本マス・コミュニケーション史』（増補）東海大学出版会
読売新聞社調査研究本部編，2002，『実践ジャーナリズム読本』中央公論新社

■ 4章　放送メディアと視聴者 ■

　本章では，テレビ，ラジオを中心とする放送メディアの歴史的発展のプロセスをたどり，とくにデジタル多チャンネル放送時代のメディア環境と視聴行動の実態を詳しく検討する．

1．視聴覚メディアの登場

写真と映画

　映像や音声を機械的に記録し，これを長期間保存したり，繰り返し再生したりすることのできる視聴覚メディアが誕生したのは，ようやく19世紀に入ってからのことである．

　1826年，フランスのジョゼフ・ニエプス（Joseph N. Niepce, 1765-1833）は，アスファルトで塗布したガラス板にカメラで捉えた映像を写し取ることに初めて成功した．これを知ったジャック・ダゲール（Louis Jacques Daguerre, 1787-1851）は，ニエプスと協力して写真技術の開発に取り組み，1839年に感光性の高い沃化銀を使って，写真現像技術を完成させた．これは彼自身の名前をとって「ダゲレオタイプ」と名づけられた．1843年には，わが国にもダゲレオタイプが輸入されている．その後，写真技術は改良を加えられ，またカメラも次第に小型軽量化していった．今日のフィルム現像方式の写真技術は，1884年にアメリカのジョージ・イーストマン（George Eastman, 1854-1932）によって開発されたものである．

　連続した写真の画像から動く映像を再現することのできるメディア，すなわち「映画」（movie）が登場するのは，写真技術の完成から約50年後のことである．ダゲールの発明した写真は最低15分もの露光時間を必要としたが，1870年までにカメラの性能は著しく向上し，千分の1秒のシャッタースピードで写真が撮れるようになった．また，イーストマンによってロール式のフィルムが発

明されたことによって，静止画の連続再生が可能になった．これによって，映画技術開発への道が開かれたのである．1891年，アメリカのトーマス・エジソン（Thomas A. Edison, 1847-1931）は助手のK・ディクソンとともに，このフィルムを使って動画カメラを発明し，これを「キネトグラフ」と名づけた．また，93年には「キネトスコープ」と呼ばれる映写装置も開発している．ただし，キネトスコープはわずか数十秒しか上映できず，また一度に1人しか見ることができなかった．今日のように，劇場で多数の観客の前に映像を投影することに初めて成功したのは，フランスのリュミエール兄弟（兄 Auguste Lumiere, 1862-1954, 弟 Louis Lumiere, 1864-1948）だった．1895年，パリで「シネマトグラフ」と呼ばれる映画を初めて一般公開し，成功を収めたのである．わが国には，1896年にキネトスコープが初めて輸入され，また1897年にシネマトグラフが輸入され，上映されたという記録が残っている．

その後，映画は無声映画の時代から，トーキーの時代へと変わり，また天然色（カラー）映画へと成長を遂げることになる．

オーディオメディア

一方，人の声や音楽を記録し，再生することのできるオーディオ・メディアは，今日ではレコード，カセットデッキ，CD，MD，DVDオーディオ，MP3など多彩であるが，その歴史の1ページを開いたのは，エジソンの発明した「フォノグラフ」（1877年）だった．発明当時のフォノグラフは，録音時間がわずか30秒程度で，しかも円筒型のレコードは簡単に取り外しがきかなかった．円盤式のコンパクトなレコード盤は，1888年にベル研究所のベルリナーによって開発されたものである．また，音質を飛躍的に向上させたLPレコードは，1930年に初めて発売されている．磁気式の録音装置が開発されたのは，それから5年後の1935年のことである．

19世紀はまた，文字，データ，音声，映像などを電気信号で送受信する電子メディアが登場した「電気通信革命」の時代でもあった．電子メディアの登場

によって，人類は遠く地球の裏側や宇宙空間にまでも，きわめて高速で情報を伝達することができるようになった．マクルーハンが述べたように，「1世紀以上にわたる電子技術を経たあと，われわれはその中枢神経組織自体を地球規模で拡張してしまっており，地球に関する限り，空間も時間もなくなってしまった」のである（McLuhan, 1964=1987）．

電子メディアの歴史は，モールスによる電信機の発明（1837年）に始まり，ベルの発明した電話，マルコーニの発明した無線通信を経て，20世紀に入ってラジオ，テレビなどの放送メディアへと発展してゆく．

2．ラジオ放送の登場とその社会的影響

無線通信とラジオの誕生

ラジオ放送は，無線通信技術を応用して，放送局から不特定多数の聴取者に向けて番組を送信するという，大衆向けのマス・コミュニケーションとして発展した．1895年にイタリアのマルコーニ（Guglielmo Marconi, 1874-1937）は無線通信の技術を完成させ，1901年には3000km離れた大西洋横断の通信実験に成功した．これによって，海洋の船舶や飛行中の航空機との間の情報通信が可能となり，海難救助や戦争において大いに活躍することになった．1897年には早くもわが国に無線通信技術が導入されたが，日露戦争では日本海海戦（1904年5月）において，東郷元帥率いる日本海軍が無線機による連絡でロシアのバルチック艦隊の動きをいち早く察知し，これを撃破した．一方，1912年4月に起きたタイタニック号の遭難事故では，無線機が搭載されていたにもかかわらず，それが必ずしも有効に使われなかったため，乗客・乗員合わせて1500名が死亡するという悲劇をもたらし，後に大きな教訓を残した[1]．

1906年になると，アメリカのフェッセンデン（Reginald A. Fessenden, 1866-1932）が，人の声を電波によって送信する「無線電話」の実験に成功し，ラジオ放送の技術的基盤ができ上がった[2]．1915年には，アメリカ電信電話会社（ATT）がアメリカ東部からパリに向けて明瞭な音声を無線通信することに成

功している.同じ年,マルコーニ通信会社の無線技師だった若きデヴィッド・サーノフ（David Surnoff 後の RCA 会長）は,上司に宛てて,一般家庭に設置された「ラジオミュージックボックス」と呼ばれる受信装置に向けて音楽やスピーチを無線で流すというアイディアを提案した.残念ながら,サーノフのこの斬新なアイディアは取り上げられなかった.ラジオ放送が実現したのは,それから5年後のことである.

　1920年4月,ピッツバーグのウェスチングハウス社の技師フランク・コンラッド（Frank Conrad）は,自宅のガレージに無線局を開設し,アマチュア無線家を対象にレコード音楽を流し始めた.これに対して,多くの無線家からリクエストが寄せられたため,毎週木曜と日曜の夕方に2時間,音楽を定期的に放送するようになった.これに注目したウェスチングハウス社は,ラジオ放送サービスを本格的に開始することを決め,1920年10月27日に KDKA 局の免許を取得,11月2日に放送を開始した.放送の内容は,音楽の他,ニュース,株式市況,プロ野球速報などであった.その後,アメリカ各地でラジオ放送局が次々と開局し,1923年には500局を越える急成長ぶりであった.ラジオ受信機の普及も急速に進み,1925年から30年までの5年間に1700万台ものラジオが売れたほどであった.こうして,1930年代には,ラジオはアメリカのほとんどの家庭に普及し,マスメディアとしての位置を不動のものとしたのである.

日本のラジオ放送

　アメリカでのラジオ放送開始のニュースは日本にも伝わり,新聞社などが競って公開実験を行うなど,ラジオ熱が次第に高まっていった.情報断絶がパニック的な社会的混乱をもたらした1923年9月1日の関東大震災は,ラジオ放送の必要性を強く認識させる出来事となった.1923年12月20日には,通信省令「放送用私設無線電話規則」が公布,施行された.[3] 1924年1月には大阪朝日新聞社が皇太子御成婚奉祝式典をラジオで紹介,5月には大阪毎日新聞社が衆議院議員選挙の開票状況をラジオで公開するなど,公開実験が相次いで行われ,

ラジオ放送熱は一気に高まった（日本放送協会，2001）．

　政府は当初，放送事業を民間企業に委ねる方針をとっていたが，1924年に逓信大臣に就任した犬飼毅は，「放送事業は公共性が高い」との判断から，放送事業を「社団法人」の形で認可するとの政策変更を行った．これに基づき，1924年11月から1925年2月にかけて，東京，名古屋，大阪に社団法人の放送局が認可された．

　社団法人・東京放送局では，1925年3月1日に芝浦の府立高専工業学校の仮設スタジオから試験放送を行ったあと，3月22日午前9時30分から仮放送を開始した．「JOAK」のコールサインを繰り返したあと，常務理事の新名直和が「本日をもって，本邦最初の正規放送を開始いたします」と告知した．10時10分，後藤新平東京放送局総裁の開局あいさつが15分にわたって行われた．その中で，後藤は放送事業の機能として「文化の機会均等」「家庭生活の革新」「教育の社会化」「経済機能の敏活」の4つをあげた．この指摘は，今日でも放送の理念として十分に通用する卓見であった(4)．

　仮放送開始当時，東京放送局と聴取契約を結んだ人は3500人，未契約者を含めると，国内で8000人以上がラジオ受信機をもっていたと推定されている．6月1日には大阪放送局，7月15日には名古屋放送局が仮放送を開始した．開局当初のニュース，天気予報，講演，音楽演奏，落語，演劇などに加え，7月には東京放送局で早くもラジオドラマが放送されている．

　逓信省はラジオの全国放送網整備を策定し，これに基づき，1926年には社団法人日本放送協会が設立された．そして，1928年，昭和天皇即位の大礼に合わせて全国放送網が完成し，11月6日から即位の大礼の奉祝特別放送が全国に向けて行われた．この頃，ラジオ放送受信者数は急速に増加し，1932年には聴取加入者数が100万を突破するに至った．

　こうして，わが国でも欧米諸国でもラジオは1930年代から40年代にかけて黄金時代を迎えたが，大衆にニュースや娯楽などを提供した他，広告や宣伝の媒体としても重要な役割を果たすようになった．とくに第二次世界大戦中は，ド

イツや日本などでは，ラジオ放送が国家統制のもとに置かれ，全体主義的な独裁政権によるプロパガンダの手段として使われたこともあった．

ラジオ放送の社会的影響力

　新しいメディアが登場し，一般市民の間に普及するにつれて，必ずといっていいほど，それが社会に及ぼすネガティブな影響についての懸念や不安が人々の間に広がり，批判的な議論が巻き起こるものである．19世紀末，大衆新聞が登場した頃も，欧米を中心に，新聞が犯罪を増加させるなどの批判が知識人からも指摘された．同様に，映画が1920年代にアメリカを中心に一般大衆の間に普及していった時にも，映画という新しいマス・コミュニケーションが，受け手とくに青少年に及ぼす好ましくない影響に関する不安や批判が一般市民や知識人の間にも広がった．産業化と都市化の進展による大衆社会状況の出現と，それに伴う社会的な疎外やコミュニティの解体などの社会問題の深刻化が，こうした不安を増幅する役割を果たした．[5]

　「ラジオの黄金時代」といわれた1930年代，ラジオは大衆に身近な娯楽手段を与えると同時に，ニュース報道や広告宣伝を通じて，強力なプロパガンダの手段としても活用された．ラジオが広く普及するにつれて，ラジオのもつ影響力は，映画以上に大きいという認識が広がったのもこの頃である．それを象徴するような出来事が，アメリカで30年代から40年代にかけていくつかあった．ルーズヴェルト大統領が毎週自ら国民に語りかけたトーク番組「炉端の談話」は，経済恐慌下にあるアメリカ国民の不安を軽減し，政府への支持を得る上で絶大な効果を発揮したと評価されている．1938年10月にCBSラジオから放送された「火星人の襲来」ドラマは，全米の聴取者をパニックに陥れたといわれている．そして，1943年に同じくCBSラジオで連続18時間にわたって放送された戦時債権募集キャンペーン番組は，司会者の魅力的なパーソナリティと説得性の高い訴えかけのおかげで，わずか2日間で3900万ドルもの購入申し込みを記録した．ここでは，「火星人襲来」パニックに関する研究を詳しく紹介し

ておこう．

ラジオドラマが引き起こした「パニック」

　1938年10月30日午後8時（米国東部標準時），オーソン・ウェルズが演出し，自ら主演するCBSラジオの「マーキュリー劇場」では，H・G・ウェルズのSF小説「宇宙戦争」を実況中継風にリメイクし，あたかも火星人が地球に襲来したかのような設定のドラマを放送した．このドラマを本当のニュースと勘違いした百万人以上のアメリカ人が不安になったり，逃げまどったりするなどパニック状態に陥ったといわれている．

　ラジオドラマは通常のニュース番組スタイルのナレーションでスタートし，その後しばし「ラ・クンパルシータ」の間奏曲が流れた．番組開始から約12分後，突然音楽が中断し，緊迫した声で「臨時ニュース」が流された．それは，「巨大な隕石のような火の玉がトレントンから22マイル離れたニュージャージー州のグローバーズミル付近の農場に落下した」という驚くべき情報であった．しばらくすると，現場からの実況中継に切り替わり，隕石から火星人の一団が現われ，光線銃で次々と州兵を殺戮し，ついにはニューヨークを壊滅させてしまうまでの一部始終を，記者レポートやインタビューなどを交えて，リアリティあふれる演出で伝えたのである．

　番組の最初と，中間の休憩前後，そして番組の最後に計4回，この番組がフィクションのドラマであるというアナウンスを入れたにもかかわらず，これに気づかなかった多数のリスナーが，本物のニュースと誤解し，パニック的な反応を示すことになった．ニューヨークでは，大勢の人々が家から逃げ出し，バスターミナルは避難者であふれかえったという．ピッツバーグでは，ある男性が番組途中で帰宅したところ，妻がバスルームで毒薬を手にして，「こんな風に殺されるなら，自分で死んだ方がマシよ！」と叫んでいたという（Lowery and DeFleur, 1995）．

　この夜，数百万人がこの番組を聞いており，そのうち約100万人が番組を聞

いて驚愕反応を示したものと推定されている．パニック的な行動に走った人も大勢いたという．番組終了後，CBSに対して厳しい批判が寄せられ，損害賠償請求の裁判を起こしたケースもあった．しかし，実際に死傷者が出たというケースはほとんど報告されず，連邦通信委員会からCBSに対し，ドラマの中で「実況中継ニュース」形式の演出を禁止するという指示が下されるにとどまった．

この「パニック騒ぎ」のあと，プリンストン大学ラジオ研究所では直ちに調査研究チームを組織し，史上初めて，マス・コミュニケーションが引き起こしたパニックに関する実証的研究に着手した．研究成果は，ハードレイ・キャントリル（Hardley Cantril）らによって，『火星からの侵入』（The Invasion from Mars）という本にまとめられている（Cantril et al., 1940=1971）．

キャントリルらは，ラジオ放送を聞いて驚愕反応を示した107人と，驚かなかった28人（合計135人）に詳細な面接調査を行った．これとは別に，CBSラジオとアメリカ世論調査研究所（AIPO）も独自に世論調査を実施した．これらの研究の結果，「火星人襲来」ドラマが引き起こしたパニックの実態と，その要因がある程度明らかになった．

AIPOの調査によれば，当夜，ラジオドラマを聞いて本当のニュースだと思った人は，対象者全体の28％であった．そのうち70％が，驚いたり不安になったりしたと答えた．これを推定聴取者数600万人を母数として計算すると，170万人がラジオドラマを聞いて本当のニュースと誤解し，120万人が驚愕ないし不安反応を示したということになる．

これほど多数の人が本当のニュースだと勘違いをした原因としては，(1) ドラマがきわめてリアリスティックな場面設定と演出で制作されていたこと，(2) ラジオニュースが当時すでに重大ニュースの伝達手段として盛んに使われており，公式の情報源としての信頼性が高いメディアであったこと，(3) 番組中で「専門家」などの権威あるニュースソースを多用しており，それが「火星人襲来」情報に信憑性を与えたこと，(4) ニュージャージー州に実在する地名や通

り，国道名などを使用したこと，(5) ダイヤルをあちこち回したり，番組を途中から聴いたために，「番組がフィクションだ」というアナウンスを聴き損なってしまった人が多数いたこと，(6) 当時は，ナチスドイツと戦争状態にあり，敵国の侵略が潜在的な危機として存在していたこと，などが指摘されている (Lowery and DeFleur, 1995).

また，キャントリルらが行った面接調査によると，番組を聴いて驚愕反応を示した人は，それ以外の人にくらべて，一般に「批判能力」(critical ability) が低く，被暗示性が高く，情緒的に不安定で自信のない人に多く，また宿命論的な態度をもつ人に多いという傾向がみられた (Cantril et al., 1940=1971).

「火星人襲来」想定ドラマが引き起こしたパニックは，1930年代の大衆社会状況においてラジオのもつ巨大な影響力をまざまざと印象づける出来事であった．

ラジオ番組の「利用と満足」

ラジオはその黄金時代，人々に日々のニュースや知識を提供するだけではなく，娯楽や気晴らし，日常生活からの逃避手段ともなり，またあるときは擬似的な人間関係の代理物としても役立つなど，聴取者に多様な機能と効用を与えてくれた．そのことを緻密な実証的研究で明らかにしたのが，1930年代から40年代にかけて行われた「利用と満足」研究である．

ヘルツォークらは，約5000人の女性を対象とする全国調査，5325人の女性を対象とするアイオワ州でのラジオ聴取実態調査，ラジオ連続ドラマ聴取者約100人に対する詳細な面接調査などをもとに，ラジオ聴取者の特性や連続ドラマの機能について，さまざまな新しい知見を引き出すことに成功した[6]．なかでも，その後の「利用と満足」研究を導く重要な枠組みを提供することになったのは，連続ドラマによって聴取者が得ている充足（gratification）の基本的類型（タイポロジー）を突き止めたことである．

ニューヨークとピッツバーグで約100人の女性を対象に行った詳細な面接調

査の結果，ヘルツォークらは，ラジオドラマから聴取者が引き出している充足のタイプとして，「情緒的解放（emotional release）」「願望の代理的充足（wishful thinking）」「日常生活の教科書的機能（valuable advice）」という3つの機能を析出した．「情緒的解放」というのは，ラジオドラマを聴き，登場人物と一体化し，ドラマの世界に没入することによって，日常生活のさまざまな問題やストレス，緊張から一時的に解放されたり，気分を発散させることができる，といった心理的効用，充足形態をさしている．「願望の代理的充足」とは，自分の満たされない願望を，ラジオドラマの登場人物に重ね合わせることによって，代理的に満たし，欲求を充足させることをさしている．たとえば，いつも家を空けている夫をもつ主婦が，円満な家庭を描いたドラマを聴いて，そこに満たされない欲求のはけ口を求めるといったケースが報告されている．ラジオドラマが果たす三番目の「日常生活の教科書」的機能とは，ドラマがふだんの生活で直面するさまざまな問題を解決するためのヒントまたはアドバイスを与えてくれるというものである．世論調査でも，41％もの女性がこうした経験があると答えていた．特に多かったのは，夫や友人との人間関係をめぐる問題をうまく解決するためのヒントを得たという経験である．

　連続ドラマ以外にも，クイズ番組，音楽番組などさまざまなタイプの番組について，同じような調査研究が行われ，聴取者が同じ番組から多様な効用や充足を引き出しているという事実が明らかになった．これらの知見は，1930年代においてラジオの影響が受動的な聴取者に皮下注射（hypodermic）あるいは特効薬（magic bullet）のように直接的かつ強力に作用すると考えられていた「即効理論」（magic bullet theory）を覆すものであり，受け手の能動性や効果を媒介する諸要因に注意を向ける大きなきっかけとなった[7]．この研究は，1950年代以降，テレビ視聴者の研究へと引き継がれ，さらに発展することになる．

3．テレビの時代

テレビの誕生

　テレビジョン（Television）ということばが誕生したのは，1900年のことである．同年8月25日，パリ万国博覧会と連動して開催された「国際電気会議」で，コンスタンティン・ペルスキーが"Television"と題する論文を発表し，この中で，セレニウムの磁気特性を利用した装置について論じたのが始まりといわれている（Abramson：1987, p.23）．

　今日の電子走査方式によるテレビ放送のアイディアは，1911年にイギリスのスウィントン（A.C. Swinton）によって初めて提示され，ウラディミール・ツヴォリキン（V. Zworykin）らによって開発された．1920年代から30年代にかけて，世界各地で機械式，電子式のテレビジョン開発が競って行われ，数多くの新特許が生み出された．イギリスのベアード（J.L. Baird），アメリカのファーンズワース（T. Farnsworth），ジェンキンス（C.F. Jenkins），日本の高柳健次郎などが，それぞれテレビジョン技術に関する先駆的な研究成果をあげた．

　実用放送に耐える電子式テレビは，1933年，アメリカに亡命しRCAに所属していたロシア人技術者ツヴォリキンによって発明された．それは，「アイコノスコープ」と呼ばれる全く新しい方式の撮像管だった．RCAから特許権の譲渡を受けたイギリスのマルコーニ社では，これを「エミトロン」と命名し，独自の改良を加えた．

　世界初のテレビ放送は1927年4月，アメリカのワシントン，D.C.でジェンキンス（C.F. Jenkins）によって行われた．このテレビ放送は，ニューヨークでも受信することができた．ただし，装置は機械走査方式であり，走査線はわずか48本で画面は3インチと小さく，映像は不鮮明だった．しかし，機械走査方式のテレビでは，走査線の数をある程度以上に増やすことができず，やがて電子走査方式のテレビに主役の座を明け渡すことになった．電子走査方式のテレビは，ファーンズワース，ツヴォルキンらによって開発され，サーノフの所有

するラジオネットワーク NBC によって，1933年から実験放送が開始された．

テレビ放送の開始

電子式テレビジョンによる定時放送は，1935年3月に，ナチスのドイツで開始された．同年11月にはイギリスの BBC も定時放送を開始している．技術開発の面では先行していたアメリカは，走査線などの規格統一が遅れ，1941年になって，ようやく NTSC（国家テレビジョン規格委員会）による走査線525本，毎秒画像数30枚，FM 音声という統一規格が FCC に承認され，同年7月から CBS，NBC が定時放送を開始した．

わが国でテレビ放送が開始されたのは，第二次大戦後の1953年である．この年の2月1日に NHK 東京テレビが本放送を開始，続いて8月28日には日本テレビ放送網（NTV）が本放送を開始した．

開局当時，テレビ受像機はきわめて高価であり，普及台数は NHK 放送開始時にはわずか866台，日本テレビ開局時にも3500台ほどにすぎなかった．そこで，駅前広場など計278カ所に街頭テレビが置かれ，プロレスやプロ野球中継の際には，多数の群衆が街頭テレビを取り囲んで熱狂したものである．

ネットワークの形成

1956年2月，郵政省は「テレビ周波数割当て計画基本方針」（第一次チャンネルプラン）を決定し，これに基づき，翌1957年6月，VHF テレビ43局（民放34社，NHK 7局）が大量に認可された．これをきっかけとして，民放のニュースネットワークが次々と形成されることになった．翌1958年6月，ラジオ東京（現 TBS）を中心として，中部日本放送，大阪テレビ放送，RKB 毎日放送，読売テレビ，テレビ西日本，札幌テレビ放送などとの間にもテレビ・ニュース協定が結ばれた．そして，1959年8月には，ラジオ東京を中心とする18社が JNN（ジャパン・ニュース・ネットワーク）を結成した．続いて，1966年には日本テレビを中心とする14社が NNN（日本ニュースネットワーク），フジテ

レビなど基幹5社がFNN（フジニュースネットワーク）を発足させた．

さらに，1967年から68年にかけて，民放15社がいっせいにUHFテレビ放送の免許を受けると，NET（現テレビ朝日）も全国ネットワークを作り上げ，NHKに加えて，民放4つの全国ニュースネットワークが形成されるに至った．1971年から73年にかけて，各系列では正式のニュース・ネットワーク協議会を発足させ，ネットワーク体制を確立した．すなわち，1971年には，ラジオ東京系列の「JNNネットワーク協議会」（23社加盟），フジテレビ系列の「フジネットワーク（FNN）業務協定」（19社加盟），1972年には日本テレビ系列の「日本テレビネットワーク（NNN）協議会」（18社加盟），1973年にはNET系列の「オールニッポン・ニュース・ネットワーク（ANN）協定」が成立するに至った．

その後，テレビ東京も全国ニュースネットワークTXNを築き，現在ではNHK，民放を合わせて6つのテレビニュース全国ネットワークが形成されている．これはアメリカの3大ネットワーク（ABC, CBS, NBC）よりも多い．

このようにして，NHK，民放ともに，全国津々浦々のニュースが，これらのネットワークを通して家庭に届けられる体制が整ったのである．ニュース以外の番組についても，同じネットワークに属する局同士の間での番組提供・交換が行われている．民放の場合，ネットワークの中心にある東京キー局から系列のローカル局に番組が提供される割合が高く，ローカル局の自社制作比率は10％以下にとどまっている・また，東京・大阪のキー局においても，自社制作比率は4割以下であり，大部分の番組制作になんらかの形で外部制作会社（プロダクション）が関わっているというのが現状である．

テレビの日常化

テレビ受像機の普及は，ラジオや電話のような他の日常的メディアと比べると，きわめて急速に進んだということができる．ラジオは1925年の放送開始から22年かかって，電話は1894年のサービス開始から80年かかってやっと普及率

が50%に達したが，テレビの場合には，放送開始からわずか9年後の1962年には50%を超えるという急浸透ぶりであった．さらに，東京オリンピックのあった1964年には8割を超え，早くも成熟段階に達している．そして現在では，ほぼ100%近い家庭にテレビは普及し，いまや1世帯に3台以上所有している家庭が全体の4割を占めるに至っている．

図4.1は，NHK受信契約数の推移を，放送種類別にみたものである．ラジオのみ契約者数は1958年にピークに達したが，その後はテレビの普及に伴って急激に減少した．また，白黒テレビの契約数は1967年まで増え続けたが，1968年以降カラー契約開始に伴って減少に転じ，1971年にはカラー放送契約に逆転され，以後も減少を続けている．（地上波の）カラー放送受信者数は1970年代から80年代にかけて急激に増加したが，1989年に衛星放送が開始されると，地上波のみの受信契約者数は減少に転じ，衛星放送と地上波放送を両方楽しむ視聴者が着実に増え続け，現在に至っている．このように，受信契約数という指

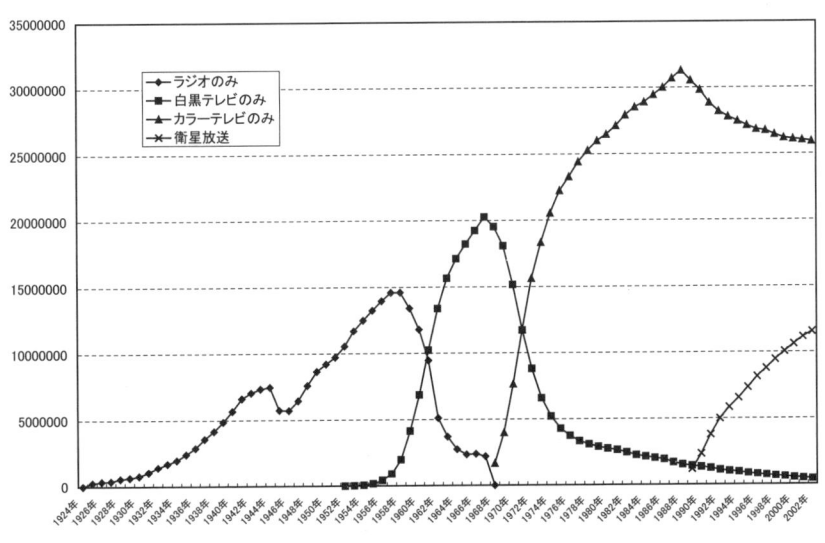

図4.1　ラジオからテレビへ―― NHK受信契約数の推移

(NHK編『20世紀放送史・資料編』（2003年）をもとに作成)

標からみると，放送メディアの普及には大きく4つの波があることがわかる．

テレビが家庭の常備メディアとして定着していくにつれて，人びとの生活の中でテレビの占める位置は次第に大きなものになっていった．NHKの国民生活時間調査をみても，1960年には（平日）1日平均56分だったのが，1965年には2時間52分へと大幅に増えていることがわかる．その後1975年に1日平均3時間30分前後とピークに達した後，1985年まではやや減少傾向を示したが，週休2日制などで自由時間が増えたことなどの影響により，1995年には再び増加傾向に転じた．それ以降現在に至るまで，1日平均ほぼ1日3時間30分前後で安定するに至っている．この3時間30分という数字は，レジャー活動に費やす時間すべてを合わせたものよりも長く，またマスメディアへの接触時間全体の7割以上を占めている．1日のうちに少なくとも15分以上テレビを見ている人の比率（1日の行為者率）をとってみると，2000年調査では，国民全体で平日が91％，土曜が91％，日曜が92％となっており，ほとんどの人が毎日テレビを見ているという結果が得られている．これは，テレビ視聴が睡眠や食事と並んで生活必需行動の一つになっていることを示すものといえる（NHK放送文化研究所，2003b）．

日常生活時間の中でテレビの占める割合が増大するにつれて，日本人の意識の中でも，テレビは次第になくてはならない存在となっていった．例えば，1975年にNHK世論調査所が日本人とアメリカ人に対して実施した意識調査で，「もしあなたが，この先2～3カ月の間生活するのに，つぎの5つの品物（冷蔵庫，自動車，電話，テレビ，新聞）のうち，一つだけしか持てないとしたら，まず第一に何を選びますか」という質問に対して，日本人の回答は，1位「テレビ」(37％)，2位「新聞」(20％)，3位「電話」(16％)，4位「冷蔵庫」(14％)，5位「自動車」(12％)だったのに対し，アメリカ人の回答は，1位「自動車」(41％)，2位「冷蔵庫」(38％)，3位「電話」(11％)，4位「新聞」(5％)，5位「テレビ」(5％)であり，日米で正反対の結果が得られた（藤竹，1985）．このデータは，日本人にとって普及成熟段階に達したテレビがいかに必要不可

欠の生活手段になっていたかを端的に示している．2000年にNHKが実施した「日本人とテレビ」調査においても，「テレビはなくてはならないもの」と答えた国民が43%に達しており，現在でもこうした意識は変わっていない．[8]

テレビ番組の多様化

1970年代の後半以降，テレビが必須の情報源，娯楽源として日常生活の中に定着するとともに，視聴者のニーズ多様化に対応するように，テレビ番組の編成も多様化を進めていった．それまでの15分，30分単位の定時番組中心の編成を脱して，1時間をこえる大型番組やスペシャル番組が増えるようになった．1978年に始まった日本テレビの『24時間テレビ・愛は地球を救う』はその典型的な例である．また，朝のニュースショーは，「ワイドショー」という新しい番組ジャンルとして定着し，午後の時間帯にまで広がった．

1985年10月，テレビ朝日が毎晩10時台に放送開始した「ニュースステーション」は，テレビ報道への関心を一気に高め，民放・NHK入り乱れて"ニュース戦争"を引き起こした．80年代後半から90年代にかけては，アメリカのスペースシャトル事故，フィリピン政変，昭和天皇崩御，東欧民主革命など国際的な大ニュースが相次ぎ，テレビは「報道の時代」を迎えた．こうしたトレンドは，1995年の阪神・淡路大震災と地下鉄サリン事件でピークを迎え，テレビに対する視聴者の関心を再び高める結果にもなった．

4．多チャンネル，多メディア時代のテレビ放送

1980年代後半以降，テレビメディアに新しい大きな変化が生まれた．それは，衛星放送の登場とデジタル化，そしてケーブルテレビの発展である．衛星テレビ放送，ケーブルテレビの発展は，テレビの多チャンネル化を促進するとともに，テレビ番組の質的変化をもたらしつつある．

BS放送

1978年に実験用放送衛星「ゆり1号」が打ち上げられたあと，1984年にBS-2a（ゆり2号a）が打ち上げられた．NHKでは当初，BS-2aを使って2チャンネルの放送を予定していたが，3系統ある放送用中継器のうち2系統に故障が生じたため，地上波の総合テレビを中心とする番組編成で1チャンネルの試験放送を開始した．その後，1986年2月にBS-2b（ゆり2号b）が打ち上げられると，同年12月から2チャンネルの試験放送を開始した．

1987年8月から，NHKでは独自編成の「衛星第1」と混合編成の「衛星第2」を24時間体制でスタートさせた．そして，1989年6月，郵政省から実用局免許が下りたのを機会に，NHKでは同年8月から衛星受信料の有料化に踏み切った．在来テレビ放送にはない魅力的な番組内容に加えて，パラボラアンテナやチューナーの価格が低下したことなどによって，衛星放送受信世帯数は順調な伸びを示し，1999年度には1000万世帯を突破した．また，1990年12月からは，初の民間衛星放送会社JSB（日本衛星放送）が放送を開始した．JSB（チャンネル名はWOWOW）では，1991年4月から月極の有料放送システムをとっており，2003年3月末現在の契約者数は約250万件である．

CS放送

衛星放送とは別に，通信衛星を使った放送サービスも新たに始まった．従来，放送法第2条に「放送を行える者は電波法の規程により放送局の免許を受けた者に限る」という規程があったが，1989年10月，放送法と電波法が一部改正され，放送局とは別に，「受託放送事業者」と「委託放送事業者」という新しいカテゴリーが追加され，通信衛星を使った放送サービスに道を開くことになった．

「受託放送事業者」とは，他人の編集した番組（ソフト）の送信のみを行う放送設備（＝ハード）所有者のことをいう．受託放送事業者（第一種電気通信事業者）は，電波法の規程にもとづいて無線局の免許を得なければならないこ

とになっている．例えば，通信衛星を所有，運営する「宇宙通信」(SCC) や「日本サテライトシステムズ」(JC-SAT) などは，受託放送事業者になることができる．これに対して，「委託放送事業者」とは，受託放送事業者に送信を委託する番組（＝ソフト）供給事業者のことをいう．委託放送事業者は郵政大臣から認定を受け，普通の放送局と同じように，「マスメディア集中排除原則」の適用を受け，番組編集等については放送法の適用を守らなければならないことになっている．

この法律改正を受けて，1992年5月からCS放送がサービス開始されることになった．こうして，地上波のテレビ放送，衛星放送に加えて，通信衛星による「CS放送」という新たな放送が始まることによって，テレビ放送の多チャンネル化はさらに進展することになったのである．当初，CS放送サービスを提供したのは，CSバーンとスカイポートで，それぞれ5チャンネル，9チャンネルの番組を有料で提供した．しかし，CS放送を視聴するための初期費用が高く，また月額の利用料金も高いこと，またチャンネル数が10チャンネル以下と少ないことなどが原因で，加入者は伸び悩んだ．

CSデジタル衛星放送

1996年からは，新たにデジタル衛星放送サービスが開始された．これは，CS放送を引き継ぐ形で，多チャンネル化，デジタル化，高画質化，双方向化，低価格化を実現した，新しい衛星放送サービスである．

1996年10月，わが国初のデジタル衛星放送として，「パーフェクTV」がサービスを開始した．これに続いて，1997年12月からは，「ディレクTV」がサービスを開始，わが国の衛星放送も本格的なデジタル多チャンネル時代に突入した．このうち，ディレクTVは，2000年12月までにサービスから撤退したため，ディレクTVの加入者はスカイパーフェクTVに移行し，CSデジタル衛星放送サービスは「スカイパーフェクTV」に一本化されることになった．パーフェクTVは，伊藤忠商事，住友商事，日商岩井，三井物産日本サテライト

システムズなどが出資して設立し，1996年10月に放送を開始した．1997年12月，ニューズコーポレーション，ソニーなどが出資するJスカイBと合併し，「スカイパーフェクTV」となり，現在に至っている．約185チャンネルのサービスを提供している．2003年3月現在の加入者数は，スカイパーフェクTVが338万件となっている．

BSデジタル衛星放送

　2000年12月1日，放送衛星BS-4を使った「BSデジタル放送」が始まった．NHK，民放系5社（ビーエス日本，ビーエス朝日，ビーエス・アイ，ビー・エス・ジャパン，ビーエスフジ），WOWOW，スター・チャンネルの計8社が放送を開始した．デジタルハイビジョンのテレビ放送の他，デジタル・ラジオ放送，デジタル・データ放送が提供されている．

　BSデジタル放送の特徴は，高画質・高音質の映像と双方向のデータ放送機能にある．それに対応するように，各局では，美しい映像を活かした，見応えのある教養番組，双方向機能を使った視聴者参加型のクイズ番組やショッピング番組など，編成面での差別化をはかっている．

　BSデジタル放送の普及目標は，当初「1000日で1000万」を掲げたが，実際には2003年3月現在で392万件と推定されており，デジタルCS放送の加入件数はこえたが，当初の目標には届いていない．民放系5社の経営状況もきびしく，大幅な赤字の状態が続いている．

地上デジタル放送

　わが国では，IT社会基盤整備計画の一環として，地上波放送のデジタル化の方針を決定，2003年12月から放送を開始することになった．この計画によれば，2010年までに地上テレビ放送をすべてデジタル化し，全国どこでもデジタルテレビの映像を受信できるような環境を整備することになっている．政府の「e-Japan重点計画2003」によると，関東，近畿，中京の三大広域圏では2003

年12月に，その他の地域では2006年までに地上デジタル放送を開始するため，地上放送のデジタル化に伴うアナログ周波数変更対策を講ずるとともに，デジタル放送施設の整備に対して税制・金融上の支援を行うことになっている．また，デジタル放送への円滑な移行のため，デジタル放送のメリット，スケジュール，視聴方法，アナログ放送の終了時期等について広く国民に周知を行うことになっている．

　地上デジタル放送の導入には，いくつかのメリットがあると考えられている．視聴者にとってのメリットとしては，①高品質な映像・音声サービスにより，美しいハイビジョン映像やゴーストのない画面を享受することができる，②せりふの速度を自由に調節できるなど高齢者・障害者にやさしいサービスを提供できる，③移動体向け放送により，携帯端末等でクリアなテレビ映像を受信できるようになる，④データ放送によりニュースや天気予報などの最新情報をいつでも視聴可能になる，などがあげられている．また，アナログ方式と比較して，圧縮技術により使用周波数が大幅に節減されるため，移動体通信など新しい周波数ニーズに対応することができるというメリットも指摘されている．経済効果としては，受信機の買い換え需要，放送設備の投資により，今後10年間で40兆円規模の経済効果があり，関連産業への波及効果を含めると約200兆円の経済効果が期待できるとの試算もある．

　一方，地上デジタル放送を見るには，高額のテレビや専用チューナーを購入しなければならず，消費者の負担の大きさを懸念する声もある．また，地上デジタル放送の認知度はまだ低く，2003年7月にビデオリサーチが行った調査（関東，中京，近畿で各400）によると，地上デジタル放送について「まったく知らない」人が42％，アナログ放送の終了予定時期を「知らない」人が72％にも上っていた．

　テレビ放送デジタル化は，すでに世界各国でも始まっており，歴史的にも必然的な流れといえるが，上記の点を含めて問題は山積みの状態であり，普及に至るまでにはまだ時間がかかると思われる．

ケーブルテレビの発展

　ケーブルテレビは，もともと山間辺地でのテレビ難視聴を解消する目的でつくられた．その第一号は，1955年4月にNHKの協力により群馬県伊香保温泉で設立された共同受信（共聴）施設であった．その後，テレビの普及とともに，この種のCATVは全国各地で設立され，施設数は1960年には1,000を越え，1972年には10,000を突破するに至った．2003年12月末における自主放送を行う許可施設のケーブルテレビ加入世帯数は1610万世帯，普及率は32.7%となっている．

　CATVは当初，難視聴解消を目的として，その地域で受信できる放送電波の「区域内再送信」だけを行っていたが，その後，空きチャンネルを利用して，他地域の在来テレビ電波をキャッチして再送信する「区域外再送信」を行ったり，地域に密着した情報を独自に制作，提供する「自主放送」チャンネルを設けるなど，多チャンネル化をはかるCATVが次々と現われた．これが「第二世代」と呼ばれるCATVである．

　1980年代に入ると，再送信サービスと自主制作チャンネルだけではなく，番組提供会社（プログラムサプライヤー）から購入した映画，音楽，ニュースなどを別々のチャンネルで放送したり，ペイパービュー，ホームショッピング，ホームセキュリティ，テレメータリング，在宅診療サービスなど，双方向機能を用いた高度な通信サービスを取り入れるCATVが現れるようになった．いわゆる多チャンネル型のケーブルテレビの登場である．現在では，30チャンネル以上のサービスを提供するケーブルテレビが当たり前になっている．

　現在のケーブルテレビでは，多チャンネル放送サービスに加えて，インターネット接続サービスを提供するところが大半であり，サービスの多様化と高度化をはかっている．

　このように，現代のテレビ放送は，多チャンネル化，多メディア化の道を着実に歩んでおり，インターネットや携帯電話などの通信サービスとの融合化も進展している．

5. テレビ放送のメディアコミュニケーション過程

　テレビ放送は，放送局や制作会社（プロダクション）を送り手とし，視聴者を受け手とするマス・コミュニケーションである．そのメディアコミュニケーション過程をモデルにすると，図4.2のように表わすことができる．

テレビ放送の伝達過程
(1) テレビ番組の制作過程
　放送局では，視聴者やスポンサーの意向にもとづいて番組企画を立て，番組制作を行っている．番組を制作する方法としては，放送局が自ら企画・制作する場合（自社制作），外部の制作会社（プロダクション）に企画や制作を委託する場合，外部から番組を購入する場合，他の局やプロダクションと共同制作

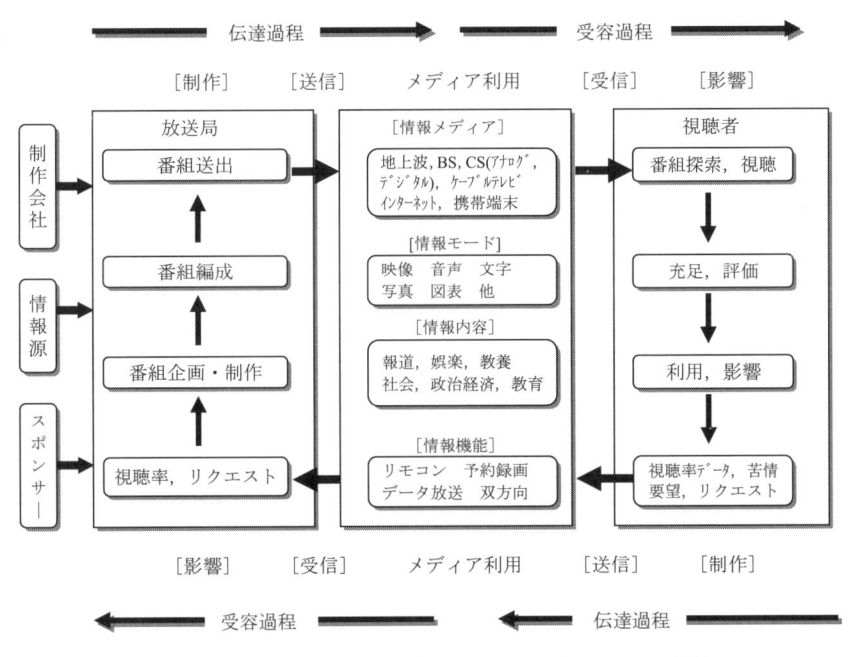

図4.2　テレビ放送のメディアコミュニケーション過程

4章　放送メディアと視聴者

する場合などがある.

多チャンネル化の進展に伴って，外部プロダクションへの制作委託，番組購入など，自社制作以外の番組供給が増えており，番組制作過程の多様化が進んでいる．NHKでも，衛星放送開始による番組編成枠の拡大に伴って，1989年から制作会社への番組制作委託を開始し，番組供給源の多様化をはかっている．

(2) テレビ放送の送信過程

情報メディア

制作されたテレビ番組は，放送局から電波，ケーブル回線，インターネットなどを通じて，利用者の端末に向けて送出される．その送信メディアは，図4.3に示すように，地上放送（アナログ，デジタル），衛星放送（アナログ，デジタルのBS, CS），ケーブルテレビなど近年著しく多様化している．つまり，テレビ放送における「多メディア化」が急速に進んでいるのである．

とくに，2003年12月から始まった地上デジタル放送では，近い将来，携帯電話に向けたテレビ放送も始まる予定であり，電車やバスの中など，移動中でも

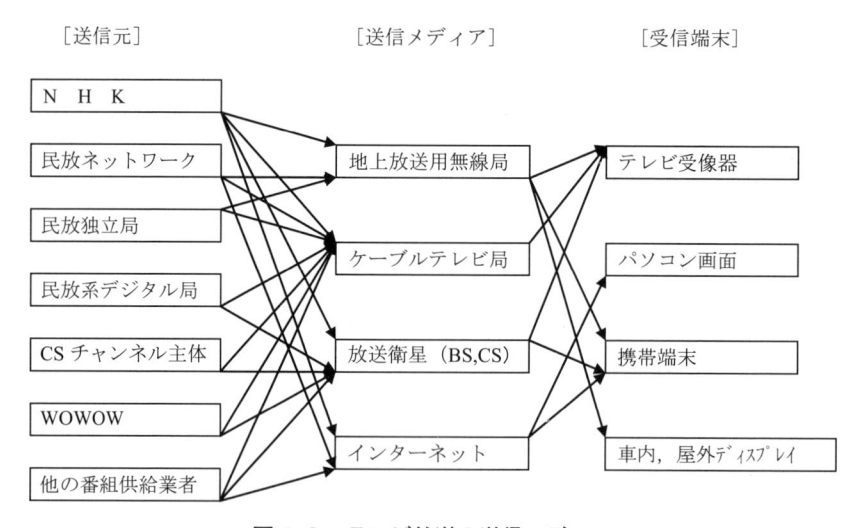

図4.3　テレビ放送の送信メディア

[送信元]　　　　　[送信メディア]　　　　　[受信端末]

送信元：NHK／民放ネットワーク／民放独立局／民放系デジタル局／CSチャンネル主体／WOWOW／他の番組供給業者

送信メディア：地上放送用無線局／ケーブルテレビ局／放送衛星（BS, CS）／インターネット

受信端末：テレビ受像器／パソコン画面／携帯端末／車内，屋外ディスプレイ

リアルタイムでテレビ番組を視聴することができるようになり，テレビ視聴の「ユビキタス化」[9]が進むものと予想されている．

情報モード

テレビ放送は視聴覚メディアであり，映像と音声が主たる情報モードとなっている．このうち，映像については，当初のモノクロ放送から，1968年以降はカラー放送に順次切り替わり，ブラウン管やカメラの品質向上により，高画質化が進んだ．また，1990年に開発されたハイビジョンによって，走査線が1250本の高品位画質の映像が送信可能になり，BS放送でも放送されるようになった．2003年12月から開始された地上デジタル放送では，すべてのチャンネルでハイビジョン放送が行われるようになっている．音声についても，当初のモノラル放送から，ステレオ化，PCM放送などにより，CD並の高品位の音質による放送へと高精細なサウンドの放送が実現している．

また，ケーブルテレビやデジタルCS，BS放送では，双方向機能の導入により，映像や音声だけではなく，データ通信も可能になっており，これを利用したインタラクティブな番組やデータ放送などが行われるようになっている．最近のインターネット放送では，番組のダウンロード，ストリーミング技術によるリアルタイムのネット放送，メールの活用など，通信と放送の融合化がさらに進みつつある．

情報内容

テレビ放送の多メディア化が進展しているのと同じく，BS，CS，ケーブルテレビなどにより，番組を送信できるチャンネルが大幅に増えることにより，「多チャンネル化」が急速に進んでいる．これは，受信可能な放送番組の量的な増大を意味していると同時に，放送内容の多様化を促進する役割を果たしている．それと同時に，従来のテレビ放送の番組編成にも大きな影響を与えつつある．

1980年代以降に登場した多チャンネル型のケーブルテレビでは，従来のNHK，民放の再送信に加えて，番組サプライヤーから提供される，映画，音

楽，ニュース，スポーツなど多彩な専門チャンネルをラインナップに加えて，多様な内容の放送を実現した．1996年からスタートしたCSデジタル放送では，さらに多くのチャンネルが提供されるようになり，200チャンネル近い選択肢の中から自分の好きな番組を選んで視聴できる環境が生まれた．

　こうした多メディア化，多チャンネル化の進展に伴って，地上放送のNHK，民放の番組内容にも大きな変化が生じている．例えば，「テレビの最大の強みは今起こっていることをそのまま伝えられるところにある」という〈同時性〉への再認識が生まれ，1980年代の後半以降，生放送番組が増大するとともに，報道・情報系番組が増えた．また，チャンネル選択肢の増大とリモコンの普及に伴って，視聴者による〈チャンネル切り替え〉行動が頻繁に行われるようになると，断片的なつまみ食い的視聴傾向にマッチするように，送り手側でもいくつもの異なるジャンルのコーナーを含むバラエティ番組の増加，60分をこえるワイド生番組の増加，といった形で新たな番組編成を行うようになっている (NHK 放送文化研究所，2003b)．

情報機能

　テレビはもともと「同時性」「一方向性」という特性をもっていたが，1980年代に入ってホームビデオや双方向ケーブルテレビが登場すると，テレビ番組を録画して保存，再生したり，視聴者と放送局との間の双方向的なコミュニケーションが可能になるなど，これまでにない情報機能が付加されるようになった．これによって，留守録による「時差視聴」，「ビデオライブラリー」の蓄積などが可能になった．

　双方向機能を備えたケーブルテレビや，大容量のビデオサーバーを備えたテレビを活用すれば，いつでも好きなときに見たい番組を視聴できる「ビデオオンデマンド」放送機能を享受することができる．これらの新しい機能によって，テレビ放送の「同時性」「一方向性」という機能的制約は今やほとんど克服されようとしている．

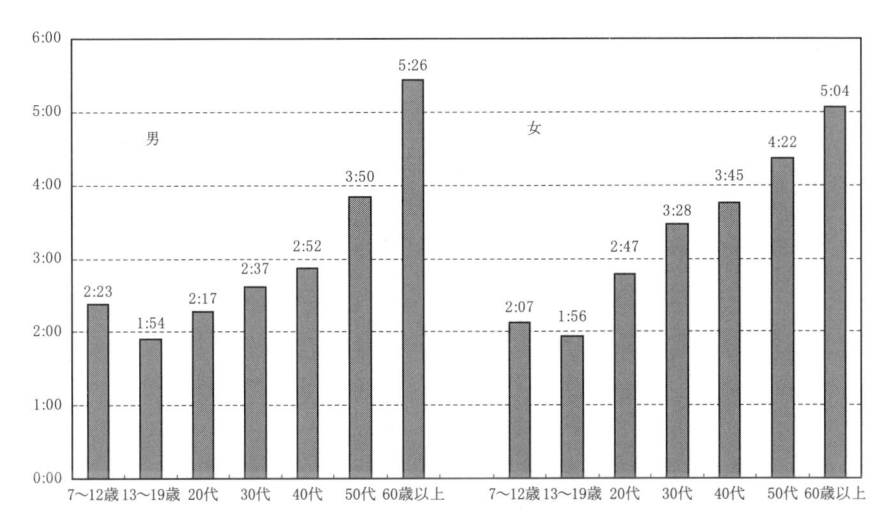

図4.4 男女年層別の視聴時間（2003年6月NHK全国個人視聴率調査より）

テレビ放送の受容過程

テレビはいまや家庭生活の隅々にまで浸透し，日常生活を送る上でなくてはならないメディアになっている．そこで次に，現代の日本人のテレビ視聴行動の実態と特質について，実証的データをもとに検討を加えてみよう．

(1) テレビの受信過程

2000年に実施されたNHKの国民生活時間調査によれば，テレビ視聴時間（国民全員の平均時間）は，平日の平均視聴時間が3時間25分，土曜日は3時間38分，日曜日は4時間13分となっている．

NHKが2003年6月に実施した全国個人視聴率調査によると，テレビを比較的長時間見ているのは，性別では男性よりも女性の方が多く，年齢別では60代以上の高齢者に多く，職業別では主婦や無職，自営業の人に多い（図4.4）．

時刻別の視聴時間をみると，図4.5に示すように，1日の中でテレビをよく見ている時間帯が朝（7時～8時30分），昼（12時～1時），夜（7時～10時）の3つあることがわかる．このうち最大のピークは夜7時から10時までのいわ

4章 放送メディアと視聴者　143

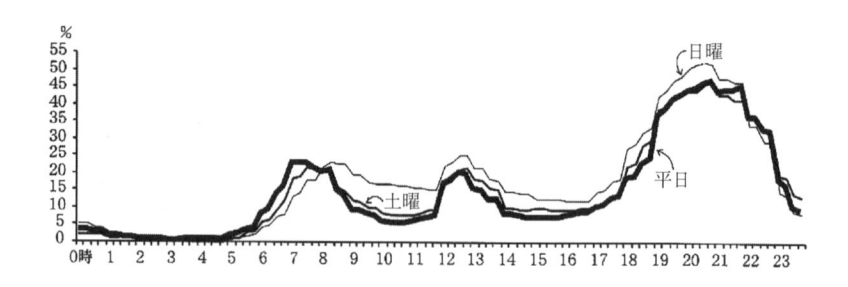

図4.5　テレビの時刻別行為者率（平日・土・日，15分ごと）

(NHK放送文化研究所，2002)

ゆる「ゴールデンアワー」を中心とする時間帯にあり，8時から9時までの時間帯には全国民の約4割がテレビをみていることになる．季節による視聴時間の変動もかなり大きい．ビデオリサーチ等の調査によれば，テレビ視聴時間がいちばん長いのは1月であり，気温が上がり戸外でのレジャー活動が多くなる夏期にはテレビ視聴時間はもっとも少なくなるという傾向がみられる．

　外国と比較した場合にはどうだろうか．アメリカ，イギリス，フランス，ドイツなど欧米諸国では，1日平均視聴時間は3～4時間であり，日本と大きな違いはみられない．平日にくらべて土日の視聴時間が長いという傾向も同じである．ただし，1日の視聴率分布は3つのピークをもつ日本とはやや異なる．例えば，アメリカの場合，1日の視聴率は早朝がもっとも低く，その後少しずつ増加して午後5時頃から急激に上昇し，午後7時～10時に唯一かつ最大のピークに達する．

　では，現代日本の視聴者はどのようなテレビ番組を好んで見ているのだろうか．

　NHKが1990年に実施した全国世論調査によると，ふだんよく見られている番組種目のベスト1は，「ニュース，ニュースショー」(76.2%)であり，「天気予報」(52.4%)「ドラマ」(51.1%)，「スポーツ番組」(40.8%)，「クイズ・ゲーム」(33.3%)がこれに続いている．1985年に実施した調査に比べると，「ニュース」

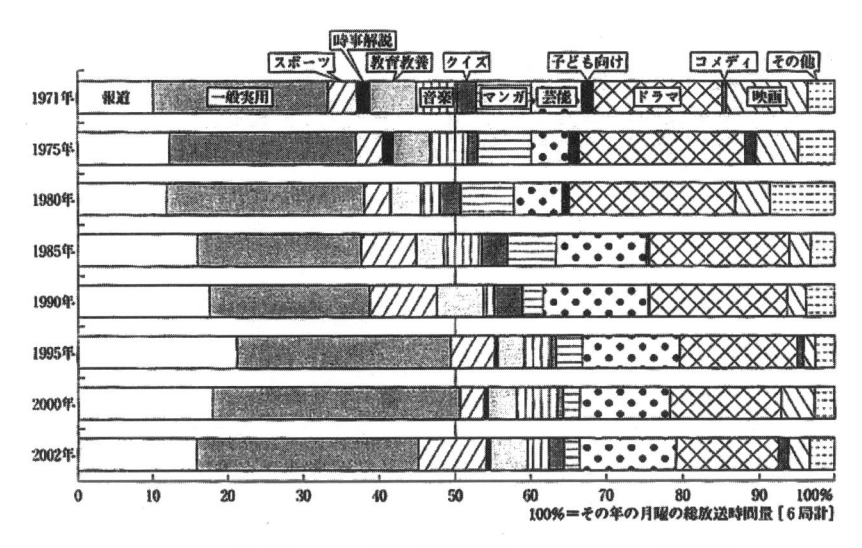

図4.6 番組ジャンルごとの放送番組時間量の割合（月曜日）

(重森・原, 2003)

「政治，経済，社会番組」といった情報番組の視聴率が増加し，「クイズ，ゲーム」「歌番組」など娯楽番組の視聴率が減少している．

図4.6は，テレビ番組のジャンル別放送時間量の割合を1971年から2002年まで時系列的に示したものである．テレビは依然として娯楽中心のメディアであるとはいえ，30年前と比べると，報道番組と一般実用番組の占める比率が徐々に増加する傾向にあることがわかる．

NHKが2003年11月に実施した世論調査によれば，関東地区で比較的視聴率の高い娯楽番組は，ドラマでは「武蔵 MUSASHI」（NHK，大河ドラマ 12.7％），「てるてる家族」（NHK朝の連続ドラマ 11.8％）など，バラエティ系では「トリビアの泉」（NTV 14.7％）など，マンガでは「サザエさん」（フジ 13.3％）など，スポーツでは「W杯バレーボール中継」(17.2％)，「大相撲九州場所」(NHK 14.3％) などとなっている．

4章 放送メディアと視聴者 145

(2) テレビの影響過程

テレビは日本人の日常生活に溶け込み，さまざまな生活場面で利用されているだけでなく，私たちの意識や行動にも大きな影響を及ぼしている．そこで，これまでに蓄積された実証研究の成果をもとに，番組ジャンル別にテレビの及ぼす影響について検討を加えることにしたい．

テレビニュースの影響

テレビメディアのもつ第一の特性は，生き生きとした映像のもつ迫真性と臨場感である．テレビの映像は人びとの視覚に直接訴えかけるので，受け手は伝えられる対象や出来事についての感覚的イメージや直感的印象を容易に形成することができる．とくに，人びとが直接体験できない疎遠な世界に関する認識を形成する上で大きな影響を与える．例えば，野生動植物が危機に瀕している様子，第三世界の爆発する人口問題，熱帯雨林の減少や砂漠化の進行，など地球レベルの環境問題は，テレビニュースやドキュメンタリー番組で報道されることによって，視聴者の現実認識に大きな影響を与えることができる（三上・橋元・水野，1989）．

筆者が1994年に板橋区で実施した「くらしと社会に関する意識調査」によると，自分にとってもっとも重要な地球環境問題に関心をもつようになったきっかけとして一番多くあげられたのは，「テレビを見たこと」（60%）だった[12]．これは，身近な環境問題の場合には「自分でじかに見たり体験したりしたこと」（40%）が関心をもつきっかけとしてもっとも回答率が高かったのとは対照的である．

これとは反対に，テレビ報道の遅れが，世界の人びとの現実認識に重大な欠落を生じさせるというケースもある．例えば，1983年秋以来，エチオピアでは深刻な飢饉が長期にわたって続き，多数の犠牲者を出したが，この悲惨な災害が世界の注目を集め，国際的な救済活動が展開されるようになったのは，1984年10月に初めてイギリスのBBCがテレビ・ドキュメンタリー番組で現地の生々しい映像を紹介してからのことだった．この間，世界の人びとはアフリカ

の悲惨な現状にまったく気づかなかったのである（竹下，1992）．

　また，1991年の湾岸戦争のように，情報源において操作された映像が，テレビニュースの映像にも反映され，それが視聴者に対し戦争に関する歪んだイメージや印象を与えるというケースもみられる．

　テレビニュースはまた，視聴者に対して，どんな出来事や問題がいま重要な争点になっているのかという「争点顕出性」（重要度の認識）にも影響を与える．テレビニュースの記者やデスクやディレクターは，毎日，世界各地から送られてくる膨大な情報の中から，ニュース価値の基準に従って，ごく限られた数のニュースだけを選び出し，それらに一定の放送順位と放送時間を割り当てて，30分あるいは1時間という限られたニュース枠の中で編集し，送出する．これは，2章のマス・コミュニケーションのモデルで見たように，ゲイトキーピングのプロセスである．このようにして構成され，提示された「ニュースの世界」に人々が接触することを通じて，視聴者は，いまどんな出来事や問題が重要なのか，また他者との話題にすべき事柄なのかを学習する．これが，一般にマスメディアの「議題設定機能」（agenda-setting function）仮説と呼ばれるものである．この仮説を初めて定式化し，実証的に研究したのは，アメリカのマコームズとショー（McCombs and Shaw）である．かれらは1968年の大統領選挙期間中，新聞，雑誌，テレビニュースを内容分析し，また調査によって有権者の争点顕出性を測定した結果，有権者の争点顕出性の順位と，それぞれの争点に関するマスメディアの報道量の順位との間の相関がきわめて高いという知見を得た．このことから，テレビニュースをはじめとするマスメディアの報道が受け手の争点顕出性に影響を及ぼすという議題設定機能仮説がある程度検証されることになった．

　その後，テレビニュースの議題設定効果についてさまざまな追試が行われ，テレビニュースがどんな場合にも議題設定効果を及ぼすわけではなく，争点の種類，ふだんのメディア接触量，受け手の関心や知識などの心理的要因，個人的属性など，さまざまな「随伴条件」によって左右されることが明らかにされ

ている（竹下，1984；Weaver, 1981）．

テレビドラマの影響

　テレビドラマに登場するタレントは，かつての映画スターとは違って，どこにでもいそうな身近で親しみやすいパーソナリティを備えている場合が多い．また，日常的な都市空間や野外や屋内セットを使って作られた映像の世界はリアリティにあふれている．その結果，多くの視聴者は，ドラマだとわかっていても，どこかで現実の世界や自らの生活経験と重ね合わせながらドラマを楽しんでいる．

　ところが，テレビドラマを実際に内容分析してみると，そこに描かれている世界は，現実の世界とは必ずしも一致しておらず，しばしば現実を著しくゆがめたものであることが分かる．例えば，テレビドラマに登場する主要登場人物の年齢は，アメリカでも日本でも20代から40代の間に集中しているが，これは現実世界の年齢分布とはかなり異なっている（Gerbner et al., 1980）．また，ガーブナーらの研究によれば，アメリカのテレビドラマには，1番組平均で4.9回の暴力シーンが登場し，登場人物の中で暴力行為に関与する割合は55％にも達していることがわかった（Signorielli and Morgan, 1990）．筆者とガーブナーらの行った共同研究では，日本のテレビドラマには，1番組あたり平均8.7回，登場人物の暴力関与率は平均75.3％と，アメリカ以上に暴力シーンが氾濫していることが明らかにされている（Mikami, 1993）．

　このように，テレビドラマの描く世界はしばしば現実をかなり歪めた内容になっているため，こうしたテレビドラマをふだんからよく見ている人ほど，現実世界よりもテレビドラマに近い世界観や信念を抱くようになる，という仮説にもとづく研究がある．これは，「培養理論」（Cultivation Theory）と呼ばれ，アメリカのジョージ・ガーブナーらが精力的に実証研究を続けてきたものである．それによると，テレビを長時間見ている人は，そうでない人に比べて，現実の世界でも暴力がはびこっており，世間の人は冷たい，たいていの人は信用できない，など対人不信感を持ちやすい，という知見が得られた．

また，テレビの暴力描写が青少年などの非行や攻撃的行動の原因となっているのではないかという批判も以前から根強くある．とくに，1960年代のアメリカで，ケネディ大統領，マルコムX，キング牧師，ロバートケネディ上院議員などの暗殺事件が次々と起こったことにより，テレビや映画の暴力描写の悪影響に対する危機感が強まった．そこで，アメリカ政府ではいくつかの諮問委員会が設置され，テレビの暴力描写が青少年に及ぼす影響に関する研究が行われた．このうち，公衆衛生局長官の諮問委員会では，5巻に及ぶ報告書を提出したが，そこでは，(1) テレビの内容は暴力で満ちており，(2) 人々はますます暴力的内容の番組に接触するようになっており，(3) 暴力的なテレビ娯楽番組への接触が多くなるにつれて，視聴者が攻撃的な行動をとる確率も高くなる，という結論を下している．

　そこで，テレビ番組の暴力描写が認知レベル，行動レベルで受け手にどのような影響を及ぼしているのかという点について検討を加えておきたい．

テレビの暴力描写の影響

　テレビの中の暴力描写が受け手の認知に影響を与えるという研究は，G・ガーブナーらの「培養分析」(cultivation analysis) の中で精力的に行われてきた．これは長期的，反復的，非選択的なテレビ視聴が人びとの現実認識を一定方向に歪めるという考え方である．ここから，「テレビを平均以上に見ている高視聴群とあまり見ていない低視聴群とを比較すると，前者の方がテレビ（ドラマ）の提示する現実像に近い認知をしやすい」という操作仮説が導かれる．テレビドラマには現実世界よりもはるかに多く暴力シーンが登場することは先に見た通りである．そこで，ガーブナーらは，「自分自身が暴力事件に巻き込まれる可能性」「他者に対する不信感」などに関する設問を対象者に提示し，テレビ高視聴群と低視聴群の回答を比較してみた．その結果，テレビをよく見ている高視聴群の方が「自分自身が暴力事件に巻き込まれる可能性」を高く見積もり，身の安全に対する不安感や「対人不信感」も強い，という傾向を見いだした．このような差は性別，学歴，年齢などをコントロールしても変わらな

かった．このことから，ガーブナーらは，テレビの暴力描写に繰り返し頻繁に接触し続けることにより，現実世界の暴力に対する歪んだ認知や対人不信感などが「培養」されているという結論を引き出している．

この培養分析に対しては，データ分析の方法，データの解釈などをめぐって有力な批判が加えられている．また，他の研究者による追試では，培養効果に否定的な結果も報告されており，こうした認知的効果は立証されるには至っていない．[13] 最近では，テレビの暴力描写と受け手の現実認知とを媒介する諸要因の検討に重点が置かれるようになっている．

テレビの暴力描写が視聴者の攻撃的行動を引き起こすかどうかという点に関しては，いくつかの異なる仮説が立てられている．

① **カタルシス仮説**

カタルシス仮説とは，暴力的な内容の番組を見ることによって，鬱積した攻撃的衝動が解放され，攻撃的行動をかえって抑制するという考え方である．1950年代から60年代にかけて，フェッシュバックの行った一連の実験研究で，人びとがテレビドラマの暴力シーンを見ることによって攻撃的衝動が低減するという知見が得られた．また，フェッシュバックとシンガーは，より自然な条件でティーンエージャーに対して暴力シーンを含むテレビ番組視聴の影響を測定し，暴力シーンを多く含む番組を見たグループよりも暴力シーンのない番組を見たグループの方が強い攻撃性を示すという結果を得た．

しかし，この研究に対しては，攻撃性を規定する重要な要因をコントロールしていない，という批判が加えられている．また，カタルシス効果を否定する研究も少なくない．

② **情動喚起説**

これは，テレビの暴力描写が視聴者の情動を喚起し，興奮させ，攻撃反応を促進するという仮説である．視聴者は喚起された情動を怒りの感情だと解釈し，現実世界でそうした感情を喚起されたときに攻撃的な反応を示しやすいという．しかし，テレビの暴力シーンによって喚起される情動の持続時間は短く，必ず

しも攻撃的反応とは結びつかないという批判もある．

③ 規範的抑制弛緩説

　この仮説によれば，テレビの暴力番組を見ることによって，暴力的な行動に対する規範的な抑制がゆるみ，暴力行為を正当化しやすくなるという．この仮説を指示するような実験研究がバーコヴィッツらによって行われている．視聴者がテレビを見る以前から怒りの感情をもっている場合に，このような規範解除的な影響が強く見られるという．

④ モデリング仮説

　この仮説によれば，とくに青少年のテレビ視聴者は，テレビの登場人物の行動を学習し，その行動を模倣する傾向がみられるという．例えば，子どもたちはテレビドラマを見て，問題の手っ取り早い解決策として暴力が有効であることを学習するという．また，登場人物に自己同一化することを通じて，行動の模倣が生じやすくなるという．バンデューラは，一連の実験研究を通じて，子ども達がテレビの暴力シーンを多く見れば見るほど，より攻撃的な傾向を示すという知見を得た．

⑤ 感覚麻痺作用説

　この仮説によれば，テレビの暴力描写を繰り返し見るうちに，暴力に対して次第に慣れっこになり，鈍感になってゆき，現実生活でも暴力を容認するようになるという．現実の場面で子ども達に暴力行為を見せ，それに対する反応を観察した研究によれば，テレビの暴力シーンを多く見た子ども達は，暴力をやめさせようとして助けを求める率が低いという結果が得られた．

　以上のように，これまでの研究の多くは，テレビの暴力描写がとくに幼児や青少年に対して，攻撃的行動を促進するような影響を与えることを示唆している．

多チャンネル化の影響

　テレビ放送の多チャンネル化は，人々の視聴行動にも一定の影響を及ぼすと

予想される．これを，①視聴チャンネル数（レパートリー），②視聴時間，③視聴ジャンル，④視聴スタイル，という4つの側面から分析してみよう．

(1) **視聴チャンネル数（チャンネル・レパートリー）**

テレビ視聴には習慣的な要素がかなり強く含まれており，ふだんよく見る番組やチャンネルの範囲はある程度固定される傾向がある．このように，ふだん規則的に見ているチャンネル数の範囲のことを「チャンネルレパートリー」という (Heeter, 1988)．

チャンネルレパートリーを測定する方法にはいろいろあるが，その一つは，被調査者にチャンネル番号を示して，それぞれのチャンネルを1週間に何日くらい見ているかを答えてもらうという方法である．この場合には，1週間に1日以上見ているチャンネルの数をもって，チャンネルレパートリーとするというのが一つの考え方である (Heeter, 1988, p. 24)．ヒーターらが，アメリカのミシガン州にある35チャンネルのCATVでの加入者調査をもとに，チャンネルレパートリーを測定したところ，平均7.6チャンネルという結果が得られた．このうちCATV専門チャンネルの平均視聴チャンネル数は2.7であった．また，以上二つの数値の間の相関係数は$r=0.91$（$p<0.001$）ときわめて高かった (Heeter, 1988, pp. 24-25)．

東京大学社会情報研究所が1989年に近鉄ケーブルネットワークの加入者に対して行った調査によると，「週1日以上見る」チャンネル数を加算して測定したチャンネルレパートリーは，平均7.5チャンネルであることがわかった（三上，1993）．また，筆者も参加している「ニューメディア研究会」（代表：川本勝・駒沢大学教授）が1994年に広島市で行った調査によると，多チャンネルのケーブルテレビ加入者の平均視聴チャンネル数（レパートリー）は8.8で，非加入者の平均値4.7にくらべて2倍近くに達していることがわかった（川本他，1995）．この調査では，週1日以上視聴しているチャンネルがいくつあるか，その数を加算した値をチャンネルレパートリーとしている．この調査によって，チャン

表4.1　加入属性別にみたチャンネルレパートリー (平均視聴チャンネル数)

	地上波	衛星放送	専門チャンネル	合計	サンプル数
ケーブルテレビ加入者	4.55	0.40	2.08	7.02	131
スカイパーフェク TV 加入者	3.50	0.38	2.01	5.90	34
ディレク TV 加入者	3.67	0.67	1.61	5.94	9
一般非加入者	4.67	0.20	0.00	4.88	608
全回答者平均	4.60	0.23	0.41	5.24	771

(メディアエコロジー研究会・2000年武蔵野三鷹調査より)

ネルレパートリーは多チャンネル型ケーブルテレビへの加入によって増加するという傾向が明らかになった．視聴者の属性との関連をみると，性別では女性よりも男性の方がレパートリーが多く，年齢別では，16〜30歳代までの若い年齢層でレパートリーが多いという傾向がみられる．

メディアエコロジー研究会（吉井・三上・箕浦，2000）が2000年5月に武蔵野市・三鷹市で行った調査によれば，ケーブル加入者のチャンネルレパートリーが7.02でもっとも多く，一般非加入者が4.88ともっとも少なく，CSデジタル放送加入者のチャンネルレパートリーはその中間に位置していることがわかった（表4.1）．この表でもう一つ注目すべき点は，CSデジタル放送加入者の場合，地上波放送のチャンネルレパートリーが一般加入者よりも少なくなっている反面，専門チャンネルの視聴増加でこれを代替する形になっているということである．明らかに多チャンネル化により，地上波→専門チャンネルという視聴シフトが起こっていることがわかる．これに対し，ケーブルテレビ加入者の場合には，地上波放送のレパートリーはほとんど変わらず，これにプラスする形で専門チャンネルのレパートリーを増やしている結果，大幅なチャンネルレパートリー拡大に結びついている．

この調査では，インターネットの利用状況とチャンネルレパートリーの間にもきわめて興味深い関連が見いだされている．すなわち，表4.2に示すように，インターネット利用者のほうが非利用者よりもチャンネルレパートリーが

表4.2　インターネット利用状況とチャンネルレパートリー

	地上波	衛星放送	専門チャンネル	合計	サンプル数
［インターネット利用有無］					
利用者	4.67	0.25	0.55	5.48	316
非利用者	4.60	0.23	0.32	5.15	373
［ウェブ利用頻度］					
1日数回以上	4.91	0.33	0.79	6.03	80
1日1回くらい	4.89	0.33	0.66	5.88	64
週に数回	4.59	0.19	0.39	5.18	86
週に1回くらい	4.35	0.23	0.38	4.97	43
月に1回以下	4.27	0.13	0.57	4.97	15
まったく見ない	4.29	0.17	0.29	4.75	24
全回答者平均	4.60	0.23	0.41	5.24	771

（吉井他，2000をもとに作成）

多く，とくにホームページ利用頻度が多い人ほどチャンネルレパートリーも多くなるというリニアな関連がみられるのである．しかも地上波，衛星，専門チャンネルのいずれにおいても同様の傾向がみられるのは興味深い．

　以上の調査データを総合すると，ケーブルテレビに加入して多チャンネル化が進むと，チャンネルレパートリーも拡大するという一般的傾向が示されている．また，インターネットの利用がチャンネルレパートリーを低減させることはなく，ウェブ利用の多様化が進むにつれて，むしろ専門チャンネルのレパートリーを拡大させるという可能性が示唆されている．

　ただし，いずれの調査においても，たとえ30チャンネルをこえる多チャンネル環境になっても，チャンネルレパートリーが平均10チャンネルを超えるというケースは滅多にみられない．94チャンネルのサービスを提供するアメリカのケーブルテレビ加入者に行った調査結果をみても，チャンネルレパートリーは6.9であり，一桁台にとどまっている（東京大学社会情報研究所，1993）．この点からすれば，ふだん規則的に見られているチャンネル数というのは，多チャン

ネル化の進展とともに拡大するが,10チャンネル以上にまで拡大することはないといえそうである.

(2) 視聴時間への影響

それでは,多チャンネル化が進むにつれてテレビ視聴時間は長くなるだろうか.これについて,厳密な因果関係を調べるには,多チャンネル化の前後でパネル調査を行い,同一個人の視聴時間量変化を測定することが必要であるが,こうしたデータは現時点では入手困難である.ここでは,一時点での調査データを分析することにより,多チャンネル化が視聴時間に与える影響を推測するという方法をとることにしたい.この点に関しては,二つの測定方法がある.一つは,ケーブルテレビやCS放送,デジタル衛星放送など多チャンネル放送サービスの加入者と非加入者を対象とする調査において,加入者と非加入者の間でテレビ視聴時間を比較する方法である.もう一つは,チャンネルレパートリー(ふだんの平均視聴チャンネル数)と視聴時間との間の関連性を調べるという方法である.

多チャンネル放送サービス加入者と非加入者を比較した既存の研究をレビューしてみると,必ずしも多チャンネル化が視聴時間を増大させているという傾向はみられない.

たとえば,ニューメディア研究会が1994年に広島市で実施したケーブル加入者・非加入者調査によると,ケーブル加入者の平日のテレビ視聴時間は平均3時間29分,非加入者は平均3時間18分だった.また,加入者の休日のテレビ視聴時間は平均4時間50分,非加入者のテレビ視聴時間は平均4時間44分だった.いずれも加入者と非加入者の視聴時間差は10分にみたない.このことから,川本らはケーブルテレビ加入による多チャンネル化が直接的にテレビ視聴時間の増大をもたらしてはいないと結論づけている.

同じような関連が,東京大学社会情報研究所が実施した2000年情報行動調査でも観察される(東京大学社会情報研究所,2001).これは全国調査であるが,

表4.3　一般非加入者，ケーブル，BS，CS加入者のテレビ視聴時間

	全体平均時間		行為者平均時間	
	分	N	分	N
一般非加入者	205.1	1173	215.2	1118
ケーブルテレビ加入者	188.7	228	202.9	212
BS（衛星放送）加入者	196.2	705	205.6	673
CS放送加入者	193.9	104	216.9	93

（東京大学社会情報研究所，2000年情報行動調査より）

　CATV加入者，BS（衛星放送）加入者，CS放送加入者，およびいずれにも加入していない一般非加入者の4グループについて，テレビ視聴時間（主情報行動＋副情報行動）を比較したところ，表4.3のような結果が得られた．調査当日，まったくテレビを見なかった人を含めた全体平均視聴時間をみると，一般非加入者の視聴時間が205分でもっとも長く，ケーブルテレビ加入者の視聴時間が189分でもっとも短くなっている．BS，CS加入者はこの中間に位置している．これは広島調査と同様に，地上波テレビ視聴者が実はいちばん長くテレビを見ているという，当初の予想とは逆の関連を示している．

　ただし，この調査は全国調査であるため，ケーブルテレビ加入者の大半は難視聴地域の共同受信施設の加入者と考えられるので，必ずしも多チャンネル環境にあるとはいえないので，この点を考慮してデータを見る必要がある．また，調査当日にテレビを少しでも見ていた人だけに限定した「行為者平均時間」を比較してみると，4つのグループの間の差はかなり小さくなる．とくに，CS放送加入者については，行為者平均視聴時間は約217分となり，一般加入者とほぼ同じになる．これらの数値を総合的に判断すると，多チャンネル化するとテレビ視聴時間が増加するという関連はまったく見られないと結論づけることができる．

　しかし，多チャンネル化にともなって，個々人のチャンネルレパートリーが増大すると，その結果として視聴時間が長くなるという，間接的な影響が生じる可能性がある．実際に，従来の研究をレビューしてみると，多チャンネル

サービス加入者だけに限定した場合，チャンネルの大きさとレパートリーと視聴時間との間には正の相関がみられるということがわかっている．たとえば，ニューメディア研究会が1993年に諏訪地域で実施した調査，1994年に広島市で実施した調査のいずれにおいても，ケーブルテレビ加入者サンプルの中でチャンネルレパートリーが大きい人ほどテレビ視聴時間が長くなるという有意な関連がみられた（川本他，1997）．

東京大学社会情報研究所による2000年情報行動調査では，ケーブルテレビやCS放送の加入者に対して，映画，音楽，スポーツ，ニュース，地域情報の専門チャンネルをどの程度の頻度で見ているかを尋ねている．そこで，これらのチャンネルと地上波（NHK総合，教育，民放），衛星チャンネル（第1，第2，WOWOW）を含めた11のチャンネル種目について，週1日以上見ているチャンネル種目の数を加算したものを「チャンネルレパートリー」と定義し，ケーブルまたはCS加入者だけについて，テレビ視聴時間との関連を調べた．表4.4はその結果を示したものである．広島調査の場合と同様に，チャンネルレパートリーが増えるにつれて，テレビ視聴時間が長くなるというリニアな関連がみられる．

以上の調査結果をまとめるならば，多チャンネル化に対応してふだんの視聴チャンネル数が増え，視聴細分化が進んでいる人ほど，視聴時間全体も長くなるという傾向がみられる．このことから，多チャンネル化がテレビ視聴の細分化を通じてテレビ視聴時間を増加させるという間接的な影響を及ぼしている可能性が示唆される．

表4.4 チャンネルレパートリーと視聴時間の関連性（ケーブルまたはCS加入者）

	主行動平均時間	副行動平均時間	主＋副行動平均時間
0〜1チャンネル	146.0	8.8	154.8
2チャンネル	160.0	8.9	169.0
3チャンネル	173.9	14.1	188.0
4チャンネル以上	198.8	13.2	211.9

（東京大学社会情報研究所・2000年情報行動調査より）

(3) 視聴ジャンル多様化への影響

次に，多チャンネル化がテレビ視聴の多様化を促進しているのかという点について検討を加えてみたい．ここでは，多チャンネル化の進展とともに，人々の視聴行動が多様なジャンルないしチャンネルへと細分化してゆくのか，それとも逆に視聴者属性に応じて特定のジャンルへと偏っていくのか，という視聴ジャンル（番組やチャンネルの種類）の変化に焦点を当てて分析してみる．

多チャンネル化，多メディア化が進展する中で，価値観やライフスタイルの多様化を背景として，専門化した情報や娯楽に対する人びとのニーズが高まり，マス・オーディエンスのテレビ視聴は次第に多数のチャンネルに細分化してゆくという「細分化仮説」が唱えられるようになった．Ｊ・ウェブスター (Webster, 1989) は，アメリカでケーブルテレビ普及とともに３大ネットワークの視聴シェアが年々低下していることなどをもとに，受け手の細分化が進みつつあると指摘した．

テレビ視聴の細分化を測定する場合，視聴ジャンルの多様性に注目する方法と，視聴する専門チャンネルの多様性に注目する方法とがある．前者は，地上波放送とケーブルテレビやCS放送を含めて，ふだん視聴するテレビ番組の種目（ジャンル）の多様性が多チャンネル化によって増大するかどうかを分析するものである．もう一つは，ケーブルテレビやCSなどの多チャンネルサービス加入者だけを対象として，ジャンル別に分類した専門チャンネルの視聴における多様性（細分化）の程度が，人々のどのような特性と関連をもっているかを分析するという方法である．前者の方法によって，多チャンネル化にともなう視聴ジャンル細分化の一般的傾向を知ることができる．また，後者の方法を通じて，多チャンネル化に伴って，視聴チャンネル細分化を規定する要因を分析することができる．

視聴ジャンル数をケーブルテレビ等多チャンネルサービス加入者と非加入者で比較した先行研究としては，郵政研究所が行った調査がある．それによると，計15のジャンルの視聴数を加算した「視聴ジャンル数」の平均値は，一般世帯

が3.58, ケーブル加入世帯が3.59, CS デジタル加入世帯が3.45でほとんど変わらないという結果が得られている（上條, 1998）.

2000年武蔵野・三鷹調査では, ふだんよく見る番組のジャンルを19あげて, いくつでも選ぶという設問があり, これに対する回答を加算して, ジャンルレパートリーを構成してみた. すると, ジャンルレパートリーがもっとも多いのはケーブルテレビ加入者の5.23であり, 一般非加入者の4.93がこれに次ぎ, CSデジタル放送加入者は4.17でもっとも少なくなっている. 表1.1でみたように, CSデジタル放送加入者は, 地上波放送のチャンネルレパートリーが最低である反面, 専門チャンネルのレパートリーでこれを補っている. このことは, CSデジタル放送加入者が, 多様性なジャンルを含む総合編成をとる地上波放送をあまり見なくなった結果, ジャンルレパートリーが減少したというという影響を示唆するものである. つまり, CSデジタル放送導入による多チャンネル化は, 視聴ジャンルの多様化を減少させている可能性があるといえよう.

ただし, これはあくまでも, CSデジタル放送の加入者に限って生じている影響であり, ケーブルテレビ加入者に対しては当てはまらないことに注意すべきである. ケーブルテレビ加入者の地上波チャンネルレパートリーは, 一般非加入者にくらべて減少してはいないからである.

次に, 多チャンネル放送サービス加入者を対象として, 専門チャンネルのジャンル別視聴における細分化が, 人々のどのような特性と関連をもっているかを検討してみよう. これについては, 三上（1993）による先行研究がある. それによると, 近鉄ケーブル加入者の場合, 視聴ジャンル数の大きさを規定する最大の要因はテレビ視聴時間で, 長く視聴する人ほど, 視聴するジャンル数（異なるジャンルの専門チャンネルの数）も多くなるという関連が強くみられた. また, 性別では女性よりも男性のほうが視聴ジャンル数は多くなっている.

(4) 視聴スタイルへの影響

多チャンネル化が進み, 選択可能なチャンネルや番組が増えるにつれて, テ

レビの視聴スタイルにも変化が生じるといわれている．従来の研究で指摘されてきた視聴スタイルの変化としては，同時に見たい番組が増えるので視聴中のチャンネル切り替え行動が頻繁になること，一つの番組をじっくり最後まで見る専念視聴が減り，没入度の低い断片的視聴が増えること，などがあげられている．ここでは，チャンネル切り替え行動の変化について見ておこう．

チャンネル切り替え行動には，ザッピングとフリッピングという二つのタイプがある．ザッピングとは，CMの間に他のチャンネルに切り換えることをいい，フリッピングとは複数のチャンネル間を切り換えて同時並行視聴することをいう．ザッピングやフリッピングをする人が増えたのは，直接的には手元で簡単にチャンネルの切り替えのできるリモコンが普及したのが最大の原因であり，いまでは大半の視聴者がこうしたチャンネル切り替え行動をしている．たとえば，東京大学社会情報研究所の2000年情報行動調査によれば，テレビを見ているとき，コマーシャルの間にチャンネルを切り替えることが「よくある」人27.7％，「ときどきある」人42.6％にのぼっている．また，番組の途中で，他に面白い番組はないか，チャンネルを変えてみることが「よくある」人21.7％，「ときどきある」人50.4％もいる．

それでは，多チャンネル化が進み，同じ時間帯に見られるチャンネルの選択肢が増えたことは，チャンネル切り替え行動を促進する要因となっているのだろうか．この点について，インターネットケーブル加入，ケーブル加入のみ，一般非加入という3つのグループを比較した1999年広島調査では，チャンネル切り替え行動に関する3つの設問のいずれにおいても，加入者特性とチャンネル切り替え行動との間には有意差がみられる．すなわち，フリッピングと同時並行視聴については，ケーブル加入者が非加入者よりもチャンネル切り替え行動をより頻繁に行う傾向が有意にみられる．また，ザッピングについては，インターネットケーブル加入者がそれ以外の人よりも頻繁に行う傾向がみられる（表4.5）．

このような関連性がみられる理由として，インターネットでは検索エンジン

表4.5 多チャンネル化とチャンネル切り替え行動の関連性
(「よくある」という回答の%)

	ザッピング	フリッピング	同時並行視聴	サンプル数
一般非加入世帯	33.1	17.9	6.0	151
ケーブルのみ加入世帯	34.3	32.2	9.8	142
インターネットケーブル加入世帯	46.9	32.7	10.9	147
カイ2乗検定	p<.01	p<.01	p<.01	

(ニューメディア研究会，1999年広島調査より)

やポータルサイトを使ってさまざまなホームページをネットサーフィンしたりハイパーリンクであちこちのウェブサイトに頻繁にジャンプすることがS多く，こうしたネットサーフィン行動が，テレビ視聴における頻繁なチャンネル切り替えを促進する作用をしているという可能性が考えられる．もう一つの可能性は，インターネット利用者は非利用者にくらべて一般的な情報リテラシーが高いので，テレビでもリモコンを操作して頻繁にチャンネル切り替えを行うという操作に熟達しているためとも考えられる．

　チャンネル切り替え行動ときわめて関連が強いもう一つの変数は，チャンネル・レパートリーの多さである．つまり，チャンネルレパートリーが多い人ほど，より頻繁にチャンネルを切り替えながらテレビを視聴する傾向がみられる．たとえば，2000年武蔵野・三鷹調査では，ケーブルテレビまたはCSデジタル放送加入者について，週1日以上見ている専門チャンネル数が3以上になると，チャンネル切り替え行動がより頻繁になるという傾向がみられた（吉井・三上・箕浦，2000）．アメリカの94チャンネルのケーブルテレビ加入者を対象とする調査でも，チャンネルレパートリーの多さとチャンネル切り替え行動の頻度との間には有意な相関が見いだされている（三上，1993）．ただし，二つの変数の間の因果関係については，チャンネル切り替え頻度が増えた結果，チャンネルレパートリーが広がるという方向性も考えられるので，視聴チャンネル数の増加が切り替え行動を促進するという解釈には一定の留保条件をつける必要が

あろう．

(注)
(1) 1906年の第1回国際無線電信会議で制定された国際遭難信号SOSが初めて使われたのが，タイタニック号遭難事故だった．タイタニックには最新式のマルコーニ社製無線通信装置が設置されていたが，遭難当日に故障を起こし，修理に7時間を要した．修理後，乗客から送信依頼を受けた山のような電報の処理に手間取り，進路上の氷山の存在を告げる警告電報に気づかなかった．近くを航行中のカリフォルニア号でも，警告の電報を打電しようとしたが，タイタニック号の通信士はこれを拒否し，事故回避のための緊急措置が講じられることなく，氷山に衝突し，1500名もの犠牲者を出すことになってしまった．4月14日23時45分頃に遭難後，タイタニックはSOS信号を発したが，これに答えたのは，約250kmも離れた地点を航行中のドイツ船フランクフルト号，約100km南を航行中のカルパチア号だった．カルパチア号が15日4時に遭難現場に到着したとき，タイタニック号はすでに沈没したあとで，海上を漂う705人を救助したが，1503人は命を落とすことになった．当時，タイタニック号のすぐ近くを航行中のカリフォルニア号は，通信士が寝てしまったため，タイタニックからのSOSを受信することができず，事故を知らないまま，夜明けとともに現場海域を立ち去ってしまったという．この事故を教訓として，1914年には海上安全条約が改正され，50人以上の船舶への無線機装備と24時間受信体制が義務づけられることになった（無線百話出版委員会，1997）．

(2) 1906年12月24日，フェッセンデンは，マサチューセッツ州ブラントロックから高周波発電機式送信機を使って，女性の独唱やバイオリン演奏のレコード音楽を送信したが，これが沖合を航行中の貨物船や軍艦の無線機によって受信された．これは世界最初のラジオ放送の試みといわれている．また，3極真空管の発明者であるド・フォレストは，1908年の夏，パリのエッフェル塔からレコード放送の送信に成功している（日本放送協会，2001上巻）．

(3) 「放送」という名称が公式に使われたのは，この逓信省令が最初である．「放送」という言葉が初めて使われたのは，それより6年前の1917年1月下旬，インド洋上を航行中の客船三島丸が「アフリカ沿岸にドイツの仮装巡洋艦が出没」との電信を受けたとき，同船無線電信局長の葛原顕が，通信日誌に「かくかくの放送を受信した」と記録したのが最初だったといわれている（日本放送協会，2001）．

(4) 後藤が指摘した4つの機能とは，次のようなものである．①文化の機会均等：ラジオは都市と地方，老幼男女，各階級の間の壁を撤廃して，あらゆるものに電波の恩恵を均等かつ普遍的に提供する，②家庭生活の革新：従来，

慰安娯楽は家庭の外に求めるのが常であったが，今やラジオを囲んで一家団欒，家庭生活の真趣味を味わうことができる．③教育の社会化：多数の民衆に耳から日々各種の学術知識を注入することは従来の教育機関に一大進歩を与える．④経済機能の敏活：海外経済事情はもちろん，株式，生糸，米穀など重要商品取り引き市況が速やかに関係者に報道されることで商取引がますます活発になる（日本放送協会，2001）．

（5）　このような社会的背景をもとに，アメリカでは1920年代後半，映画が青少年に及ぼす影響に関する大規模な実証的研究が開始された．この研究は，1928年，映画調査協会の会長であったウィリアム・ショート（William H. Short）が，子どもに対する映画の影響を研究するために，心理学者，社会学者，教育学者を招聘し，ペイン財団（The Payne Fund）の財政的支援を得て開始したプロジェクトである．この研究は1929年から1932年まで続き，全部で13の研究成果を収め，実証的マス・コミュニケーション研究の基礎を築いた（Lowery and DeFleur, 1995）．この一連の研究は，1930年代に入り，ラジオの利用と影響に関する研究に受け継がれることになった．

（6）　1937年，ロックフェラー財団の助成をもとに，ニューヨークのコロンビア大学に「ラジオ研究所」（Office of Radio Research）が設置された．ポール・ラザースフェルド（Paul Lazarsfeld）が所長をつとめ，ここを拠点として，ラジオの社会的機能，影響に関する初めての本格的な実証研究が継続的に行われるようになった．ヘルタ・ヘルツォーク（Herta Herzog）らの行った連続ラジオドラマの聴取者に関する調査研究はその代表的な業績の一つであり，いわゆる「利用と満足」研究の先駆けをなすものであった．

（7）　初期の「強力効果」モデルを，日本では「（魔法の）弾丸理論」と訳して紹介するケースが多い．これはオリジナルの英語"magic bullet theory"を訳したもので，訳語それ自体は必ずしも間違っているわけではない．その語源は，1929年にイギリスの学者フレミングが発見した抗生物質「ペニシリン」にあった．当時ペニシリンは奇蹟の特効薬とみなされ，「魔法の弾丸（丸薬）」（magic bullet）という呼び名で世界中から絶賛されたのである．1930年代のラジオや映画は，このペニシリンにも匹敵するほど巨大で即効的な効果を受け手に及ぼすと信じられていたことから，「魔法の弾丸」理論という言葉が初期のマス・コミュニケーション効果論に付与されたものと考えられる．

　　しかし，今日では魔法の弾丸＝特効薬という用語法は日常的にほとんど使われておらず，「弾丸理論」という言葉は，こうした語源を知らない者には誤解を引き起こす恐れが強いことから，本書では，より原義に近い「即効理論」と訳した．

（8）　この調査は，NHKが1985年以来5年おきに実施しているもので，2000年調査は全国16歳以上の国民5400人（有効回収3584人）を対象として実施してい

る．調査結果は，NHK放送文化研究所（2003b）を参照．
（9）　ユビキタス（ubiquitous）とは，「同時に至るところに存在する」という意味のことばで，「ユビキタス化」とは，ワイヤレス通信技術，インターネット技術などにより，いつどこにいても，必要な情報にアクセスできるようになることをさしている．
（10）　最近の調査でも，ジャンル別の視聴傾向は変わりない．例えば，筆者らの「メディアエコロジー研究会」が2000年5月に武蔵野市・三鷹市で実施した住民意識調査によると，ふだんよく見るテレビ番組は，1位「ニュース」（86.8％），2位「天気予報」（61％），3位「ドラマ」（42％），4位「スポーツ番組」（39.3％），5位「ドキュメンタリー」（37.9％），6位「映画」（36.6％），7位「クイズ・バラエティ・芸能」（32.2％），8位「歌番組・音楽番組」（30.2％）となっている．1990年調査に比べて，「ドキュメンタリー」の増加が目立っている（吉井・三上・箕浦，2000）．
（11）　NHK世論研究部「テレビ・ラジオ視聴の現況」『放送研究と調査』2004年2月号．
（12）　調査対象者は，選挙人名簿から無作為抽出した板橋区在住の20～74歳の男女1500名（有効回収760名）である．
（13）　データ分析についての批判や否定的見解については，Hirsch（1980），三上（1987），Gunter（1994）などを参照．
（14）　これは，「脱感作効果」ともいう．暴力場面に頻繁に接触することや，くつろいだ視聴環境が脱感作効果を高める条件になるという研究がある．バラエティ系のお笑い番組で殴る，蹴るなどの軽い暴力が日本ではよく放送されるが，視聴者はリラックスした気分で見ているうちに脱感作効果を受けやすいともいわれる（森，1999）．

参考文献

Cantril,H.,1940=1971, *The Invasion from Mars: A Study in the Psychology of Panic*. Princeton, N.J.: Princeton University Press. 斎藤耕二・菊池章夫（訳）『火星からの侵入』川島書店

藤竹暁，1985，『テレビメディアの社会力』有斐閣，p. 65

Gerbner, G. et al., 1980, "Aging with television: Images on television drama and conception of social reality," *Journal of Communication*, 30, pp. 37-47.

Gunter, B., 1994, "The question of media violence," in J.Bryant and D.Zilmann (eds.), *Media Effects: Advances in Theory and Research*. LEA, pp. 163-211.

Heeter, Carrie, 1988, *Cableviewing*. Norwood, New Jersey: Ablex.

Hirsch, P.M., 1980, "The scary world of the nonviewer and other anomalies: a re-analysis of Gerbner et al.'s findings on cultivation analysis," *Communication

Research,7: 403-456.

上條昇, 1998,「多チャンネル化と視聴者行動」郵政研究所編『21世紀放送の論点 ―デジタル・多チャンネル時代の放送を考える』日刊工業新聞社

川本勝他, 1995,『放送メディアの変容に関する社会的影響過程に関する研究』文部省科学研究費報告書

Lowery, S.A. and DeFleur, M.L., 1995, *Milestones in Mass Communication Research: Media Effects*, Third Edition, New York: Longman.

牧田徹雄・村松泰子, 1985,「今, テレビドラマは何を描いているか」『放送研究と調査』1985年9月号, pp. 2-11.

McCombs, M.E., and Shaw, D., 1972, "The Agenda-Setting Function of Mass Media," *Public Opinion Quarterly*, Vol. 36, pp. 176-185.

McLuhan, M., 1964=1987, *Understanding Media*. New York : American Library. 栗原裕・河本仲聖訳『メディア論―人間の拡張の諸相』みすず書房

日本放送協会編, 2001,『20世紀放送史』(上)(下), NHK出版

三上俊治「現実構成過程におけるマスメディアの影響力」1987『東洋大学社会学部紀要』24-2号, pp. 237-280

三上俊治, 1991,『情報環境とニューメディア』学文社

Mikami, Shunji, 1993, "A Cross-National Comparison of the US-Japanese TV Drama : International Cultural Indicators," *Keio Communication Review*, No.15, pp. 29-44.

三上俊治, 1993,「CATV視聴行動とチャンネルレパートリー」東京大学社会情報研究所編『多チャンネル化と視聴行動』東京大学出版会, pp. 109-132.

三上俊治・橋元良明・水野博介, 1989,「テレビによる社会的現実の認知に関する研究」『東京大学新聞研究所紀要』38号, pp. 219-314.

森康俊, 1999,「『暴力映像』問題の展望と今後の指針」橋元良明・船津衛編『子ども・青少年とコミュニケーション』シリーズ情報環境と社会心理3　北樹出版

無線百話出版委員会, 1997,『無線百話―マルコーニから携帯電話まで』クリエイト・クルーズ

日本放送協会編, 2001,『20世紀放送史　上・下』NHK出版

NHK放送文化研究所・監修, 2002,『放送の20世紀―ラジオからテレビへ, そして多メディアへ』NHK出版

NHK放送文化研究所, 2002,『日本人の生活時間・2000』NHK出版

NHK放送文化研究所, 2003a,『20世紀放送史・資料編』NHK出版

NHK放送文化研究所, 2003b,『テレビ視聴の50年』NHK出版

Protess, D.L. and McCombs, M. (eds.),1992, *Agenda Setting: Readings on Media, Public opinion, and policymaking*, Lawrence Erlbaum Associates.

Neuman, R., 1991=2002, *The Future of Mass Audience*. Cambridge University Press. 三上俊治・川端美樹・斉藤慎一訳『マス・オーディエンスの未来像』学文社

重森万紀・原由美子, 2003, 「テレビ編成の50年―生放送, ワイド, 情報, 娯楽化への軌跡」『放送研究と調査』2003年7月号, pp. 62-79.

Signorielli, N. and Morgan, M., 1990, *Cultivation Analysis : New Directions in Media Effects Research*, Sage.

竹下俊郎, 1992, 「マスメディアがつくる現実認識」『科学朝日』11月号, pp. 24-25.

竹下俊郎, 1984, 「議題設定研究の視角」『放送学研究』No.34, pp. 81-116

東京大学社会情報研究所, 1993, 『多チャンネル化と視聴行動』東京大学出版会

東京大学社会情報研究所, 2001, 『日本人の情報行動2000』東京大学出版会

Weaver, D.H., Graber, D.A., McCombs, M.E., and Eyal, C.H., 1981, *Media-Agenda Setting in a Presidential Election*. New York : Praeger. 竹下俊郎訳『マスコミが世論を決める』勁草書房

Webster, J.G., 1989, "Television Audience Behavior: Patterns of Exposure in the New Media Environment," in Salvaggio, J.L. and Bryant, J. (eds.), *Media Use in the Information Age: Emerging Pattern of Adoptation and Consumer Use*, pp. 197-216.

吉井博明・三上俊治・箕浦康子, 2000, 『メディア・エコロジーの現状―武蔵野・三鷹市民のIT利用の実態』メディア・エコロジー研究会報告書

■ 5章　インターネットの開く新世界 ■

1. インターネットの歴史と現状

軍事研究から始まったインターネット

　インターネットは，世界中のコンピュータネットワークを「TCP／IP」という共通の通信規格にもとづいて相互に接続してつくられた「ネットワークのネットワーク」である．

　インターネットの歴史は，1969年に米国国防総省の高等研究計画局（ARPA：Advanced Research Project Agency）でつくられたARPANETに始まる．1957年10月，ソ連が世界初の人工衛星「スプートニク」の打ち上げに成功し，アメリカに大きなショックを与えた．ソ連と冷戦状態にあった当時のアメリカは，翌1958年，ソ連に対する科学技術，軍事上の優位性を確保するために，宇宙航空局（NASA）を創設するとともに，国防総省にARPAを設置し，国防研究にいっそう力をいれるようになった．1961年，大統領に就任したジョンF・ケネディは，研究開発に対する国の助成を大幅に増やし，これ以降，アメリカの科学技術開発にいっそうの弾みがつくようになった．国防総省の高等研究計画局（DARPA）でも，世界中から優秀なコンピュータ技術者を集めて，先進的なコンピュータネットワーク技術の開発に対する積極的な助成を行った．DARPAをスポンサーとする分散処理型ネットワーク研究は，ARPANETとして結実し，1969年9月から12月にかけて，アメリカの4つの大学，研究機関の間で初めてパケット交換，分散処理型ネットワークが始動することになった．このコンピュータ・ネットワークが，やがて今日のインターネットへと発展することになったのである．[1]

　インターネットには，技術的，システム的にみると，これまでのメディアとは決定的に異なる3つの特徴がある．第一に，電話，放送，パソコン通信とは

違って，インターネットには情報の流れをコントロールする一極集中的な中心というものがなく，パケット交換方式による自律的な分散処理型ネットワークだということである．第二に，ハイパーテクスト技術を使って，無数の情報間を有機的に相互リンクすることができるという点である．第三の特徴は，ウェブブラウザの開発により，テクスト，音声，画像，データなどあらゆる情報モードをマルチメディア的に表現し，伝送することができるようになったということである．これら３つの特徴を中心に，インターネットの歴史をたどってみよう．

分散処理，パケット交換型ネットワークの開発

　電話回線とか大型コンピュータと端末を結ぶオンラインシステムというのは，中央に大きなホストコンピュータがあって，これに多数の端末機がスター状（星型），あるいはツリー状（樹木の枝状）にぶらさがっていて，ホストと端末の間で情報通信が行われる仕組みになっている．たとえば，JRの「みどりの窓口」とか，銀行の自動支払機（CD）や自動預入機（ATM）などが身近な例としてあげられる．

　これに対し，インターネットは，同じコンピュータネットワークでありながら，中心にあって全体を一元的に制御するホストコンピュータにあたるものがない．ネットワークにつながっている主なコンピュータは，互いに対等な関係にあり，それぞれ自律的，分散的にネットワーク処理を行い，コンピュータ同士の間で情報のやりとりを行う仕組みになっている．こうして，多数のコンピュータがインターネットを通じて相互に接続され，世界中にクモの巣（Web）のような情報の網の目をつくっているのである．いまや，世界で２億台以上のコンピュータがインターネットにつながっているといわれている．

　このような自律分散型のコンピュータネットワークは，1960年代に入ってから，アメリカ，カナダ，イギリスで開発されたものである．インターネットはよく「ネットワークのネットワーク」だといわれる．つまり，自律分散的に運

用される多数のネットワークを，共通のルールにしたがって結びつけて地球規模の巨大なネットワークを作り上げているのがインターネットだといえる．

　分散処理型ネットワークの構想を初めて打ち出したのは，MIT（マサチューセッツ工科大学）のリックライダー（J.C.R.Licklider）である．彼は1962年に「ギャラクティック・ネットワーク」（Galactic Network）というコンセプトを提示し，世界中のコンピュータが相互に接続して，だれもがどこからでも情報にアクセスできるようなコミュニケーション・ネットワークを構築すべきだと主張した．この考え方は，今日のインターネットと共通するものである．

　同じ頃，アメリカ有数のシンクタンクであるRAND研究所のポール・バラン（Paul Baran）は，ソ連の核攻撃を受けたときに長距離通信ネットワークをどう確保するかというサバイバル・ネットワークの研究をしていたが，その解決策として，パケット交換技術にもとづく分散処理型の通信ネットワーク（distributed communication network）を提案し，1962年に研究成果を報告書の形で発表した．インターネットの基幹的通信技術であるパケット交換の原理は，1962年から66年にかけて，アメリカとイギリスの3つの異なる研究機関でほぼ同時期に開発されたものである．[2]

ARPANETの始動

　1968年夏までに，DARPAの助成を受けた研究チームは，ARPANETの具体的計画をまとめあげ，BBN社との間で，パケット交換装置とパケット網の運用についての契約を結んだ．ARPANETの最初のノード（ネットワークの結節点）として選ばれたのは，UCLA（カリフォルニア大学ロサンゼルス校），UCSB（カリフォルニア大学サンタバーバラ校），SRI（スタンフォード研究所），UTAH（ユタ大学）の4機関だった．ARPANETのノードには，ネットワーク用のミニコンピュータが設置され，50キロバイトの専用回線に接続されていた．1969年9月，ARPANETにつながったUCLAのコンピュータとSRIのコンピュータとの間で最初のデータ通信が行われた．これに続く数年の間に，

ARPANETにつながるコンピュータの数は急増し，1970年には10，1971年には35と全米に広がっていた．

インターネットの成長

　ARPANETでは，異なるコンピュータの間での情報通信を可能にする共通の「プロトコル」（通信規約）として，当初はNCP（Network Control Protocol）が使われていたが，1983年1月1日を期してTCP/IPといわれる現在の方式に変更されることになった．これによって，今日のインターネットが成立し，世界中どのコンピュータネットワークでも，相互に接続し，コミュニケーションを行うことが可能になったのである．

　1970年代後半から80年代にかけて，ARPANET以外にも，さまざまなコンピュータネットワークがアメリカ国内や先進諸国で次々とつくられるようになった．BITNET（1981-米国），CSNET（1981-米国），EUnet（1982-欧州），MILNET（1983-米国），JUNET（1984-日本）などはその代表的な例である．これらのネットワークはARPANETとつながることによって，グローバルなインターネットを形成していった．

　1985年，全米科学財団（NSF）の助成により，NSFネット計画が立案され，大学や研究機関を結ぶネットワークが構築されることになった．当初は，全米6カ所のコンピュータセンターを56KbpsでTCP/IPネットワークだったが，数年のうちに21ノードを45Mbps（メガバイト/秒）で結ぶ高速の巨大なバックボーンへと発展した．1990年には，軍事用から切り離して運用されていた民生用ARPANETがサービスを終了したが，この頃までにNSFネットは世界中を結ぶインターネットのバックボーンとしての地位を確立していた．

　インターネットのバックボーンとしてのNSFネットは，1994年にサービスを終了し，これ以降，インターネットは各地域のバックボーンネットワークを結ぶグローバルな分散型ネットワークとして自律的に発展することになった．1992年には，日本でもインターネットの商用サービスが開始されている．

WWWの開発と普及

　インターネットがマルチメディア型のハイパーテキストとして，今日の発展を遂げるきっかけとなったのは，1989年から90年にかけての，WWW（World Wide Web）の登場である．1989年3月，スイスに本部をもつ「欧州核物理学研究センター」（CERN）の研究者であったティム・バーナーズ・リー（Tim Berners-Lee）が，世界規模のハイパーテキストシステムを構築すべきだとの提案を行った．翌1990年にはWWW（World Wide Web）と呼ばれる基本ソフトウェアを開発し，デモンストレーションを行った．[3]

　初期のWWWには，オリジナル開発版とラインモード版の2種類のソフトがあった．このうち，オリジナル開発版は非常に複雑で洗練されたソフトだったが，NeXTという特殊なマシン上でしか動かなかったために，ユーザー層はきわめて限られていた．一方，ラインモード版のWWWブラウザは，インストールが容易で，かつマッキントッシュやMS-DOSのパソコンなど，どんなプラットフォーム上でも利用することができたが，テキストオンリーであること，使い勝手があまりよくないこと，などの問題を含んでいた．そこで，ティム・バーナーズ・リーは，インターネットを通じて，WWWの開発への協力を全世界に呼びかけた．

　1993年，アメリカのイリノイ州立大学付属スーパーコンピュータ開発センター（NCSA）で働いていたマーク・アンドリーセン（Marc Andreessen）は，エリック・ビーナといっしょにUNIXのX-Windows上で動くグラフィカルインターフェイスをもったWWWブラウザの開発に成功し，このソフトを「モザイク」（Mosaic）と名付けた．モザイクは画面上にテキストだけではなく，画像も表示させることができるグラフィカルユーザーインターフェイス（GUI）を備えていた．また，UNIXマシンで当時人気のあったX-Windows System上で動くブラウザだったため，使い勝手も非常によかった．UNIX版に続いて，WindowsやMacなどのパソコン用のモザイクもリリースされた．1993年にNCSAのサーバー上でモザイクが無料で公開されると，爆発的な人

気を博し，全世界からダウンロードのアクセスが殺到した．

WWWブラウザでアクセスできる情報は，Webサーバと呼ばれるコンピュータに蓄えられたHTMLという専用言語で書かれたドキュメントと，これに関連づけられたグラフィックス，音声，映像などのファイルである．1993年までに，Webサーバーの数は500に達し，WWW利用によるトラフィックはインターネット全体の1％を占めるに至った．1994年末には，Webサーバー数は1万になり，ユーザー数も1000万人に達した．

その後，アンドリーセンは，ジム・クラークとともに「ネットスケープ・コミュニケーションズ」社を設立し，Netscape Navigatorという新しいWebブラウザを開発した．その後，マイクロソフト社が，Internet Explorer（IE）というWebブラウザを発売し，壮絶なWebブラウザ戦争が展開された．2004年時点では，IEのシェアが95.5％，Netscape 3.2％，その他1％となっており，マイクロソフトのブラウザが圧倒的なシェアを握るに至っている．

インターネットの現状

ネットワーク・ウィザーズ社の統計によると，インターネットに接続されているホスト数は，2004年1月現在，全世界で2億3101万台に達し，この10年間で100倍以上の伸びを示している（Network Wizards, 2004）（図5.1）．

同じくネットワークウィザーズ社によるドメイン名別ホスト数の統計をもとに主な国別の内訳をみると，米国が全体の73.4％を占め，以下，日本（全体の3.6％），英国（同2.6％），ドイツ（同2.4％），カナダ（同2.3％），オーストラリア（同1.5％）の順となっている（図5.2）．

ただし，インターネット上で使われる言語の分布をみると，英語は必ずしも圧倒的なシェアを占めているわけではないことがわかる．図5.3は，インターネット上で人々がアクセスする際に利用する言語の種類別割合を示したものである．一番多いのは依然として英語であるが，全体に占める割合は35.8％と4割以下にとどまっている．中国語が14.1％で第二位を占める他，日本語も

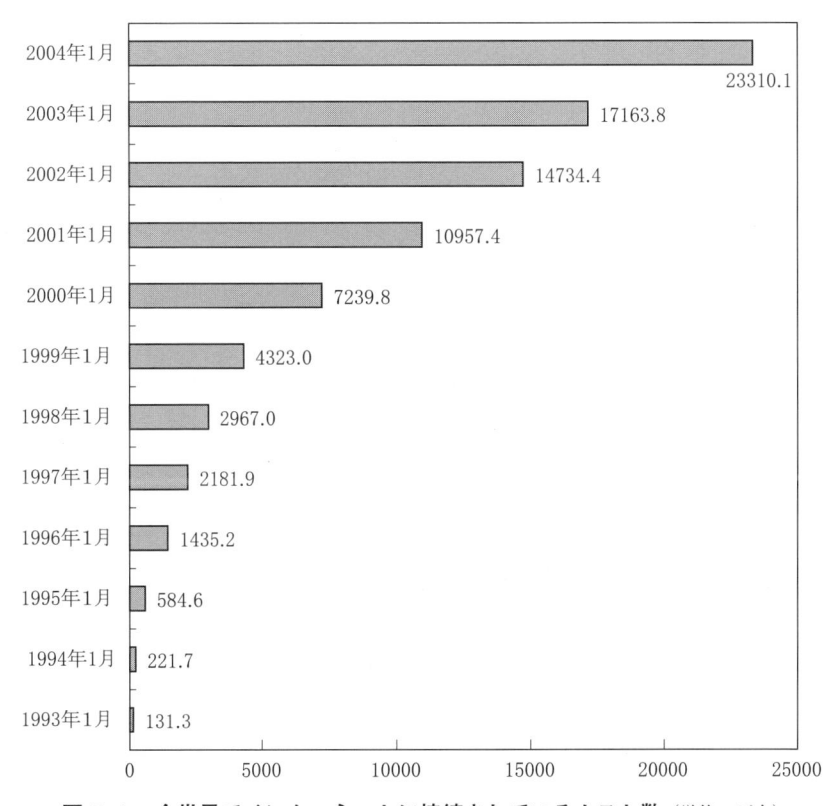

```
2004年1月  ████████████████████████ 23310.1
2003年1月  █████████████████ 17163.8
2002年1月  ███████████████ 14734.4
2001年1月  ███████████ 10957.4
2000年1月  ███████ 7239.8
1999年1月  ████ 4323.0
1998年1月  ███ 2967.0
1997年1月  ██ 2181.9
1996年1月  █ 1435.2
1995年1月  █ 584.6
1994年1月  | 221.7
1993年1月  | 131.3
         0    5000   10000   15000   20000   25000
```

図5.1　全世界でインターネットに接続されているホスト数(単位＝万台)

(http://www.nw.com/)

9.6%で第三位と健闘している．しかも，英語以外の言語の利用人口がここ数年間で急速に増大しているという統計もある（Global Reach, 2004）．

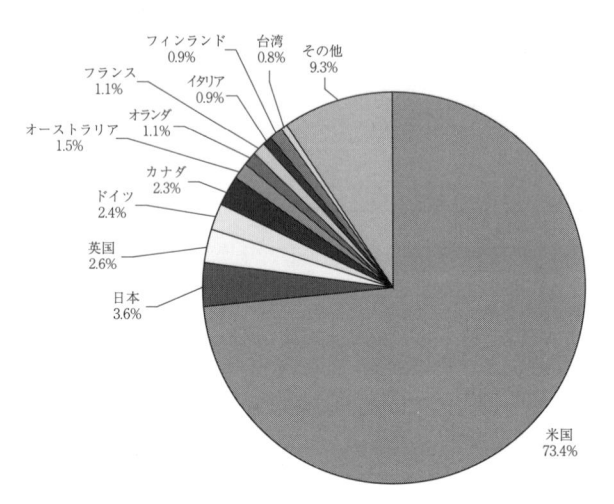

図5.2 ドメイン名にみるインターネット・ホストの国別比率（2000年）

出典：http://www.nw.com/

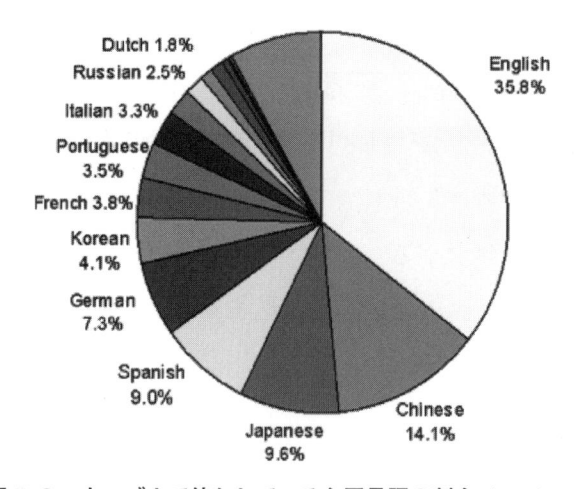

図5.3 ウェブ上で使われている主要言語の割合（2004年3月）

出典：http://global-reach.biz/globstats/index.php3

ブロードバンド化の進展

ここ数年間，インターネットの動向に大きな変化がみられた．それは，ブロードバンド化の進展である．図5.4に示すように，2001年3月にはわずか85万だった加入数が，2004年2月には1449万にまで増加している．3年間で15倍という驚異的な成長ぶりである．

主要国と比較した場合，普及率では，日本は韓国に次いで世界第2位である．これは，ここ1，2年の間に，通信技術の進歩とISP業者間の激しい競争によってDSLの利用料金が大幅に低下し，ダイヤルアップなどのナローバンド回線からブロードバンド回線への移行が一気に普及が進んだことが主な理由である（表5.1）．実際，100kbpsあたりの料金を国際比較すると，日本は0.09ドルであり，これは韓国の0.25ドル，米国の3.53ドルなどと比較しても圧倒的に安くなっている．

ブロードバンド回線の特徴は，なんといっても，インターネット利用が高速

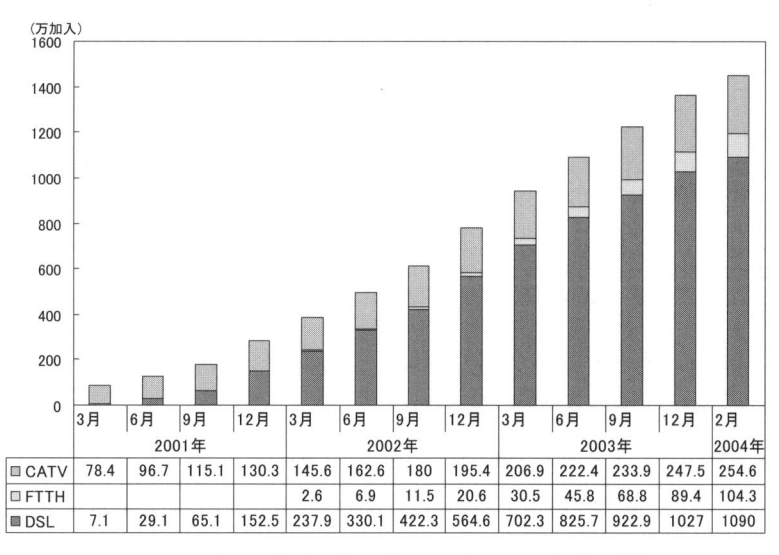

	2001年				2002年				2003年				2004年
	3月	6月	9月	12月	3月	6月	9月	12月	3月	6月	9月	12月	2月
CATV	78.4	96.7	115.1	130.3	145.6	162.6	180	195.4	206.9	222.4	233.9	247.5	254.6
FTTH					2.6	6.9	11.5	20.6	30.5	45.8	68.8	89.4	104.3
DSL	7.1	29.1	65.1	152.8	237.9	330.1	422.3	564.6	702.3	825.7	922.9	1027	1090

図5.4 ブロードバンド・インターネット加入数の推移
(2001年3月～2004年2月)

表5.1 主要国のブロードバンド普及の比較

	韓国	日本	米国	スウェーデン	ドイツ	フランス	イギリス
ブロードバンド回線数	11,098,869	12,722,560	19,177,979	629,400	4,880,000	2,400,920	2,164,536
DSL 回線数	7,272,516	9,590,349	6,774,000	462,400	4,180,000	2,062,000	1,071,000
CATV 回線数	3,826,353	2,376,000	12,403,979	167,000	700,000	338,920	1,093,536
FTTH 回線数	—	756,211	—	—	—	—	—
ブロードバンド・ネット世帯普及率	74.7	26.5	17.9	14.6	12.6	9.8	8.9
データ年/月	2003/10	2003/6	2003/3	2003/3	2003/6	2003/6	2003/6

(情報通信総合研究所, 2004)

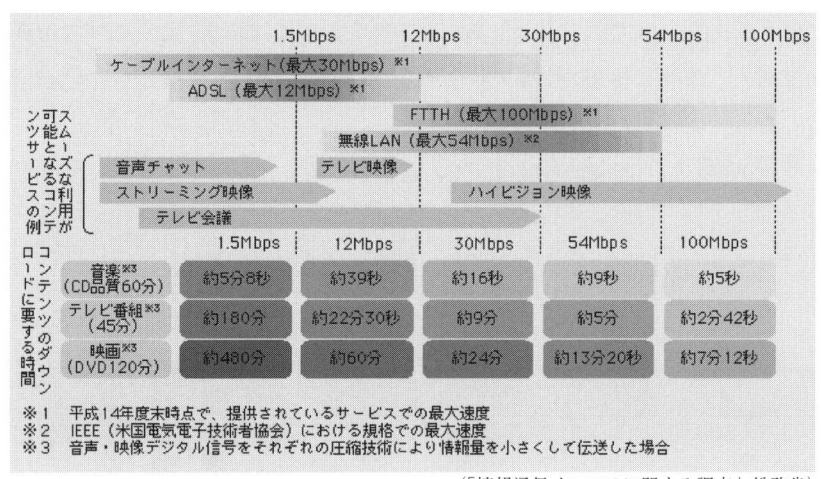

図5.5 ブロードバンドアクセス方法と利用可能なコンテンツ
(「情報通信インフラに関する調査」総務省)

で行えるという点にある．これによって，映画，テレビ番組，CD など高音質の音楽の配信がよりスムーズに行えるようになる，テレビ会議などを高画質でストレスなく行える，など数々のメリットが享受できる．つまり，インターネット上で快適に利用できる情報コンテンツが大幅に増えるのである（図5.5）．

ブロードバンド化の進展は，インターネットのマルチメディア化をますます

促進するとともに，従来の「放送」と「通信」の融合化をさらに進展させる原動力になるものと期待されている．

2．インターネットの利用実態

本節では，通信総合研究所（現：情報通信研究機構）と東大社会情報研究所（現：大学院情報学環）がワールドインターネットプロジェクトの一環として2000年〜2003年にかけて毎年実施した「インターネット利用動向に関する調査[(4)]」の結果をもとに，日本におけるインターネットの最新利用動向をくわしく紹介する．

5割をこえたインターネットユーザー人口

ワールドインターネットプロジェクト（WIP）2003年調査によると，全国の12歳〜74歳の日本人全体のうち，インターネットを利用している人の割合は，52.6％だった．2003年10月現在の日本の12歳〜74歳人口は1億288万4000人であるから，これをもとに推計すると，12〜74歳のインターネットユーザー人口は，約5412万人ということになる．ここで，インターネットユーザーとは，

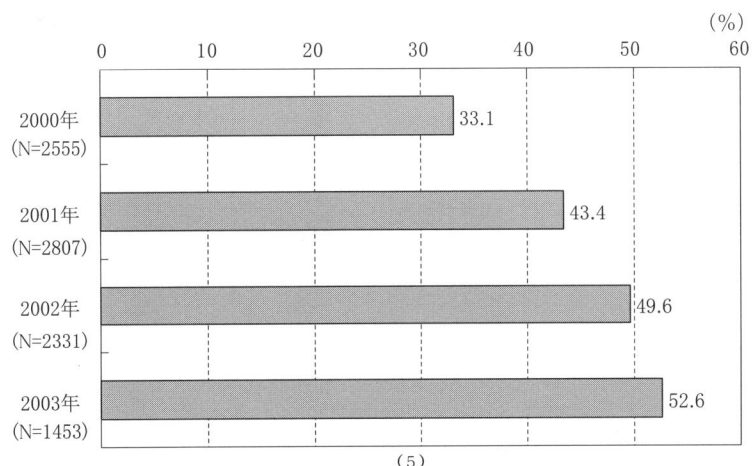

図5.6 インターネット利用率の変化[(5)]（2000年〜2001年　12歳〜74歳）

ウェブ（ホームページ）を見たり，Eメールをやりとりすることを指している．また，携帯電話・PHSでのiモードやEメールの利用も含まれる．2000年10月に12歳～74歳の男女を対象に実施したWIP全国調査では，同じ設問に対し，インターネットを利用していると回答した人の割合が33.1%だった．これは，推計人口にして約3418万人ということになる．それに比べると約58%（推計人口で1994万人）の増加となっている．インターネットの普及が着実に進みつつあることを示している．

次第に縮まる性別のインターネット利用率格差

性別にインターネットの利用率を比較してみると，男性が53.5%，女性が47.9%となっており，5.6%の差がある（12歳以上の全サンプル）．経年比較のために，12歳～74歳の対象者で性別のインターネット利用率をみると，男女間の利用率格差は2001年以降，次第に縮まっていく傾向がみられる（図5.7）．

ただし，インターネットの種類別に分けてみると，PCインターネットの利

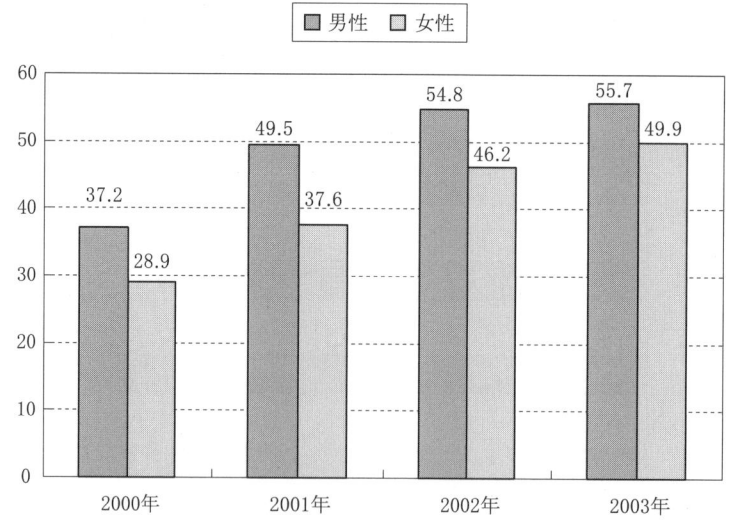

年	男性	女性
2000年	37.2	28.9
2001年	49.5	37.6
2002年	54.8	46.2
2003年	55.7	49.9

図5.7　性別にみたインターネット利用率の変化 (12歳～74歳) (%)

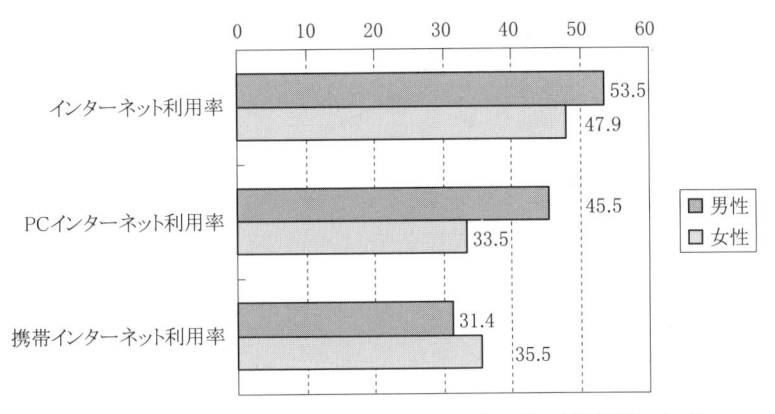

図5.8 インターネットの種類別に見た利用率の性別比較（％）

用率では男女差は依然大きいが，携帯インターネット利用率では女性の利用率が男性を4％以上うわ回っていることがわかる（図5.8）．インターネット利用率の男女間格差の縮小は，主に女性の携帯インターネット利用の増大に起因するものと考えられる．

年齢別のインターネット利用率

10歳刻みの年齢別にインターネット利用率をみると，図5.9のようになっている．インターネット全体の利用率がもっとも高いのは，20代の若い年齢層であり，10代，30代がこれに続く．40代以降になると，利用率は急速に低下するという傾向がみられる．70歳以降になると，インターネット利用率は1割にも満たない．PCインターネットの利用率をみると，もっとも高いのは20代であるが，30代がわずかな差で続いている．10代のPCインターネット利用率はこれと比べるとやや低くなっている．一方，携帯インターネットの利用率をみると，20代がもっとも高く，10代がこれに続いており，PCインターネットに比べて，携帯インターネットの方が，より若い年齢層に利用されていることがわかる．実際，10代と20代では，PCインターネット利用率よりも携帯インターネット利用率の方が高くなっている．この世代では，インターネット利用の主

5章 インターネットの開く新世界

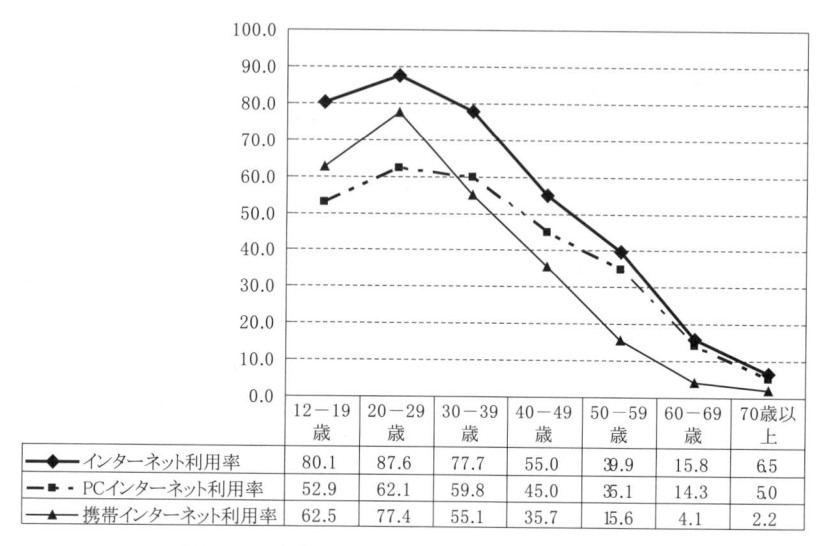

	12−19歳	20−29歳	30−39歳	40−49歳	50−59歳	60−69歳	70歳以上
インターネット利用率	80.1	87.6	77.7	55.0	39.9	15.8	6.5
PCインターネット利用率	52.9	62.1	59.8	45.0	35.1	14.3	5.0
携帯インターネット利用率	62.5	77.4	55.1	35.7	15.6	4.1	2.2

図5.9　年齢別のインターネット利用率（％）

要メディアがPCから携帯電話へとシフトしつつあるといってもよいかもしれない．

年齢間のインターネット利用格差は依然として大きいといえるが，なかでも「携帯インターネット」における世代間のデジタルデバイドが顕著にみられる．

図5.10は，年齢別インターネット利用率の経年変化をみたものである（12歳〜74歳に限定）．このグラフから，次のことが読みとれる．

① 2000年調査から4年間に，ほとんどの年齢層でインターネット利用率は増加している

② 2002年から2003年にかけての増加率がとくに高い年齢層は，20代および30代後半である

③ 30代以下の若年層と40代以上の中高年層の間の利用率格差は，減少しないどころか，むしろ増大する傾向がみえる

④ 12歳〜14歳の中学生では，2001年から2002年にかけて，インターネット利用率の急速な増大がみられたが，2003年に増加率が大幅に鈍っている

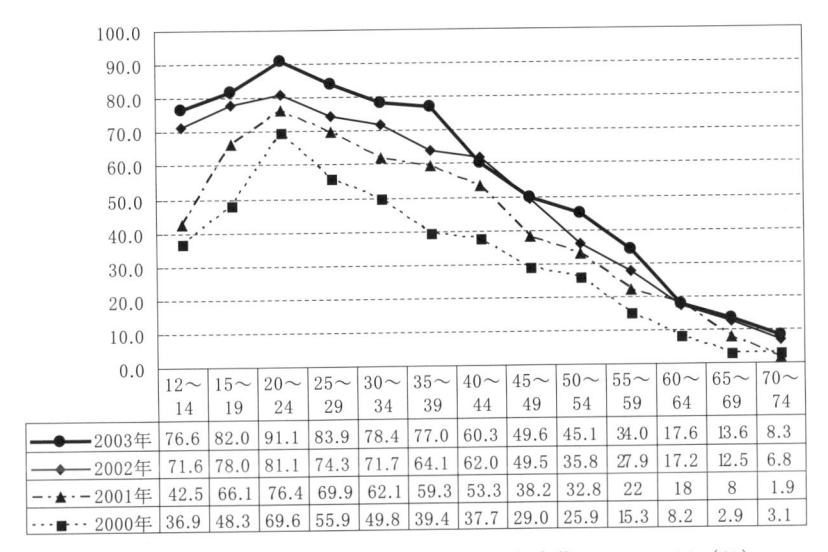

	12〜14	15〜19	20〜24	25〜29	30〜34	35〜39	40〜44	45〜49	50〜54	55〜59	60〜64	65〜69	70〜74
2003年	76.6	82.0	91.1	83.9	78.4	77.0	60.3	49.6	45.1	34.0	17.6	13.6	8.3
2002年	71.6	78.0	81.1	74.3	71.7	64.1	62.0	49.5	35.8	27.9	17.2	12.5	6.8
2001年	42.5	66.1	76.4	69.9	62.1	59.3	53.3	38.2	32.8	22	18	8	1.9
2000年	36.9	48.3	69.6	55.9	49.8	39.4	37.7	29.0	25.9	15.3	8.2	2.9	3.1

図5.10　年齢別インターネット利用率の経年変化（12歳〜74歳）（%）

注）無回答は集計から除いている

学歴別のインターネット利用率

　学歴とインターネット利用率との関連をみると，図5.11のようになっている．ここでは，既卒者と在学者を分けて集計したが，これをみると，インターネット全体の利用率がもっとも高いのは，小学校から大学院までのいずれかに在学している人で，利用率は平均83.5%にも達している．既卒者を学歴別に比較してみると，大学・大学院卒業者の利用率がもっとも高く，学歴が低くなるにしたがって，インターネット利用率も低下する傾向がはっきりとみられる．とくに，中学卒ではわずか13%となっており，低学歴層と中高学歴層の間の利用格差が著しくみられる．これには年齢的な要因も大きく関連していると思われる．

　PCインターネットの利用率をみると，大学・大学院卒者がもっとも高く，在学者がこれに次いでいる．これに対し，携帯インターネットでは，在学者の利用率が65.8%と圧倒的に高く，大学・大学院卒の42%を大きく上回っている．

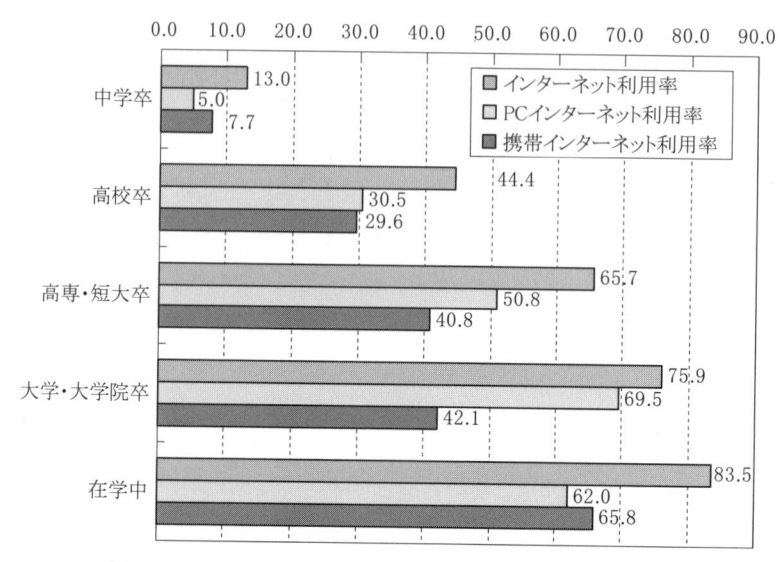

図5.11 学歴・在卒別にみたインターネット利用率（%）

年収とインターネット利用

　世帯年収別にインターネット利用率を比較してみると，図5.12のようになっている．

　インターネット全体とPCインターネットについてみると，年収が高くなるにつれて，インターネット利用率も高くなるという関連がみられる．しかし，携帯インターネットについてみると，世帯年収が600万以上の人ではインターネット利用率にほとんど差はみられない．

　2000年〜2003年の推移をみると，年収600万円以上の中高所得層では，インターネット利用率が堅実な伸びを示しているのに対し，年収600万円未満の中低所得層では，200万〜400万円未満の層では利用率が大幅に増えているとはいえ，200万円未満の最低所得層での利用率低迷状態は依然として続いており，中高所得層との利用率のギャップはさらに広がる傾向がみられる．

　この階層に属する人々のデジタルデバイドを解消するための対策が強く求められているといえよう．

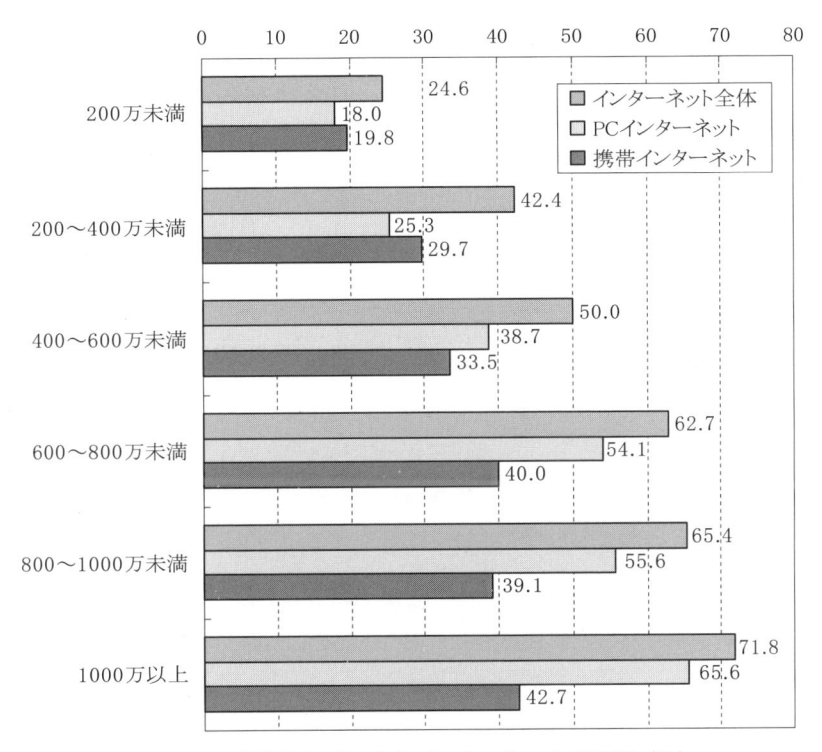

図5.12 世帯年収別にみたインターネット利用率（％）

職業別のインターネット利用率

　次に，職業別のインターネット利用状況をみよう．図5.14は，就業形態別，職種別にみたインターネット利用率を示したものである．就業形態別では，学生・生徒の利用率が83.6％と抜きん出て高い．フルタイム，パート・アルバイト従事者がこれに次いでいる．専業主婦のインターネット利用者は約4割と相対的には低いが，2002年から10％近くも上昇しており，主婦層へのインターネット普及が進んでいることを示している．しかし，無職の人の利用率は依然として2割以下と低い水準にとどまっている．

　職業種別では，専門技術職の利用率がもっとも高く，管理職，事務職，会社

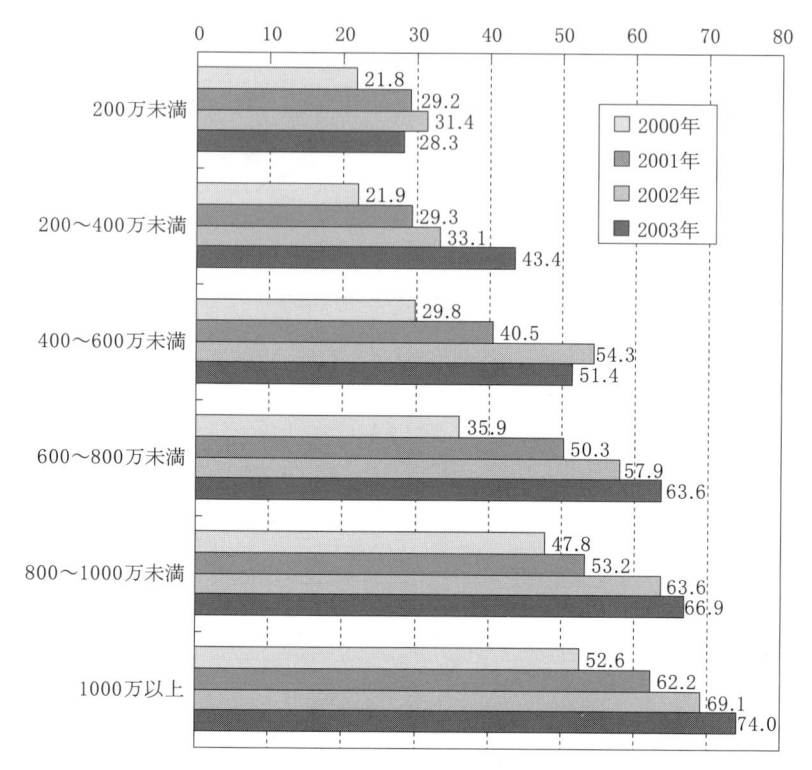

図5.13 世帯年収別にみたインターネット利用率の推移
(12歳〜74歳:2000年〜2003年) (%)

世帯年収	2000年	2001年	2002年	2003年
200万未満	21.8	29.2	31.4	28.3
200〜400万未満	21.9	29.3	33.1	43.4
400〜600万未満	29.8	40.5	54.3	51.4
600〜800万未満	35.9	50.3	57.9	63.6
800〜1000万未満	47.8	53.2	63.6	66.9
1000万以上	52.6	62.2	69.1	74.0

団体役員の利用率がこれに続いている．これに対し，自営業主のインターネット利用率は低い水準にとどまっている．今後，インターネット・コマースを発展させるためには，自営業種へのインターネット普及促進が大きな課題といえるかもしれない．

地域別・都市規模別にみたインターネット利用率

次に，地域別，都市規模別にインターネット利用率を比較してみると，図5.15のようになっている．地域別にみると，もっとも利用率が高いのは関東で，近畿，中部・北陸，北海道がこれに続いている．利用率がもっとも低いの

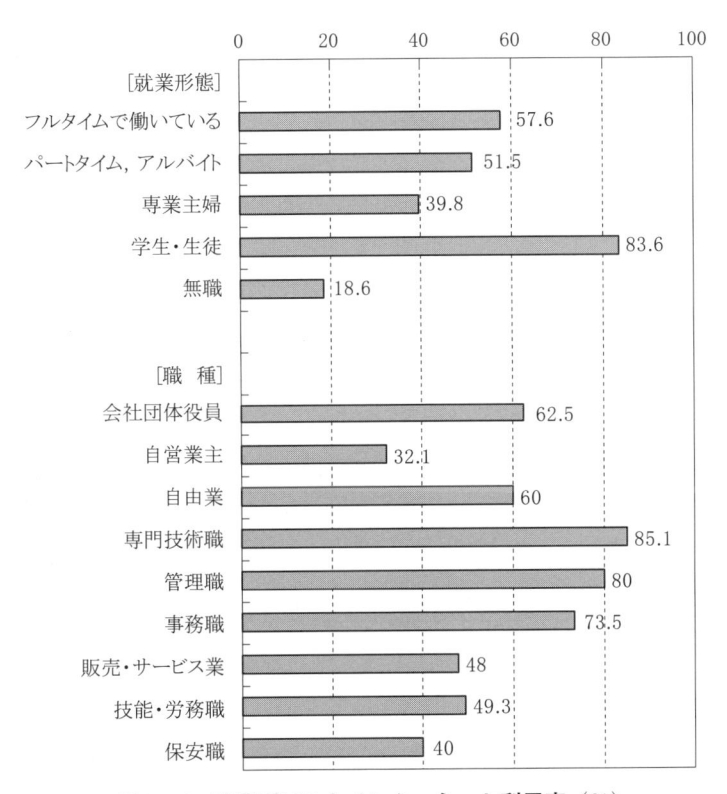

```
                            0    20    40    60    80    100
          [就業形態]
   フルタイムで働いている  ▨▨▨▨▨▨ 57.6
   パートタイム，アルバイト ▨▨▨▨▨ 51.5
          専業主婦         ▨▨▨ 39.8
          学生・生徒       ▨▨▨▨▨▨▨▨ 83.6
          無職             ▨ 18.6

          [職  種]
        会社団体役員       ▨▨▨▨▨▨ 62.5
          自営業主         ▨▨ 32.1
          自由業           ▨▨▨▨▨ 60
        専門技術職         ▨▨▨▨▨▨▨▨ 85.1
          管理職           ▨▨▨▨▨▨▨ 80
          事務職           ▨▨▨▨▨▨▨ 73.5
     販売・サービス業     ▨▨▨▨ 48
        技能・労務職       ▨▨▨▨ 49.3
          保安職           ▨▨▨ 40
```

図5.14 職業別にみたインターネット利用率（％）

は2000年，2001年，2002年と同じく九州・沖縄である．2002年と比べてインターネット利用率が上昇している地域は，北海道，関東，近畿，四国，九州・沖縄である．これに対し，東北，中部・北陸，中国地方では停滞ないし減少している（図5.16）．

都市規模別にみると，東京・政令都市での利用率が約58％ともっとも高く，都市規模が大きいほど，インターネットの利用率も高くなるという関連がみられる．ただし，2002年調査とくらべると，都市規模による格差はやや縮まる傾向がみられる．

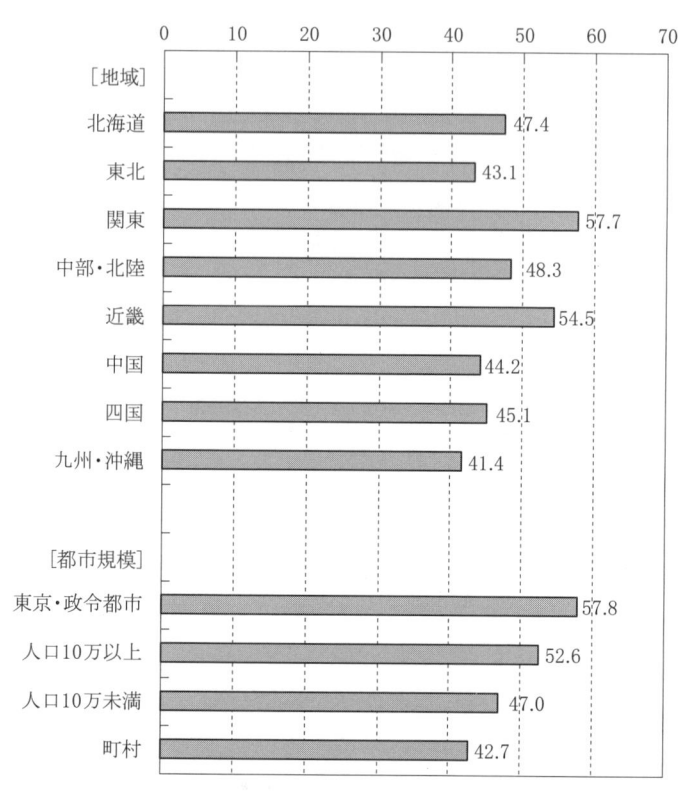

[地域]
- 北海道 47.4
- 東北 43.1
- 関東 57.7
- 中部・北陸 48.3
- 近畿 54.5
- 中国 44.2
- 四国 45.1
- 九州・沖縄 41.4

[都市規模]
- 東京・政令都市 57.8
- 人口10万以上 52.6
- 人口10万未満 47.0
- 町村 42.7

図5.15 地域・都市規模別にみたインターネット利用率の推移（％）

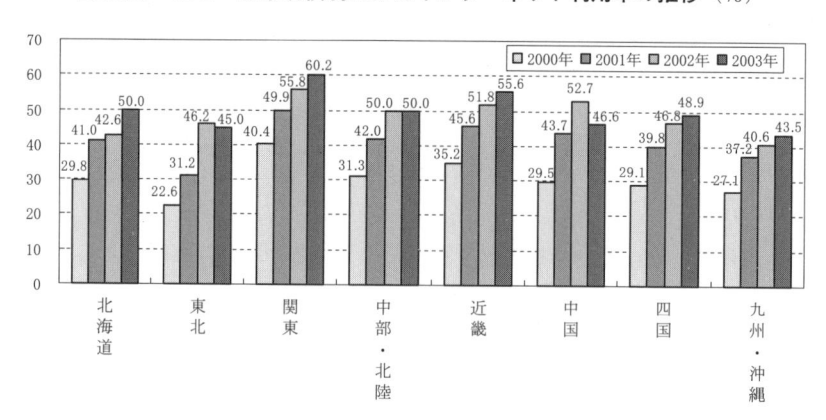

地域	2000年	2001年	2002年	2003年
北海道	29.8	41.0	42.6	50.0
東北	22.6	31.2	46.2	45.0
関東	40.4	49.9	55.8	60.2
中部・北陸	31.3	42.0	50.0	50.0
近畿	35.2	45.6	51.8	55.6
中国	29.5	43.7	52.7	46.6
四国	29.1	39.8	46.8	48.9
九州・沖縄	27.1	37.2	40.6	43.5

図5.16 地域別にみたインターネット利用率の経年変化（12歳〜74歳：％）

新規インターネットユーザーの特性

　WIPの2000年調査と2001年調査は，サンプルの一部を「パネル調査」方式で実施している．これは，同一対象者に同じ設問を繰り返し行い，回答の変化を追跡するという調査方法である．パネル調査の対象サンプルは，2000年調査対象者のうち1346人である．このパネルサンプルのうち，2000年調査時点で「インターネットを使っていない」と答えた866人に対して，2001年調査でインターネット利用の有無を尋ねたところ，「現在インターネットを使っている」と答えた人が22.2％いた．つまり，1年間で非利用者の約22％が新規インターネット利用者になったわけである．そこで，新規利用者と非利用者を分ける要因を探るために，ロジスティック回帰分析を行ったところ，表5.2のような結果が得られた．

　新規インターネット利用にもっとも関連が深い要因は年齢である．とくに10代の新規利用者率が高く，60歳以上の高齢者にくらべると34倍以上のオッズ比（新規利用者になる確率）となっている．つまり，10代の若年層におけるインターネット新規利用がインターネット利用率全体の増加を大きく支えていることがわかる．一方，10代ほどの伸びはないものの，40代から50代にかけての中高年層の新規利用率は20代，30代よりも高く，世代間のデジタルデバイドがこの年齢層でやや改善される傾向がみられる．

　学歴別では，高専・短大卒レベルの層における新規利用者の伸びが顕著にみられる．これまでは，大学・大学院卒レベルに偏っていたインターネット利用者の幅が広がる傾向を示すものといえる．ただし，高校卒，中学卒レベルでの新規利用は相対的に低い水準にとどまっており，低学歴層におけるインターネット利用格差はむしろ広がる傾向もみられる．

　この他の要因の中で，新規インターネット利用と興味深い関連がみられるのは，「インターネットを利用する家族の有無」「インターネットを利用しない理由」「インターネット非利用による不利益経験の有無」「パソコン保有状況」などである．

表5.2 インターネット非利用者→利用者（2000年→2001年）変化の要因分析
（パネル調査データを用いたロジスティック回帰分析の結果）

変数，カテゴリー	β	標準β	オッズ比	有意性
性別				
男性	0.640	0.044	1.897	
女性	0.000	0.000	1.000	
年齢**				
12－19歳	3.539	0.157	34.433	***
20－29歳	0.931	0.032	2.537	
30－39歳	1.594	0.080	4.924	
40－49歳	1.636	0.086	5.133	
50－59歳	1.712	0.098	5.543	*
60－75歳	0.000	0.000	1.000	
学歴**				
大学・大学院卒	0.766	0.033	2.151	
高専・短大卒	2.433	0.101	11.394	**
高校卒	0.353	0.024	1.424	
中学卒	0.000	0.000		
世帯年収*				
1000万以上	0.362	0.013	1.436	
800万以上	1.440	0.049	4.220	
600万以上	0.342	0.016	1.408	
400万以上	－1.125	－0.064	0.325	
200万以上	0.485	0.027	1.625	
200万未満	0.000	0.000	1.000	
インターネットを利用する家族の有無**				
いる	1.397	0.094	4.041	**
いない	0.000	0.000	1.000	
使い方がわからないからインターネットを利用しない**				
はい	－1.128	－0.078	0.324	**
いいえ	0.000	0.000	1.000	
インターネット非利用による不利益経験				
あり	0.599	0.035	1.819	
なし	0.000	0.000	1.000	
パソコン有無**				
自宅にあり自分も利用	1.288	0.072	3.625	
自宅にあるが利用せず	－0.649	－0.041	0.522	
自宅にないが将来ほしい	0.538	0.034	1.712	
自宅にないしほしくない	0.000	0.000	1.000	
携帯電話・PHS有無		0.000		
自宅にあり自分も利用	－0.158	－0.011	0.854	
自宅にあるが利用せず	－0.453	－0.026	0.636	
自宅にないが将来ほしい	－1.185	－0.050	0.306	
自宅にないしほしくない	0.000	0.000	1.000	

注：＊5％水準で有意　＊＊1％水準で有意　＊＊＊0.1％水準で有意

2000年調査で「同居家族のなかにインターネットを利用している人がいる」と答えた人は，それ以外の人にくらべて，新規にインターネットを利用する確率が4倍も高いという結果が得られている．これは，インターネットを利用する同居家族の存在が，なんらかの形でインターネット新規利用を促進する効果があることを示すものといえる．

　同じく2000年調査で，インターネットを利用しない理由として「使い方がわからないから」と答えた人が非利用者全体の49％に上っていたが，この人たちはインターネットの新規利用者になる確率がそれ以外の非利用者にくらべると，3分の1以下と低くなっているという結果が示されている．この数字は，インターネットリテラシーの低さが新規利用への大きな壁になっていることを示すものといえる．IT講習会などを通じてどのようにこの壁を取り払うかが今後の大きな課題だろう．

　2000年調査で，インターネットを利用するよう強くすすめられたり，インターネットを利用していないことで肩身の狭い思いをするなど，非利用に伴うまわりからのプレッシャーや不利益を経験したことがあると答えた人は，そのような経験をしたことがない人とくらべて，2001年調査で新規にインターネットを利用するようになった割合は約1.8倍高くなっている．しかし，統計的には有意な差ではなく，現時点では，インターネット新規利用に対する社会的圧力という要因はそれほど大きくはない．

　2000年調査でインターネットを利用していない人のうち，自宅にパソコンがあり，自分でも利用していると答えた人は，パソコンがなく利用したいとも思わない人にくらべると，2001年に新規インターネット利用者になった割合が3.6倍も高いという結果が得られている．このことは，自宅でのパソコン利用がインターネット新規利用を促進するはたらきをしていることを示すものといえる．これに対し，2000年調査時点で携帯電話やPHSを所有または利用しているかどうかは，2001年調査でインターネットを新規に利用するかどうかとはほとんど関連がないという，パソコンとは異なる結果が得られている．

インターネットを使わない理由

2003年調査では，インターネットの非利用者は全体の49.5％（752人，12歳以上）であった．この人々に，インターネットを利用していない理由を尋ねたところ，図5.17のような結果が得られた．

インターネットを利用しない理由としてもっとも多かったのは，「インターネットに興味がないから」というものである．この回答は2001年から2002年にかけて大幅に増大したが，2003年も引き続き高い率を維持している．インターネットの普及率が50％をこえ，成熟段階に入りつつあることを反映した結果と考えられる．「インターネットに興味がない」という理由をあげた人は，60歳以上の高齢者や，中学卒程度の低学歴者に比較的多くなっている．

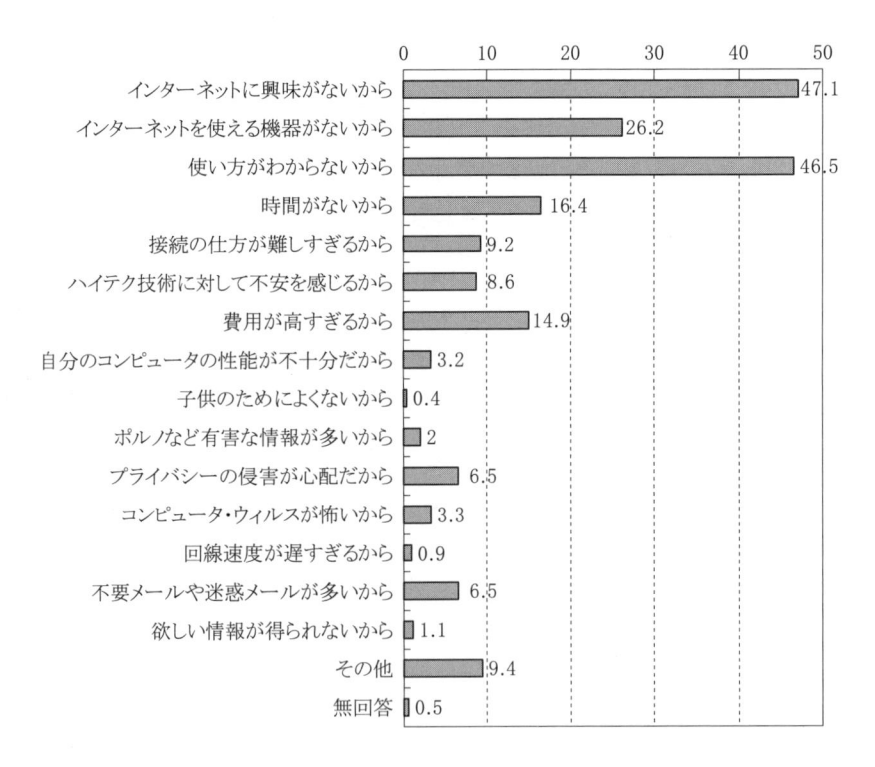

理由	%
インターネットに興味がないから	47.1
インターネットを使える機器がないから	26.2
使い方がわからないから	46.5
時間がないから	16.4
接続の仕方が難しすぎるから	9.2
ハイテク技術に対して不安を感じるから	8.6
費用が高すぎるから	14.9
自分のコンピュータの性能が不十分だから	3.2
子供のためによくないから	0.4
ポルノなど有害な情報が多いから	2
プライバシーの侵害が心配だから	6.5
コンピュータ・ウィルスが怖いから	3.3
回線速度が遅すぎるから	0.9
不要メールや迷惑メールが多いから	6.5
欲しい情報が得られないから	1.1
その他	9.4
無回答	0.5

図5.17　インターネットを利用しない理由（％）

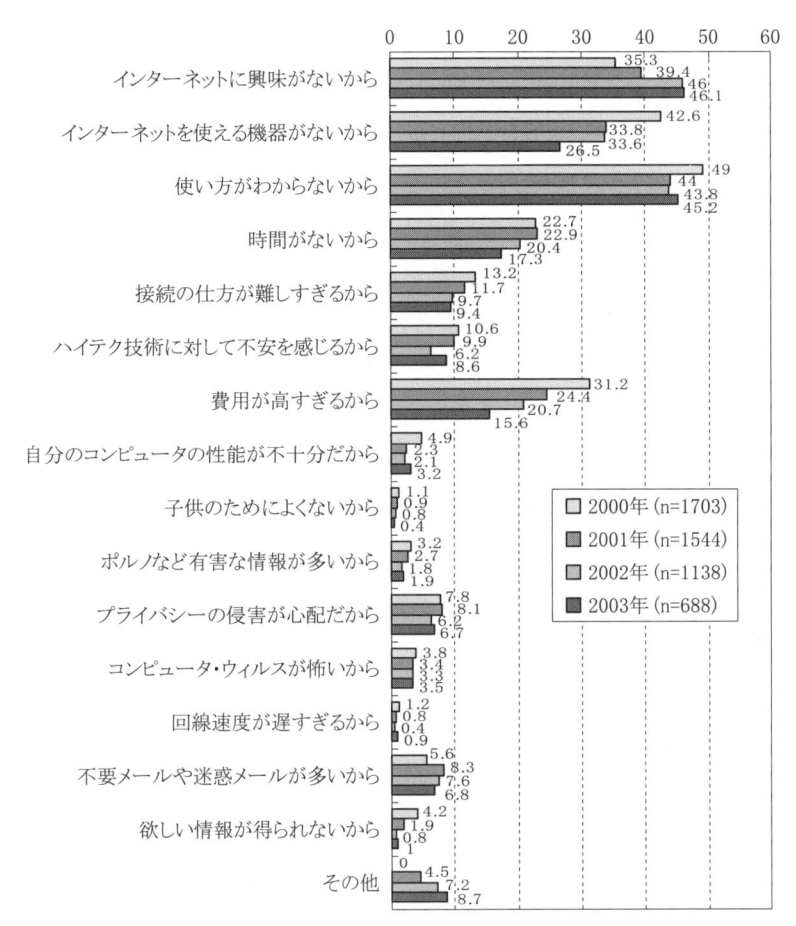

図5.18 インターネットを利用しない理由の経年比較 (12歳～74歳：%)

利用しない理由として二番目に多かったのは，2002年調査と同様に「使い方がわからないから」というものである．この理由をあげた人は，男性よりも女性に多く，若い人よりも中高年層に多く，学歴の低い人に多いという傾向がみられる．三番目に多かったのは，「インターネットを使える機器がないから」という理由である．この理由をあげた人は，世帯年収の低い人に多くなっている．「時間がないから」，「費用が高すぎるから」という理由がこれに続いている．

5章 インターネットの開く新世界 191

「時間がない」という理由をあげた人は，年齢別では20歳〜39歳にもっとも多く，40歳〜49歳がこれに次いで多い．また，「費用が高すぎる」という理由をあげた人は，女性よりも男性に多く，年齢別では30代から40代に比較的多くなっている．

図5.18は，年齢を12〜74歳に限定して，2000年から4年間の調査結果を比較したものである．「インターネットに興味がない」「使い方がわからない」「インターネットを使える機器がない」という回答は2年連続で使わない理由の1，2，3位を占めている．第4位と第5位が2002年調査とは順序が入れ替わり，2003年調査では，「時間がない」が第4位に，「費用が高すぎる」が第5位になっている．ADSLや光ファイバーなどの大幅な利用料金引き下げなどがインターネット利用の低廉化を促進し，こうした回答の変化となってあらわれているものと考えられる．2002年にくらべて回答率が高くなった項目としては，「プライバシーの侵害が心配だから」などがある．これは，2003年に個人情報保護法が施行されるなど，インターネット上のプライバシー問題に対する関心が高まっていることが，一つの背景として指摘できる．

インターネットの利用開始時期

自宅や職場，学校などの場所を問わず，パソコンを使ってインターネットを利用し始めた年を尋ねたところ，図5.19のような結果が得られた．図中の数値は，調査対象者全体（1520人）を100％としたときの，年別の利用開始率と，利用者率の年次別累積％とを示したものである．このグラフから，利用者が増え始めるのは1995年以降であり，2000年に新たなインターネット利用開始者数のピークを迎えたことがわかる．2001年から2002年にかけて，新たなインターネット利用者の割合は低下しているが，2003年にはやや増大に転じる傾向がみられる．このグラフをみる限り，インターネットの普及が飽和水準に達したとは必ずしもいえず，今後も安定した増加を続ける可能性も示されている．

性別にみると，女性よりも男性の方が，PCインターネットの利用年数は長

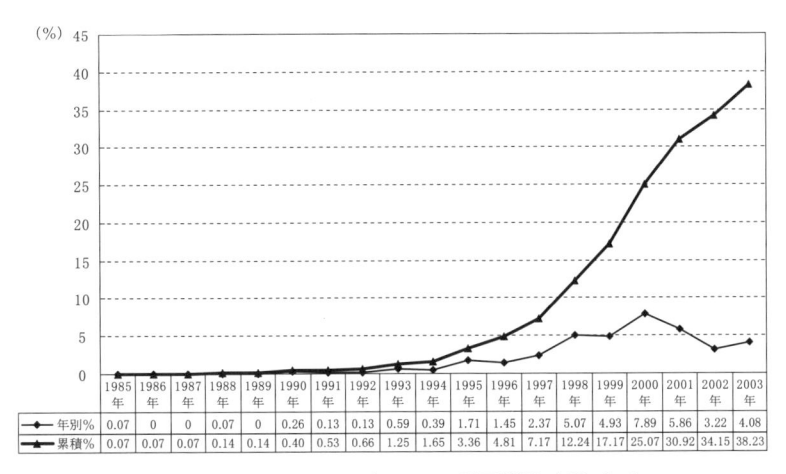

	1985年	1986年	1987年	1988年	1989年	1990年	1991年	1992年	1993年	1994年	1995年	1996年	1997年	1998年	1999年	2000年	2001年	2002年	2003年
年別%	0.07	0	0	0.07	0	0.26	0.13	0.13	0.59	0.39	1.71	1.45	2.37	5.07	4.93	7.89	5.86	3.22	4.08
累積%	0.07	0.07	0.07	0.14	0.14	0.40	0.53	0.66	1.25	1.65	3.36	4.81	7.17	12.24	17.17	25.07	30.92	34.15	38.23

図5.19 PCインターネットの利用開始時期（％）

い．年齢別にみると，PCインターネットの利用年数がもっとも長いのは30代（平均5.1年）であり，50代（平均4.9年），40代（平均4.8年）がこれに続いている．利用年数がもっとも短いのは12歳～19歳（平均3.3年）である．学歴別にみると，高学歴の人ほどPCインターネットの利用年数が長くなるという関連がみられる．世帯年収別にみても，世帯年収が高い人ほど，PCインターネットの利用年数も長くなるという傾向がみられる．

自宅でのインターネット利用状況

次に，自宅でのインターネットの利用状況についての調査結果をまとめておこう．

パソコンでインターネットを使っている人（n=595人）のうち，自宅でインターネットを利用している人は84.2％（501人）であった．

自宅でのインターネット開始時期別の利用者の割合をみると，図5.20のようになっている．図中の数値は，調査対象者全体に占めるインターネット利用者の割合を示したものである．自宅でPCインターネットを始めた時期の回答率分布は，場所を問わずPCインターネットを始めた時期とほぼ一致している．

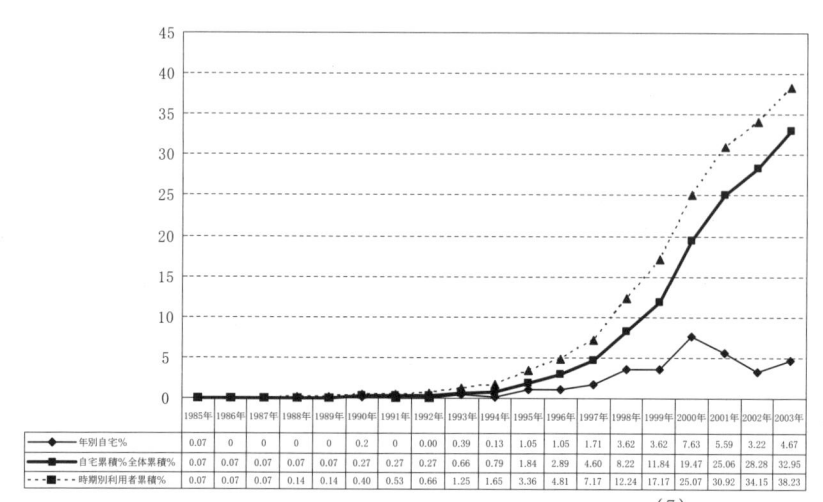

	1985年	1986年	1987年	1988年	1989年	1990年	1991年	1992年	1993年	1994年	1995年	1996年	1997年	1998年	1999年	2000年	2001年	2002年	2003年
年別自宅%	0.07	0	0	0	0	0.2	0	0.00	0.39	0.13	1.05	1.05	1.71	3.62	3.62	7.63	5.59	3.22	4.67
自宅累積%全体累積%	0.07	0.07	0.07	0.07	0.07	0.27	0.27	0.27	0.66	0.79	1.84	2.89	4.60	8.22	11.84	19.47	25.06	28.28	32.95
時期別利用者累積%	0.07	0.07	0.07	0.14	0.14	0.40	0.53	0.66	1.25	1.65	3.36	4.81	7.17	12.24	17.17	25.07	30.92	34.15	38.23

図5.20　PCインターネット開始時期別にみた利用者の割合（％）[7]

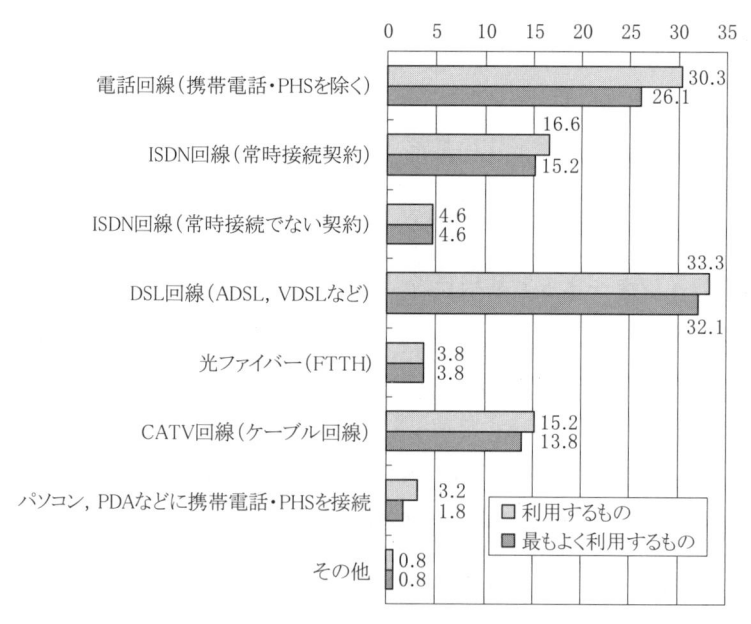

図5.21　自宅でのインターネット接続方法（％）

194

自宅でPCインターネットを利用している人に，主にどの回線でインターネットに接続しているかを尋ねた．その結果は，図5.21に示すとおりである．もっともよく利用されている回線は，ADSLやVDSLなどのDSL回線で，約33％の人が自宅で利用している．自宅でのブロードバンド化が急速に進んでいることを示すデータといえる．

　自宅で自分専用のパソコンを使ってインターネットに接続している人は，31.7％であり，自宅インターネット利用者の約3分の1にあたる．67.7％の人は，他の家族と共用のパソコンを使っている．

自宅以外でのインターネット利用状況

　自宅以外の場所でのインターネット利用状況をみると，図5.22に示すように，「自宅以外の職場」での利用が37.3％でもっとも多く，「学校」での利用が10.1％でこれに次いでいる．これに対して，インターネットカフェや図書館での利用率はわずか1％と非常に低い．自宅以外ではPCインターネットを使わないという人が，利用者全体の48％と半数近くに上っている．

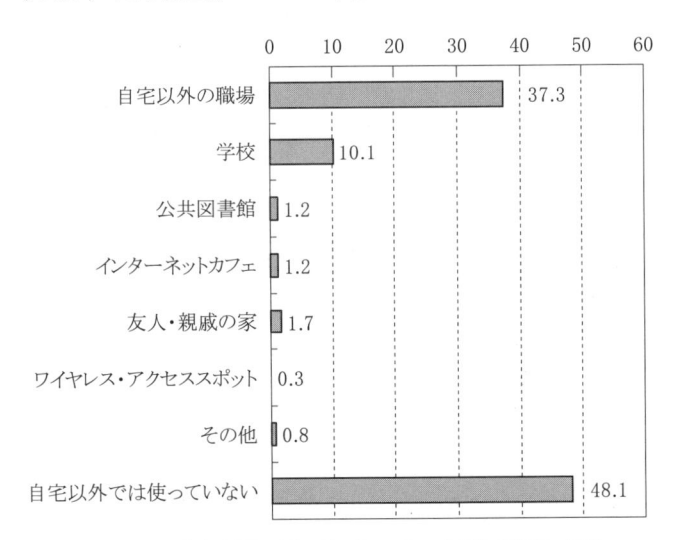

項目	値
自宅以外の職場	37.3
学校	10.1
公共図書館	1.2
インターネットカフェ	1.2
友人・親戚の家	1.7
ワイヤレス・アクセススポット	0.3
その他	0.8
自宅以外では使っていない	48.1

図5.22　自宅以外でのインターネット利用状況（％）

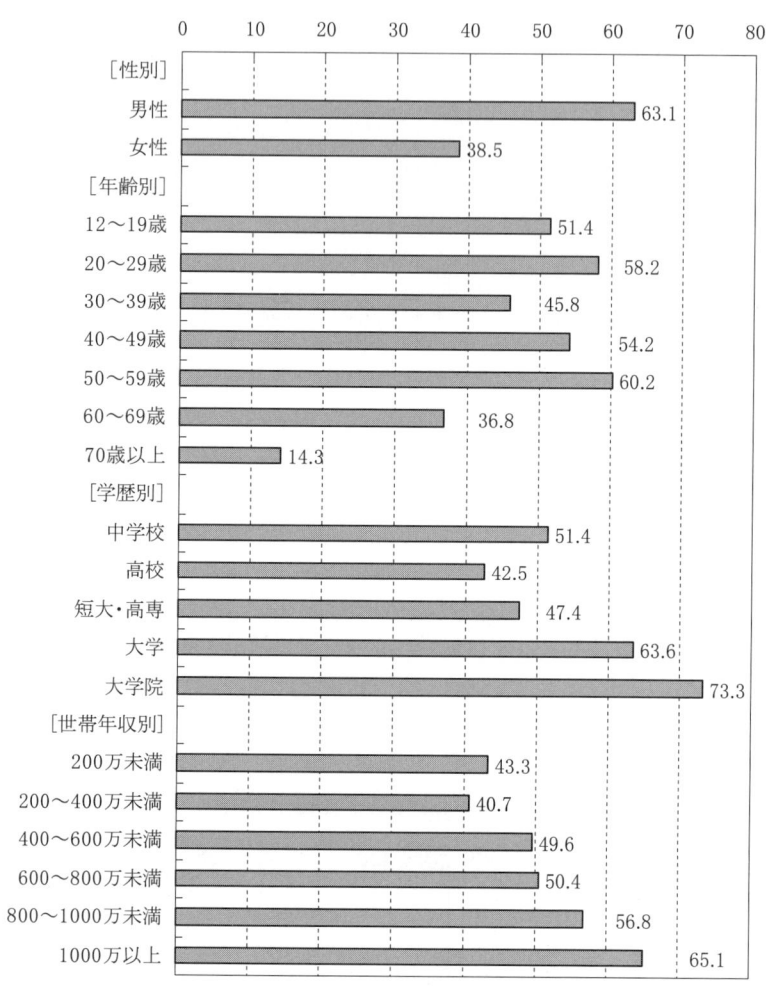

図5.23 自宅以外でPCインターネットを使う人の割合（属性別）（%）

[性別]
- 男性: 63.1
- 女性: 38.5

[年齢別]
- 12〜19歳: 51.4
- 20〜29歳: 58.2
- 30〜39歳: 45.8
- 40〜49歳: 54.2
- 50〜59歳: 60.2
- 60〜69歳: 36.8
- 70歳以上: 14.3

[学歴別]
- 中学校: 51.4
- 高校: 42.5
- 短大・高専: 47.4
- 大学: 63.6
- 大学院: 73.3

[世帯年収別]
- 200万未満: 43.3
- 200〜400万未満: 40.7
- 400〜600万未満: 49.6
- 600〜800万未満: 50.4
- 800〜1000万未満: 56.8
- 1000万以上: 65.1

注) PCインターネットを利用する人（n=595人）を100%とした数値

　自宅以外でPCインターネットを使う人の特性をみると，図5.23のようになっている．

　性別でみると，PCインターネットを使う男性の63％が自宅以外でもインターネットを使っているのに対し，女性の場合には38.5％にとどまっている．

年齢別にみると，60歳以上の高齢者で，自宅以外でPCインターネットを利用する率が他の世代よりもかなり低いという傾向がみられる．学歴別では，大学以上の高学歴層の人に，自宅以外でのPCインターネット利用率がとくに高いという傾向がみられる．さらに，世帯年収との関連をみると，年収が高い人ほど，自宅以外でのPCインターネットの利用率も高くなるという傾向がはっきりとみられる．

オンラインショッピングの利用実態

NTTデータが2003年に実施した全国調査によると，インターネット利用者（18歳〜69歳）のうち，オンラインショッピングの利用経験率は45%（18歳〜

項目	%
ホテルや旅館への宿泊	26.8
本・雑誌	20.4
衣料品	19.1
音楽CD・ビデオ・DVD・ゲームソフト	17.4
電車や飛行機の乗車券	16.8
演劇やコンサート，スポーツ観戦のチケット	14.2
その他の趣味・娯楽用品	13.4
食料品・酒類	12.7
美容・健康・医薬・医療関連商品	12.5
コンピュータおよびその周辺機器	11.3
服飾雑貨・貴金属	9.6
コンピュータのソフトウェア	9.6
パック旅行	7.6
家具・家庭用品	5.9
家電	5.7
ギフト用品	5.7
有料デジタルコンテンツ（音楽・画像・映像）	5.5
レストランなどの飲食店での食事	3.2
有料情報サービス（オンラインの雑誌・新聞など）	2.3
その他	2.7

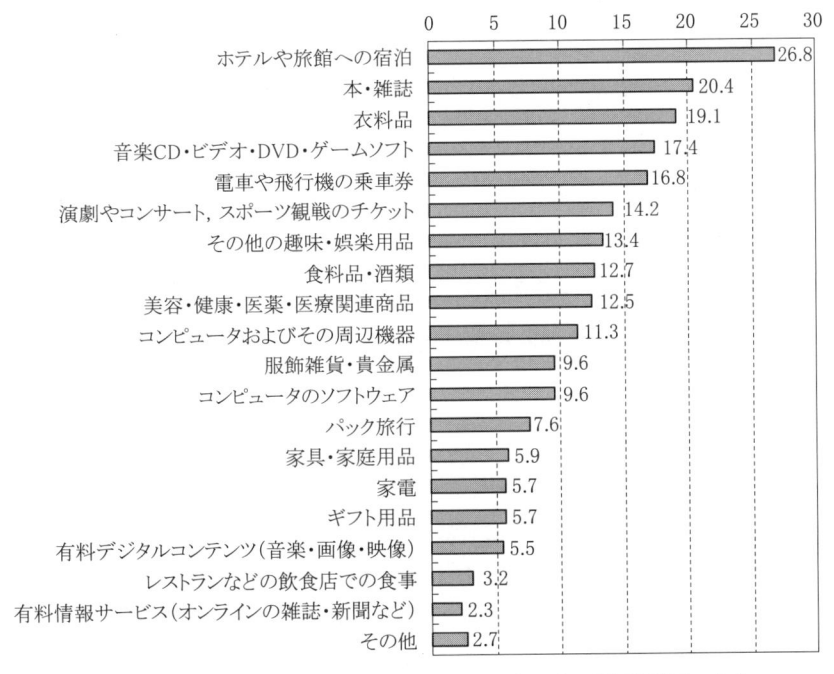

図5.24 最近1年間のオンラインショッピングの利用経験率（%）
（複数回答：対象はオンラインショッピング経験者　n=529）

出典：NTTデータ（2004）

69歳の日本人全体の23.9%）であった(8)．オンラインショッピング利用者の年間利用回数は平均9.1回，年間合計購入金額は平均８万5672円であった（NTTデータ，2004）．

最近１年間のオンラインショッピング利用経験率を品目・サービス別にみると，もっとも多かったのは「ホテルや旅館への宿泊」（26.8%）であり，「本・雑誌」（20.4%），「衣料品」（19.1%），「音楽CD・ビデオ・DVD・ゲームソフト」（17.4%）「電車や飛行機の乗車券」（16.8%），「演劇やコンサート，スポーツ観戦のチケット」（14.2%）がこれに続いている（図5.24）．

利用経験率は，男性46.4%，女性43.1で性差はほとんどみられない．年代別にみると，男性40代がもっとも高く，女性30代，男性30代がこれに続いている．

3．インターネットの影響

インターネットは，現代人の生活や社会全体に大きな影響を及ぼしつつある．ここでは，インターネットがメディア利用行動，生活時間，対人関係に及ぼす影響について，各種の調査データをもとに検討を加えることにしたい．

インターネットがメディア利用に及ぼす影響

インターネットは，新聞，雑誌，テレビ，ラジオ，映画，広報など既存メディアのすべてをコンテンツとして含んでおり，それに加えて，各種の情報サービスや，予約・バンキング・オンラインショッピングなどトランザクション（取引）系のサービスをも取り込んでいるために，人々の日常的なメディア利用行動にも大きな影響を与えていると予想される．

前述のWIP調査では，対象者にパソコンでインターネットを利用する前と現在をくらべて，いくつかのメディアの利用時間がそれぞれどの程度変化したかを「自己評定」で答えてもらっている．図5.25は，その回答結果を示したものである．

主なメディアの中では，テレビへの影響がもっとも大きく，３割近くの人が

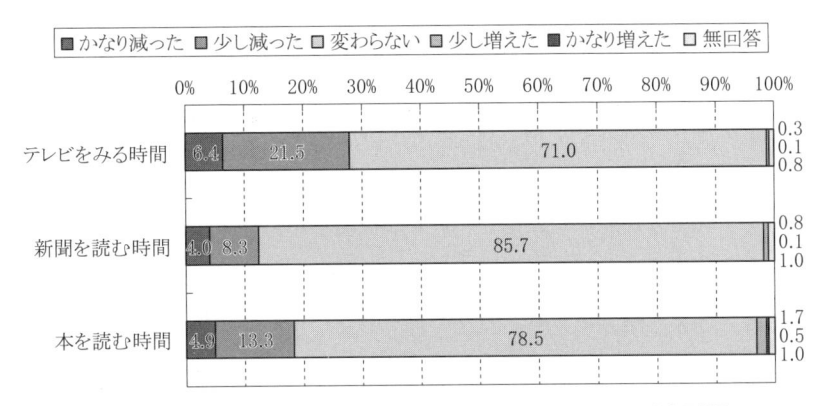

図5.25 PCインターネットがメディア利用時間に及ぼす影響

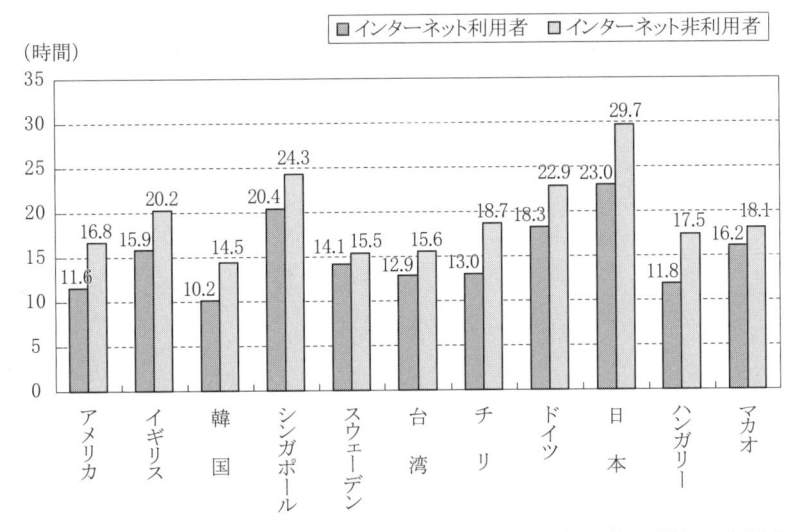

図5.26 インターネット利用者と非利用者のテレビ視聴時間（週平均）の国際比較

出典：通信総合研究所, 2004

インターネットによってテレビをみる時間が減ったと答えている．

　こうした傾向は，世界的にも共通しているように思われる．図5.26は，WIP参加14カ国の調査データを比較したものである．比較したのは，インターネット利用者と非利用者のテレビ視聴時間（週平均分数）である．WIP

参加国すべてにおいて，インターネット非利用者のほうが利用者よりもテレビ視聴時間が長いという共通の傾向がみられる(9)．利用者と非利用者のテレビ視聴時間の差がもっとも大きい国は日本（6.7時間）であり，ハンガリー（5.7時間），チリ（5.7時間），アメリカ（5.2時間）がこれに続いている．この結果は，インターネット利用者が若年層に偏り，テレビ視聴者が高齢層に偏っているという属性別のメディア利用特性とも関連していると思われるが，インターネット利用がテレビ視聴を減少させるという影響のあらわれとも解釈することができよう．

インターネットがテレビ視聴時間を減少させるという影響は，このようにかなり大きいと推測されるが，これに対して，新聞や雑誌，書籍など活字メディアへの接触時間に与える影響は，それほど大きくはならないことが，同じ調査データによって推測されている．

インターネットが対人関係に及ぼす影響

インターネットが対人関係に及ぼす影響については，カーネギー・メロン大学のロバート・クラウト（R. Kraut）らの研究グループが1998年に発表した論文で，ネガティブな影響があったとする報告があり，これは「インターネット・パラドックス」として知られている．この論文は賛否両論，大きな反響を引き起こした．

インターネットは，WWWのように情報や娯楽を与えるという機能と，メールやチャットのようにコミュニケーションの手段を与えるという機能を併せ持っているが，現在もっともよく使われているのはコミュニケーションとしての機能である．したがって，インターネットをよく使う人ほど，対人関係が広がり，社会活動も活発になって，それが心理的健康にも好ましい影響を及ぼすという予想が立てられる．しかし，クラウトらが1995年から96年にかけて，ピッツバーグ地域で新規インターネット利用者を対象に行ったフィールド実験的調査では，インターネットをより多く利用すればするほど，家族とのコミュ

ニケーションや社会的ネットワークのサイズにみられる社会関係が低減し，孤独感が増大し，抑鬱性が増大するという傾向がみられた．クラウトらはこれを「インターネット・パラドックス」と名付けた．彼らは，インターネットの利用によりインターネット上で知り合う新しい人間関係（弱い絆）を増加させる一方で，インターネットの利用に時間を取られることから，身近な家族や友人等とのコミュニケーション（強い絆）が減少してしまい，対人関係や心理的健康が阻害されるとしている（Kraut et al., 1998）．

しかし，クラウトらが，1998年〜99年にかけて，前回の調査に協力した対象者のうち93世帯208人に対して追跡調査を実施するとともに，新たに216世帯446人に対して再度パネル調査を実施したところ，前回とは異なり，インターネット利用は総じて対人関係や心理的健康に対してはポジティブな影響があるという反対の結果が得られた．また，もともと外向的な性格をもち社会的サポートを豊かにもっている人に対しては，インターネットはポジティブな影響をもつが，内向的な性格で社会的サポート資源の乏しい人に対しては，インターネットパラドックスと同様に，ネガティブな影響があるという興味深い結果が得られた．これは，「豊かな者がますます豊かになる」というデジタルデバイドにも似たパラドックスが生じていることを示唆するものである（Kraut et al., 2001）．

日本では，橋元良明の研究グループが，2001年に実施したインターネット利用調査をもとに，インターネットパラドックス仮説の検証を試みている（橋元他, 2002）．従属変数としては，「孤独感」「抑鬱性」「情動的共感性」「家族的結束性（家族的機能）」「社会的スキル」の5つの項目に関し，それぞれ3つの質問項目からスケールを構成して，これらとインターネット利用との関連性を分析した．その結果，インターネットの利用の有無や日頃の利用頻度は孤独感や抑鬱性とほとんど無関係であるという結果が得られた．実利用時間の分析ではむしろメールの長時間利用者ほど，孤独感・抑鬱性が低い傾向にある．また，共感性や家族的結束性，社会的スキルに関しても，インターネットの利用の有

表5.3　対人関係に費やす時間の重回帰分析の結果（数字は標準偏回帰係数）

独立変数	従属変数		
	家族と過ごす時間	友人と過ごす時間	スポーツに使う時間
PCインターネット利用時間	−0.049	−0.089*	−0.046*
携帯インターネット利用時間	0.175	0.200**	0.024
性別	654.1***	185.7***	−89.1***
学歴	−6.77	−11.1***	2.14**
結婚の有無	−1746.8***	967.0***	230.4***

*p<0.05 ; **p<0.01 ; ***p<0.001

出典：橋元 他 (2002)

無や日頃の利用頻度とほとんど無関係であった．実利用時間の分析ではメールの利用時間が長いほど家族的結束性が強く，ウェブの利用時間が長いほど共感性が高いという傾向がみられた．

　インターネットが対人関係や社交性に与える影響については，「ワールドインターネットプロジェクト」の調査データをもとに，世界数カ国でMCAという多変量解析の手法を共通して用いた分析の試みがある．それによると，ほとんどの国でインターネット利用と社交性（Sociability）との間に統計的に有意な関連はみられないという結果が得られている(10)．

　一方，石井と三上が同じワールドインターネットプロジェクトのデータを用いて，PCインターネットと携帯インターネットに分けて，それぞれの利用時間と社交性との関連を分析したところ，PCインターネットの場合にはインターネット利用は社交性とネガティブな関連をもつのに対し，携帯インターネットの場合にはインターネット利用は社交性とプラスの相関を示すという興味深い結果が得られた．つまり，PCインターネットは社交性を低減させる方向に影響するが，携帯インターネットの利用は社交性を促進する方向に影響するという傾向がみられるのである．

　インターネットが社会生活や対人関係に及ぼすプラス，マイナスの影響につ

いては，今後長期間にわたるパネル調査データの分析なども含めて，実証する研究をさらに積み重ねてゆくことが必要だろう．

(注)
(1) 国防総省高等研究計画局；現在の正式名称は DARPA という．本章ではこれ以降，DARPA という呼称を使うことにする
(2) 分散処理型ネットワークにおいて決定的に重要な役割を果たすのが，「パケット交換」(packet-switching) と呼ばれる情報伝送技術である．送受信するデータやメッセージを小さな固まりに分割し，それぞれに通信相手先などの情報（ヘッダ）を付け加えて伝送する通信方法のことをいう．パケット交換で情報を送ることによって，1本の回線で複数の相手との同時通信（つまりタイムシェアリング）が可能になる，伝送途中でのエラー検出，再送制御を行うことでエラーフリーな情報通信を行うことができる，通信コストを抑えることができる，などのメリットがある．バラバラに分解して送った情報を正しく元通りに回復して相手に届けるには，経路制御という技術が使われる．
(3) 当時，CERN には世界中から大勢の物理学者が集まり，複雑な物理学，工学関係のプロジェクトに参加し，膨大な情報を処理していた．そのため，遠く離れた研究者同士の共同作業（コラボレーション）をスムーズに行い，研究者や学生が急速に進展するプロジェクトにペースを合わせて十分な貢献を行うことができるように，CERN の保有する膨大な情報資源へのスピーディで効率的なアクセス手段を確保することが急務だった．バーナーズ・リーは，アップルコンピュータの開発した HyperCard のような非階層的で相互参照的なハイパーテキスト機能をもった WWW こそが，問題解決の切り札になると考えたのである．
(4) 2000年〜2003年調査の概要は次のとおりである．2001年調査は，回答の推移を分析することによってインターネット普及利用を追跡するために，同一対象者を反復調査する「パネル調査」方式を部分的に採用した．
［2000年調査］
・母集団　全国12歳〜74歳の男女
・計画標本数　3500人
・標本抽出法　層化二段無作為抽出法
・調査方法　専門の調査員による訪問留め置き式回収法
・調査時期：
・有効回収数　2555票
［2001年調査］

- 母集団　全国12歳〜75歳の男女
- 計画標本数　2000年調査協力者2555人のうち2001年調査への調査協力意向を示した1924人，および，標本が全国満12歳〜75歳の男女個人の年齢階級別母集団比率に近似するように補正的に抽出した948サンプル．
- 標本抽出法　パネル調査については，2000年調査での協力者全員を対象者として選び，補正追加サンプルは，各調査地点で性・年齢を指定し，調査員が現地で無作為に探して調査を依頼するエリアサンプリングを採用した．
- 調査方法　専門の調査員による訪問留め置き式回収法
- 調査時期：
- 有効回収数　2816票

[2002年調査]
- 母集団：全国の満12歳以上75歳以下の男女個人
- 標本数：3500人
- 抽出方法：層化二段無作為抽出法
- 調査方法　専門の調査員による訪問留め置き式回収法
- 調査時期：2002年10月17日〜11月4日
- 有効回収数（率）2333人（66.7％）

[2003年調査]
- 母集団：全国の満12歳以上の男女個人
- 標本数：2200人
- 抽出方法：層化二段無作為抽出法
- 調査方法　専門の調査員による訪問留め置き式回収法
- 調査時期：2003年11月27日〜12月17日
- 有効回収数（率）：1520人（69.1％）

　なお，いずれの調査とも，調査実施主体は通信総合研究所および東京大学社会情報研究所，調査実施機関は㈱新情報センターである．調査の企画および調査票の作成は，ワールドインターネットプロジェクト日本チーム（三上，吉井，橋元，遠藤，石井，久保田，小笠原の7名）が行った．

（5）　2000年調査，2001年調査では，インターネット利用を「ウェブ（ホームページ）を見たり，Eメールをやりとりすることを指し，携帯電話・PHSでの情報サイト（iモードなど）やEメール（＠つきのアドレスを持つもの）の利用，Lモードなどの利用も含む」と定義している．年齢はいずれの年も12歳〜74歳である．

（6）　ロジスティック回帰分析とは，ある事象の生起の有無を表す2値変数を従属変数として，独立変数群で説明（予測）したいとき，この2値変数と説明変数群との関係をロジスティック関数でモデル化した方法をいう．説明（予

測）したい現象の発生確率を $p(x)$ とすると，ロジスティック関数は，
$$\log \frac{p(x)}{1-p(x)} = \beta_0 + \beta_1 x_1 + ... + \beta_r x_r$$
という線形関数であらわすことができる．ここで，β はロジスティック回帰係数と呼ばれ，各独立変数の1単位の変化が従属変数に及ぼす影響の大きさをあらわしている．詳しい解説は，坂本他 (1995)，Menard (1996)，三上 (2002) などを参照．

（7） 図中の太い実線は，自宅での PC インターネット開始時期別利用者累積%を示す．破線は，場所を問わずパソコン・インターネットを利用開始した時期別利用者累積%を示す．細い実線は，年次別に自宅で PC インターネットを始めた人の割合を示す）

（8） 本調査の概要は次のとおりである．
・母集団：全国18歳〜69歳の男女
・抽出方法：層化二段無作為抽出法
・調査方法：調査票の訪問留置訪問回収法
・調査期間：2003年10月25日〜11月30日
・回収数（率）：2213（73.8%）

　ここでいう「オンラインショッピング」には，ネットオークションや個人売買での購入も含んでいる．また，ネット上で商品を注文したり予約したりして，実際の店舗で支払う場合も含む．

（9） 調査対象者の年齢範囲は国によってかなり異なっている．年齢に上限を設けていない国は，アメリカ，イギリス，イタリア，スペイン，ハンガリー，シンガポール，台湾，日本の計8カ国である．日本は，2000年〜2002年までは，年齢の範囲を12歳〜74歳としていたが，本年度は国際比較という観点から上限を設けないという方式をとった．上限を設けている国では，中国とチリが60歳以下，韓国が64歳以下，ドイツが75歳以下，スウェーデンが80歳以下となっている．年齢の下限については，12歳以上の国が，アメリカ，日本，韓国の3カ国ある．イギリス，ドイツ，ハンガリーは14歳以上，16歳以上がイタリアとスペイン，17歳以上が中国，18歳以上が台湾とシンガポールなどとなっている．国際比較データを解釈する際には，国による以上の相違点を考慮に入れておく必要がある．とくに，中国とチリは大都市の60歳以下に対象者を限定しているため，サンプル特性にかなりの偏りがあり，単純なデータ比較が困難であることを特記しておきたい．また，図中の数値は，平均人数を示す．この数値には，「0人」も含まれている．ただし，平均値から大きくかけ離れた外れ値（Outlier）については，平均値から標準偏差の＋－3倍以上離れた値を，標準偏差の＋－3倍の値に補正して集計した．

（10） 調査データ分析の結果は，オンライン学術雑誌 @*IT and Society* 創刊号

（http://www.stanford.edu/group/siqss/itandsociety/ 2002年8月刊行）に掲載されている．

参考文献

Global Reach, 2004, *Global Internet Statistics（by Language）*
　http://global-reach.biz/globstats/index.php3
萩原雅之，1998，「インターネット調査の可能性と限界」[Online] http://www.fujitsu.co.jp/hypertext/fri/cyber/semi/pp2/sld001.html
橋元良明・辻大介・石井謙一・金相美・木村忠正，2002，「インターネット・パラドクスの検証」『東京大学社会情報研究所調査紀要』19号，pp. 335-484.
インターネットビジネス研究会，1999，『インターネットビジネス白書2000』ソフトバンクパブリッシング
情報通信総合研究所，2004，『情報通信アウトルック2004』NTT出版
川上善郎，1999，「インターネットと日常生活」橋元良明編著『情報行動と社会心理』北樹出版，pp. 66-86.
川上善郎・田村和人・内田斉・田端暁生・福田充，1996，「インターネット・オンライン　調査報告書」[Online] http://www.ntv.co.jp/bekkoame/
Kraut, R., Lundmark, V., Patterson, V., Kiesler,S., Mukopadhyay, T., and Scherlis,W.,1998, "Internet Paradox: A Social Technology That Reduces Social Involvement and Psychological Well-Being?," *American Psychologist*, Vol. 53, No. 9, pp. 1017-1031
Kraut, R. Kiesler, S., Boneva, B., Cummings, J., Helgeson, V., and Crawford, A., 2001, "Internet Paradox Revisited." *Journal of Social Issues*, Vol.58, No.1, pp. 49-74.
Menard, S., 1995, *Applied Logistic Regression Analysis*. Sage Publication.
三上俊治・赤尾光史・竹下俊郎・斉藤慎一，1998，「電子新聞の受容過程に関する調査研究」『東洋大学社会学部紀要』第35-2号，pp. 19-65
三上俊治，2002，「ロジスティック回帰分析における標準化回帰係数の意味と計算方法について」http://sophy.asaka.toyo.ac.jp/users/mikami/survey/logisticreg.pdf
NTTデータ・技術開発本部・システム科学研究所，2004，『ユビキタス社会のライフスタイル調査―コラボレーションとICTが創る活力ある豊かな社会』
丹後俊郎・山岡和枝・高木晴良著，1996，『ロジスティック回帰分析』朝倉書店
通信総合研究所，2001，『インターネットの利用動向に関する実態調査報告書2000』
通信総合研究所，2002，『インターネットの利用動向に関する実態調査報告書2001』

通信総合研究所，2003，『インターネットの利用動向に関する実態調査報告書2002』

通信総合研究所，2004，『インターネットの利用動向に関する実態調査報告書2003』

村井純著『インターネット』岩波新書，1995

Randall, Neil., 1997=1999, Internet History. 村井純監訳『インターネットヒストリー』O'REILEY

Reid, Robert, 1997, *Architects of the WEB*, John Wiley & Sons: New York. 山岡洋一訳『インターネット激動の1000日』日経BP社

郵政省郵政研究所「インターネットの利用に関する調査研究」（1999年1月）
　［Online］http://www.iptp.go.jp/houdou_ogasahara/houdou_top.html

郵政省，2003，『平成15年版・通信白書』大蔵省印刷局

■ 6章　携帯コミュニケーション ■

インターネットと並んで，携帯電話は若者層を中心として，現代人のコミュニケーション・メディアとして欠かせない重要な役割を担っている．本章では，携帯コミュニケーションの歴史と現状，利用実態とその影響について検討を加える．[1]

1．携帯電話の普及

携帯電話の発展と普及

　移動体電話としての携帯電話のルーツは船舶電話にある．1953年に横浜港と神戸港で，港に停泊中あるいは港湾内を航行中の船舶と陸上との間の通話サービスとして，電電公社が開始したのが最初だったという．1958年には沿岸を航行する船舶にも対象をひろげ，さらに1964年には全国規模に拡大されている．1957年に近鉄特急の車内でサービスを開始した列車公衆電話も，歴史的にもっとも古い移動体電話の一つである．1960年には国鉄東海道線の特急「こだま号」に設置され，1965年には東海道新幹線の車内にも設置された．

　今日広く使われている「携帯電話」の元祖である自動車電話は，1979年12月，電電公社により，東京23区内で世界初のサービスが開始された．使用周波数帯は800メガヘルツだった．その後，サービス区域を次第に全国に拡げていったが，利用料金が高かったことなどから普及の伸びは鈍く，1985年の時点でも加入者は4万人にとどまっていた．

　1985年の電気通信事業法施行，NTT民営化によって，移動体通信市場も開放に向かって大きく展開した．1986年8月1日，郵政省は無線設備規則の一部改正を行い，自動車電話を初めとする移動体通信が自由化されることになった．

　とはいっても，移動通信体市場を完全に自由化したわけではなく，当初は郵政省の指導で1地域1社という原則で棲み分けをはかるという政策がとられた．

1987年，郵政省，NTT，NCCの間で合意が成立した．その合意内容は，NTT大容量方式の日本高速通信が首都圏と中部圏，TACS方式（北米規格）の第二電電が近畿以西（および東北・北海道）を営業区域とするというものだった．

こうして，1987年以降，NCC各社が次々と移動通信会社を設立し，自動車電話と携帯電話のサービスを開始した．一方，NTTでは，1992年7月1日，それまで内部組織だった移動体通信事業本部を分離し，100パーセント出資の子会社「NTT移動通信網株式会社」（NTTドコモ）を設立した．

携帯電話の普及が爆発的に進み始めたのは，1994年のことである．この年の4月から，端末の売り切り制度がスタートした．それまでは，電話会社から端末をレンタルするという方式で，毎月のレンタル料と使用料金がかなり割高で，一般市民には手の届かない機器だった．ところが，売り切り制度が導入されると，各メーカーが競って小型軽量で低価格の端末を開発し，市場に投入し始めた．また，携帯電話会社も激しい販売促進競争に突入し，価格破壊現象が起こ

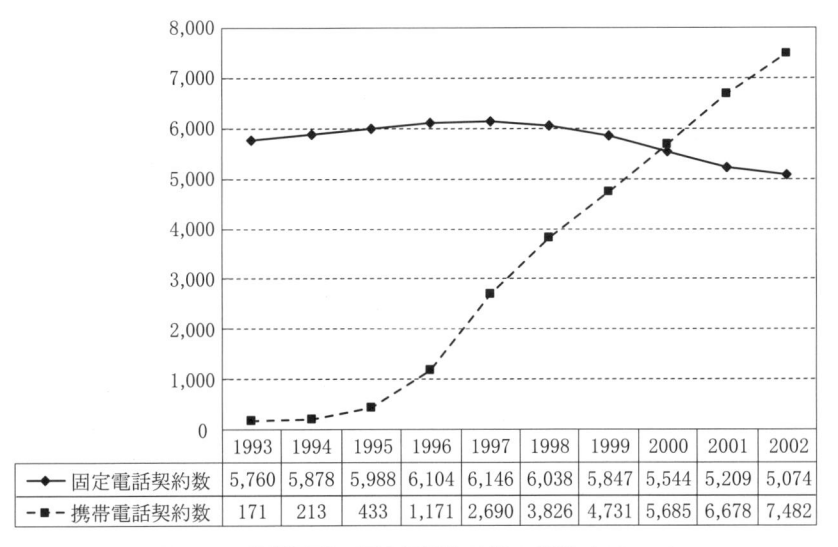

	1993	1994	1995	1996	1997	1998	1999	2000	2001	2002
◆ 固定電話契約数	5,760	5,878	5,988	6,104	6,146	6,038	5,847	5,544	5,209	5,074
■ 携帯電話契約数	171	213	433	1,171	2,690	3,826	4,731	5,685	6,678	7,482

図6.1　携帯電話・固定電話加入数の推移（単位：万）

（総務省通信統計データベースをもとに作成）

り，携帯電話市場は一気にブレイクした．

翌1995年7月1日からは，新しい携帯端末として，PHS（簡易型携帯電話）のサービスが始まり，その低廉な料金設定のために，携帯電話の普及はさらに加速された．そして，2000年3月には，契約数で固定電話加入者を追い越すに至っている（図6.1）．

郵政省の調べによると，2004年3月末現在，わが国の携帯電話加入数（累積）は8152万，PHSの加入数（累積）は513万9000，合計8665万9000に達している．総務庁統計局の推計によると，2004年4月1日現在の全国総人口は1億2771万人だから，いまや国民の約3人に2人（68％）が携帯電話をもつようになったということができるだろう．

こうして，当初はビジネス用で開発された携帯電話は，いまや固定電話に代わる個人間のコミュニケーション手段として，日常生活で欠かせない「パーソナル・メディア」の一つとなっているのである．

携帯メールの普及

携帯電話の普及に大きな弾みをつけたのは，「メール」機能の付加だった．携帯メールは携帯電話を使って文字メッセージを送信する機能であるが，そのルーツをたどると，NTTの始めた「ポケベル」にまで遡ることができる．

ポケベルは1968年に日本電信電話公社（現NTT）が外回りの営業マン用に売り出した，呼び出し専用の端末である．当初は会社が社員にポケベルを持たせて，呼び出したいときにベルで知らせるというビジネス用途で使われていたが，1987年にディスプレイ型のポケベルが開発されてからは，発信者の番号を表示できるようになり，複数の相手との通信が可能になった．また，ディスプレイ上の数字をゴロ合わせで，文字メッセージとして伝えることにより，若者の間でポケベルを使ったメッセージのやりとり（コミュニケーション）が流行するようになった（例えば，0840を「オハヨー」と読ませるなど）．その後，文字表示式のポケベルが発売されると，女子高校生を中心に，ポケベルはさら

に若者の間でパーソナルなメッセージ交換のメディアとして爆発的に普及し，一時は1000万以上のユーザーが登録するまでになった（岡田・松田，2002；松田，2004）．

このような状況の中で，「ショートメッセージ」と呼ばれる文字メールサービスが1995年11月にPHS（DDI）で始まった．この文字メールサービスは，利用料金が低廉だったこともあり，それまでポケベルを利用していた若者層を中心に利用が広がり，97年以降若い人を中心にブームになった[(2)]．98年からは規格が統一され，会社間のメッセージ交換もできるようになった（中村，2001；松田，2003他）．

さらに，1997年11月には，東京デジタルホン（現在のボーダフォン）がインターネットと接続可能な「スカイウォーカー」と呼ばれる文字メールサービスを開始した．これが，今日広く普及している「携帯メール」の第一号である．1999年2月には，NTTが「ｉモード」と呼ばれる携帯インターネット接続サービスを開始した．ｉモード以降の携帯メールは，文字メッセージに比べて長文のメッセージを送受信できるようになり，パソコンなどとも簡単に電子メールができるようになったため，PCメールとともに，電子メールの主要なツールへと進化するに至った．

携帯電話のマルチメディア化
―ウェブ情報サービス，カメラつき携帯電話の登場

NTTドコモでは，1999年2月，携帯電話の画面を使ったインターネット情報サービスを開始し，このサービスを「ｉモード」と名付けた．これは，電子メールに続いて，インターネットのプロトコルを用いてマルチメディア表示の可能なウェブサービスを携帯電話で実現する画期的な技術であった．これ以降，「携帯インターネット」が世界に先駆けて普及を始めることになった．その後，他の携帯電話会社も相次いで携帯ウェブの市場に参入し，ウェブ機能つき携帯端末の普及が急速に進むことになった．2004年3月現在で，ウェブ機能つき携

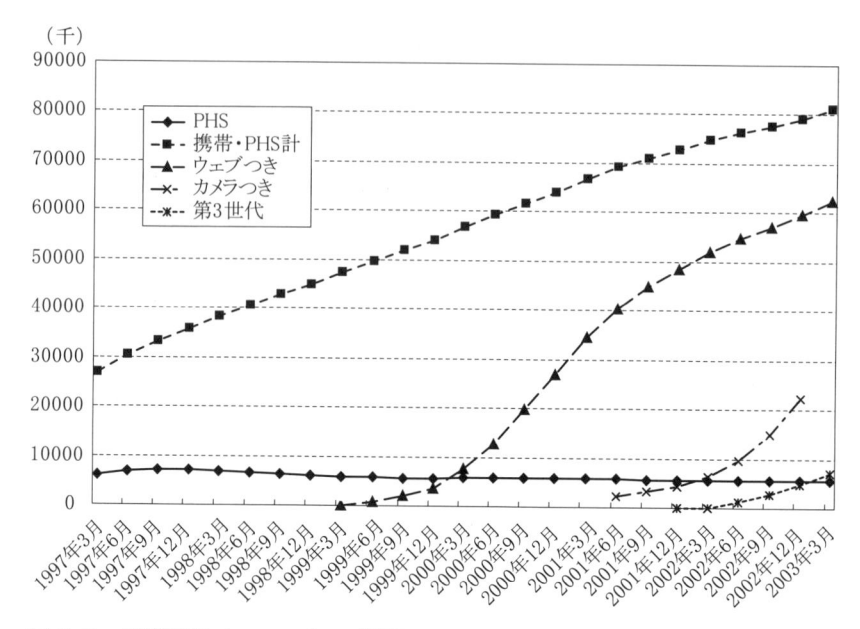

図6.2　携帯電話（PHS，ウェブ機能つき，カメラつき，第3世代）の普及状況

（電気通信事業者協会，総務省の資料をもとに作成）

帯電話の契約数は6973万となり，携帯電話全体の8割をこえるに至っている．

　2000年11月にボーダフォン（旧J-フォン）が初のカメラ付き携帯電話を導入するとともに，携帯で撮影した写真をメールで送れる「写メール」というサービスを開始した．これが市場で大ヒットし，2002年に入ると他社も同様のカメラ付き携帯電話を次々と投入した．2003年3月にはカメラつき携帯電話が2500万をこえ，携帯電話の3台に1台以上をカメラつき携帯電話が占めるようになり，携帯電話のマルチメディア化がいっそう進展した．

　この他にも，2001年12月にKDDI（au）が提供を開始した携帯電話でのGPSナビゲーション・サービスは，カーナビのように携帯電話の位置を自動的に検知して通知するサービスで，対応機種の普及台数は2003年3月時点で約500万台に達している（情報通信総合研究所，2004）．

　携帯電話は急速に進化を続けており，現在の2G（第2世代）から，より高

速で高機能のサービスが可能になる３Ｇへの移行が進みつつある[3]．2003年３月の時点で，３Ｇ携帯電話の普及は716万台に達しており，着実な伸びを示している．

２．携帯電話・携帯メール・携帯ウェブの利用実態

携帯電話の利用者像

　筆者らが2003年11月に実施した「ワールドインターネットプロジェクト」（WIP）全国調査によれば，携帯電話利用率は69.4％に達している（12～74歳）．しかし，過去４年間の調査結果をみると，携帯電話の普及率の伸びは，ほぼ飽和状態に近づいていると推測される（図6.3）．

　性別にみると，男性の利用率が73.1％に対し，女性の利用率は66.1％であり，男性の方が携帯電話利用率がやや高くなっている（通信総合研究所，2004）．しかし，図6.4にみるように，男女差はここ数年の間に，急速に縮まっている．

　年齢別にみると，20～24歳の年齢層での利用率がもっとも高く，40代後半以降，利用率が急速に低下するという傾向がはっきりとみられる（図6.5）．カ

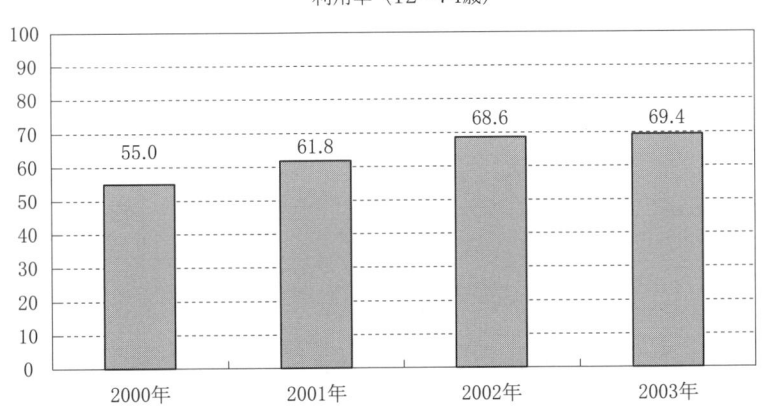

利用率（12～74歳）

年	利用率
2000年	55.0
2001年	61.8
2002年	68.6
2003年	69.4

図6.3　携帯電話の利用率の推移（2000年～2003年）（％）

出典：通信総合研究所（2004）

■ 男性　□ 女性

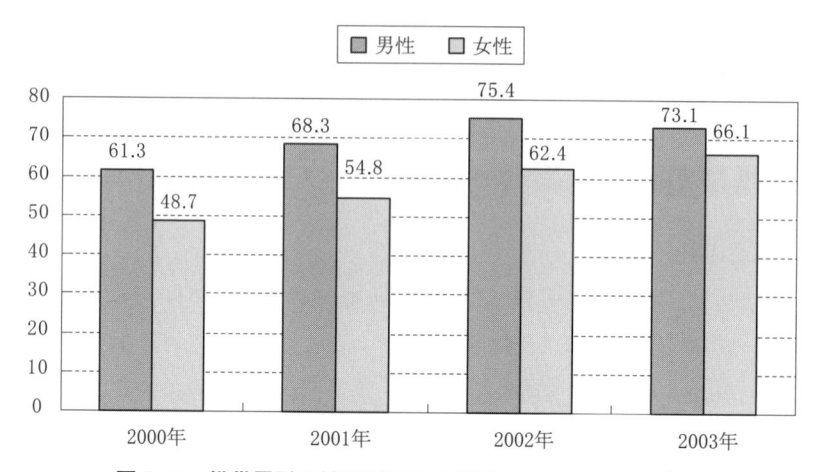

図6.4　携帯電話の性別利用率の推移（2000年～2003年）（%）

年	男性	女性
2000年	61.3	48.7
2001年	68.3	54.8
2002年	75.4	62.4
2003年	73.1	66.1

出典：通信総合研究所，2004

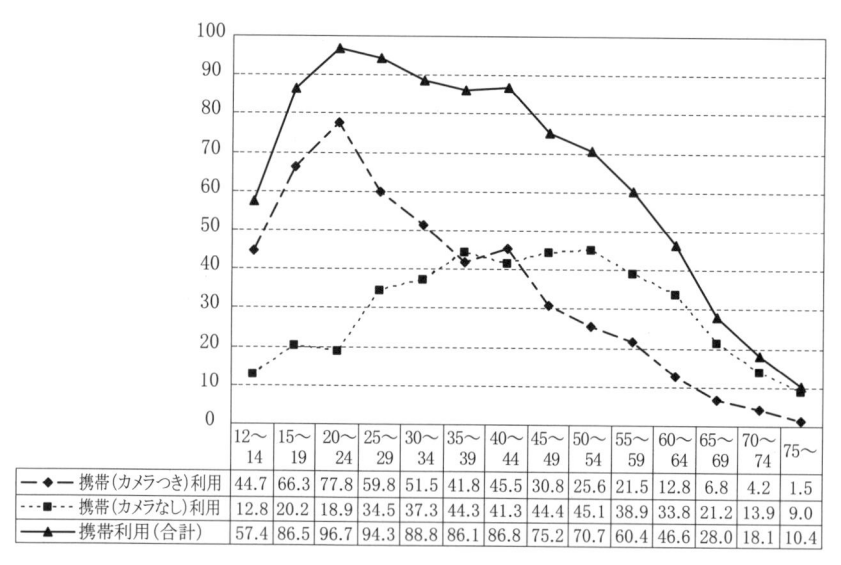

	12～14	15～19	20～24	25～29	30～34	35～39	40～44	45～49	50～54	55～59	60～64	65～69	70～74	75～
─◆─ 携帯（カメラつき）利用	44.7	66.3	77.8	59.8	51.5	41.8	45.5	30.8	25.6	21.5	12.8	6.8	4.2	1.5
---■--- 携帯（カメラなし）利用	12.8	20.2	18.9	34.5	37.3	44.3	41.3	44.4	45.1	38.9	33.8	21.2	13.9	9.0
─▲─ 携帯利用（合計）	57.4	86.5	96.7	94.3	88.8	86.1	86.8	75.2	70.7	60.4	46.6	28.0	18.1	10.4

図6.5　年齢別にみた携帯電話利用者数の割合（%）

（2003年　WIP 全国調査のデータをもとに作成）[4]

メラつき携帯電話の利用率は，2003年11月の時点ですでに携帯電話利用者全体の60.2％にも達しているが，年齢別でみると，やはり20～24歳の若者層での所有率がもっとも高く，8割近くにも達している．これに対して，40代後半以降の中高年層では，カメラつき携帯電話を所有する人は，なお少数派にとどまっている．

携帯電話の普及率が上昇するにつれて，利用者像も当然のことながら変化してゆく．吉井（2000）によれば，携帯電話の保有層は，当初の新しいもの好きで流行を創ってゆくイノベーター層から，流行を追いかける人たちへと，その中心を移していったという．採用率が過半数をこえた現在の時点では，携帯電話はもはや流行の段階をこえて，テレビと同じく日常生活の必需品となりつつある．それに伴って，今後は利用者の性別，年齢別の差異もますます縮小してゆくものと予想される．

携帯メールの利用者像

携帯メール（@つきアドレスのメールと文字メールを含む）の利用率は年々上昇を続けており，WIP2003年調査によれば，携帯メール利用率は調査対象全体（12～74歳）の50.2％と半数をこえるに至っている．また，携帯電話利用者の中では，72.3％が携帯メールを利用している．ただし，図6.6に示すように，利用率の伸びは次第に鈍化しており，携帯電話同様に，飽和状態に近づいていると見られる．

携帯電話利用者の中での携帯メール利用率を性別，年齢別に比較してみると，図6.7のようになっており，性別，年齢別でかなりの格差がみられる．性別でみると，どの年代でも男性よりも女性の方が利用率は高くなっているが，10代での男女差はわずかである．年代別にみると，男女ともに若い人ほど携帯メールの利用率が高いという傾向がみられる．とくに，10代の女性は携帯電話利用者全員が携帯メールを利用しており，男性の場合にも96％とほぼ全員に近い利用率となっている．

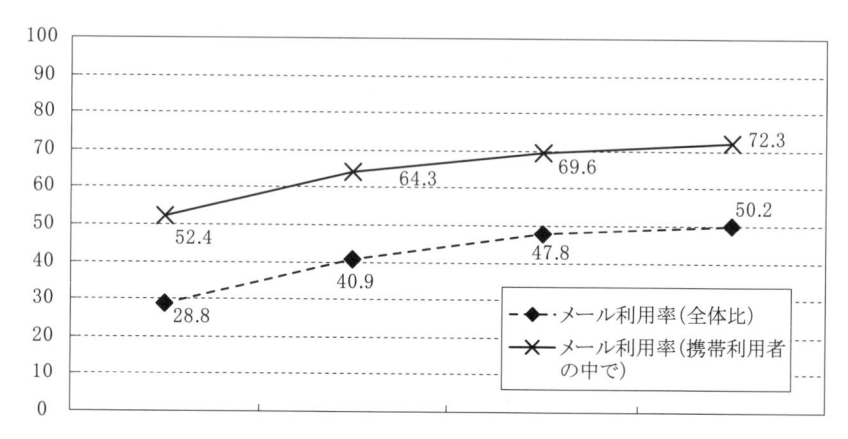

図6.6　携帯メールの利用率（12〜74歳）の時系列変化（％）

（通信総合研究所，2004より）

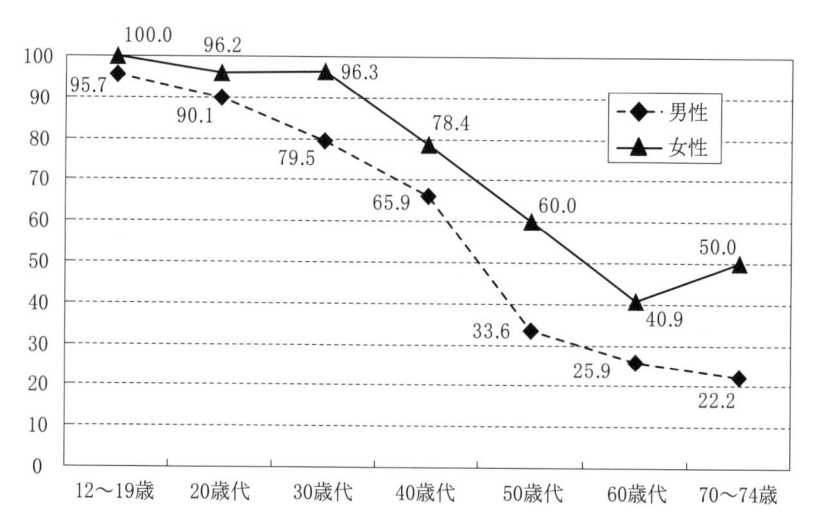

図6.7　性別・年齢別にみた携帯電話利用者（12〜74歳）中の携帯メール利用者率
（％）

次に，携帯電話，携帯メール利用者に対する調査結果をもとに，利用行動の実態について，主として1999年1月～2月に筆者らが行った調査（三上・吉井・中村，1999）[5]，2000年5月にメディア・エコロジー研究会が武蔵野市・三鷹市で行った調査（吉井・三上・箕浦，2000）[6]，2001年11月～12月に東京大学社会情報研究所が行った全国調査（三上，2003）[7]，2002年に筆者らがワールドインターネットプロジェクトの一環として実施した全国調査（通信総合研究所，2003）[8]の結果をもとに検討を加えたいと思う（以下，それぞれの調査に言及する場合には，「1999年調査」「2000年調査」「2001年調査」「2002年調査」と略記する）．

携帯電話利用の動機，きっかけ

携帯電話を利用するようになった動機ないしきっかけは，2001年調査によると，「非常時や緊急に役立つと思ったから」というのがもっとも多く，これについで「友人や家族が利用していたから」「待ち合わせに便利だから」「自分専

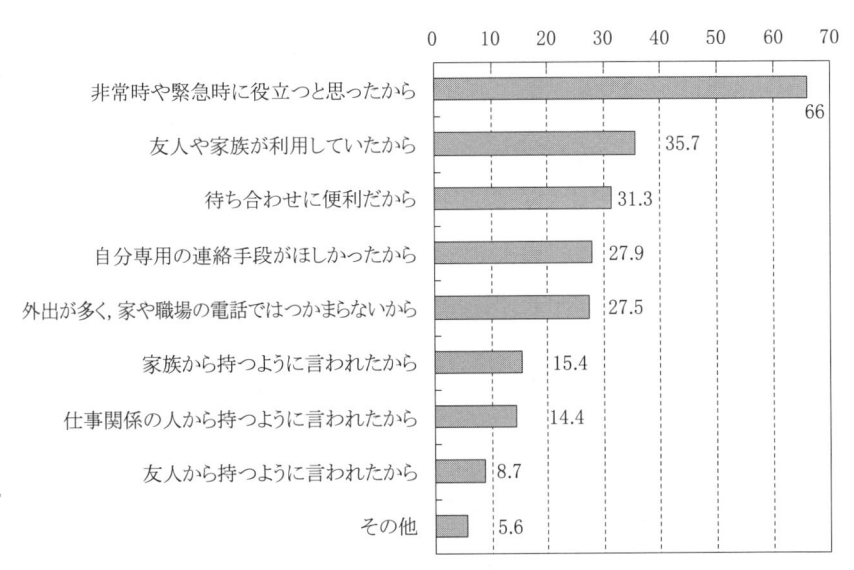

項目	%
非常時や緊急時に役立つと思ったから	66
友人や家族が利用していたから	35.7
待ち合わせに便利だから	31.3
自分専用の連絡手段がほしかったから	27.9
外出が多く，家や職場の電話ではつかまらないから	27.5
家族から持つように言われたから	15.4
仕事関係の人から持つように言われたから	14.4
友人から持つように言われたから	8.7
その他	5.6

図6.8　携帯電話を利用するきっかけ（動機）(n=1213)（%）

用の連絡手段がほしかったから」という動機が多い（図6.8）。とくに、携帯電話の普及が過半数に達した最近では、「友人や家族が利用していたから」という回答が増えている。これは、普及過程で初期採用段階をすぎて急速に普及する段階に入ると、周囲からの同調圧力がかかることと、通信相手が増えることによる「ネットワーク外部性」[(9)]が作用することの二つの促進効果が作用しているためと考えられる。

非常時や緊急時に役立つと思ったことが携帯利用のきっかけになった人は、男性よりも女性に多く、年齢では40代の中年層にもっとも多くなっている。友人や家族が利用していたからという回答は、性別では女性の方が多く、年齢別では10代に圧倒的に多く、20代がこれに続いており、若い世代では他者への同調行動ないし流行として携帯電話を使い始める人が多いことを示している。

携帯電話・携帯メールの利用状況

携帯電話の利用頻度はかなり高く、1日1回以上かけている人が利用者全体の63.9％、1日1回以上受けている人が65％いる（1999年調査）。携帯電話をかける回数と受ける回数との間の相関は0.804と非常に高く、携帯電話をよくかける人は受ける頻度も高いという傾向がみられる。平均回数に換算すると、1日あたり2.7回かけ、3回受けており、合計すると1日あたり約5.7回携帯電話を使って話していることになる。

利用者の属性等によって、携帯電話の利用頻度はどのように変化するのだろうか。1週間あたりの平均利用回数との関連をみると、性別、職業、使用目的、仕事による外出頻度などが有意な関連を示している。性別にみると、女性より男性の方が受発信ともに1週間あたり10回程度多くなっている。これは、男性が仕事で頻繁に使うことと関連が深いものと思われる。職業では、販売・サービス関係の会社員や自営業の人で利用回数が多い。また、仕事用での利用比率が高いほど、仕事での外出頻度が高い人ほど、利用回数が増加する傾向がみられる。特に、仕事でほぼ毎日外出する人は、受発信あわせて週に72.9回（1日

あたり約10回）も利用している．このように，携帯電話の利用頻度は仕事での利用と密接に関連していることがわかる．

携帯メールの利用頻度も，携帯通話と同様にかなり高く，1日1回以上利用している人が携帯メール利用者全体の69.2％にも達している（2002年調査）．この数値は，携帯通話の利用頻度よりも高い．属性別にみると，若い世代ほど携帯メールの利用頻度が高いという特徴が顕著にみられる．たとえば，65歳以上の高齢者では「1日に数回以上」利用する人は14％にすぎないのに対し，12〜15歳では82％，16〜19歳では81％と非常に高く，19〜22歳では78％，23〜29歳では65％となり，30代では46％へと急減する．つまり，携帯メールは10代〜20代中心のメディアといえる（通信総合研究所，2003）．

携帯電話と携帯メールの利用時間を属性別に比較してみると，表6.1のようになっている．性別にみると，携帯電話では女性よりも男性の方が利用時間

表6.1 属性別にみた携帯電話，携帯メールの平均利用時間

（日記式調査：単位は分）

		携帯電話 （行為者平均）	携帯メール （行為者平均）
性別	男性	53.9	25.0
	女性	36.7	52.0
年齢	10代	70.8	70.0
	20代	41.0	32.5
	30代	47.1	25.7
	40代	35.5	—
	50代	44.2	22.5
	60代	47.5	—
職業	フルタイム	49.9	29.1
	パート	39.1	30.0
	専業主婦	18.0	15.0
	学生・生徒	31.0	67.5
	無職	76.4	36.0
	全体	46.0	44.3

出典：東京大学社会情報研究所，2001
注：無職の携帯電話利用時間が長いのは，利用者数が少ないための偏りの結果と思われる．

が長いのに対し，携帯メールの場合には，男性よりも女性の方が利用時間は長いという反対の傾向がみられる．年齢別にみると，携帯電話，携帯メールともに若い年齢層，とくに10代の利用時間が長くなっている．職業別では，携帯メールで学生の利用時間が長いという点が目立っている．

携帯電話・携帯メールの利用場所

　携帯電話や携帯メールは，電波の届く範囲であれば，いつでもどこにいても受発信できるというメリットをもっている．しかし，実際に，一番よく使われている場所を2001年調査でみると，携帯電話・メールとも，第1位は「自宅」（電話56.6%，メール82.3%）となっている（図6.9）．

　その理由としては，深夜などに家族に気兼ねなく使えること，携帯電話やメールでは，相手の番号やアドレスを登録しているので，自宅にいても，その便利さと習慣から利用してしまうこと，などが考えられる．つまり，「携帯電話」のモバイル性よりも，「自分専用」のメディアというパーソナル性が自宅での利用を促進する要因となっているのである．自宅で携帯電話や携帯メールを利用する人は，男性よりも女性に多い．年齢別にみると10歳代，20歳代の若年層が自宅でもっともよく携帯電話や携帯メールを利用している．

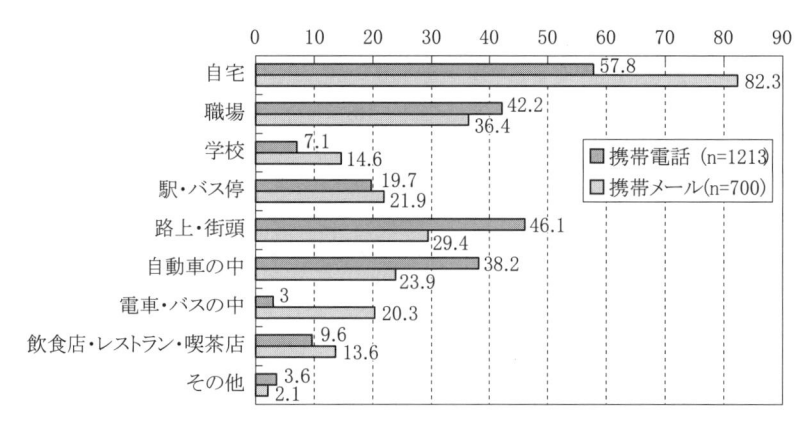

図6.9　場所別にみた携帯電話と携帯メールの利用状況 (%)

場所	携帯電話 (n=1213)	携帯メール (n=700)
自宅	57.8	82.3
職場	42.2	36.4
学校	7.1	14.6
駅・バス停	19.7	21.9
路上・街頭	46.1	29.4
自動車の中	38.2	23.9
電車・バスの中	3	20.3
飲食店・レストラン・喫茶店	9.6	13.6
その他	3.6	2.1

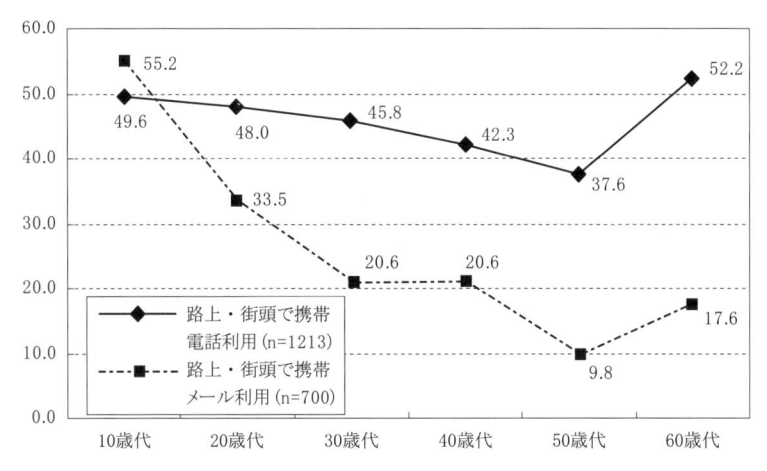

図6.10 年齢別にみた路上・街頭での携帯電話，携帯メール利用者の割合（％）

携帯電話を使う場所で2番目に多いのは「路上・街頭」，3番目に多いのは「職場」である．携帯メールの場合にはこの順序が逆で，「職場」が2番目，「路上・街頭」が3番目に多くなっている．路上や街頭で携帯電話をかける人を，性別，年齢，学歴などの属性別にみても有意な差はみられない．一方，携帯メールを路上や街頭でよく使う人は，10歳代に圧倒的に多く，年齢が高くなるにつれて利用者は急激に少なくなる（図6.10）．

携帯電話・携帯メールの相手

携帯電話や携帯メールでどの範囲の人たちとよくやりとりをするのか，またどの程度の範囲の人たちに携帯の番号やアドレスを登録しているかということは，携帯電話・メールによる対人コミュニケーションの広がりや，人間関係の程度を知る上で重要な手がかりを与えてくれる．

通話ないし通信の相手として1番目に多い相手は，携帯電話，携帯メールともに「配偶者，恋人」であり，「現在の学校，職場での友人」「かつての学校，職場での友人」がこれに続いている．ただし，2番目に多い相手を加えた集計をしてみると，携帯メールでは順位がかわり，「かつての学校，職場での友人」

が第 1 位となっている．通話に比べてメールは，ふだんあまり会わない友人とでも気軽にやりとりできるという特性を反映したものだろう．

配偶者以外の家族をみると，携帯電話，メールともに，「娘」が第 4 位にランクされているのが注目される．これは，おそらく娘と母親との間で携帯電話や携帯メールがかなり頻繁にやりとりされているためだろう．「母親」が携帯通話で第 5 位に，携帯メールで 9 位にランクされていることからも，こうした母娘間の携帯コミュニケーションの存在が裏付けられる．これにくらべて，「父親」や「息子」は携帯電話，携帯メールの相手としては低い順位にとどまっている点も興味深い．

「配偶者や恋人」に携帯電話をもっともよくかけているのは，年代別では 30 歳代であり，40 歳代，60 歳代，50 歳代がこれに続いている．比較的高齢の世代でも配偶者間の携帯コミュニケーションが活発に行われていることがうかがえる．これに対して，携帯メールの場合は，20 歳代の若い世代の利用率がもっとも高く，30 歳代，40 歳代がこれに続いている．

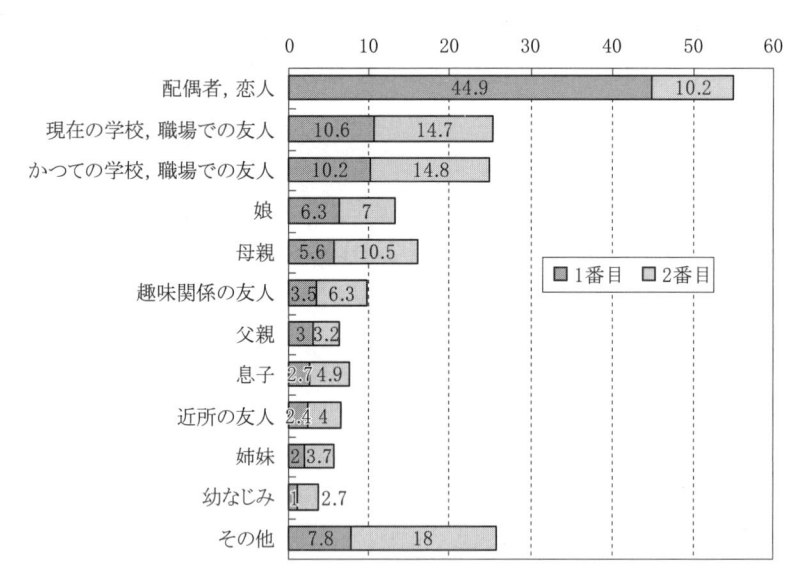

図 6.11 携帯電話の通話相手（1 番目，2 番目によくかける相手）（％）

	0	10	20	30	40	50

配偶者, 恋人　30.7　9.4
現在の学校, 職場での友人　19.6　19.9
かつての学校, 職場での友人　16.9　26.3
娘　5.7　4.1
趣味関係の友人　5.3　6.9
近所の友人　3.9　3.9
姉妹　3.9　3.7
子供を通じた友人　2.4　3.4
母親　2　3.6
幼なじみ　2　2.9
その他　7.6　15.9

（■1番目　□2番目）

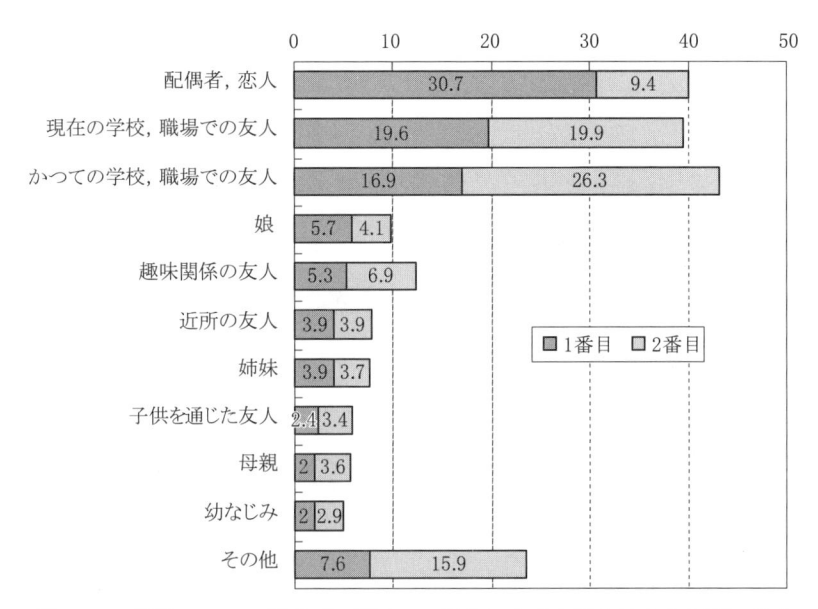

図6.12　携帯メールの相手（1番目，2番目によくやりとりする相手）（%）

　未婚，既婚別にみると，携帯電話の場合は圧倒的に既婚者（56.8%）が未婚者（25.7%）よりも高いが，携帯メールの場合には，既婚者（33.6%）と未婚者（28%）との差はそれほど大きくない．未婚の恋人同士では，携帯通話以上にメールでのやりとりが活発に行われている様子がうかがえる．

　「現在の学校，職場での友人」と携帯電話，携帯メールでもっともよくやりとりしているのは，女性（電話6.4%，メール15.4%）よりも男性（電話14.4%，メール24.8%）に多い．年代別にみると，携帯電話，メールともに10歳代の若者でもっとも高くなっている．

　「かつての学校，職場での友人」については，これとは若干異なる属性プロフィールがみられる．性別では，男性（電話8.5%，メール11.6%）よりも女性（電話12.2%，メール21.1%）の方が高くなっている．年代別でみると，電話，メールともに20歳代での回答率がもっとも高くなっている（図6.14）．

　母や娘との携帯コミュニケーションは，属性とどのような関連をもっている

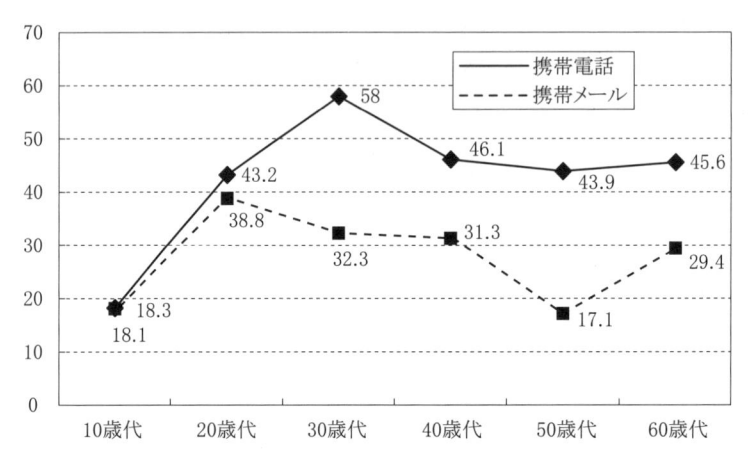

図6.13 携帯電話，携帯メールで配偶者，恋人に1番目によくかける人の割合
（％）（年齢別）

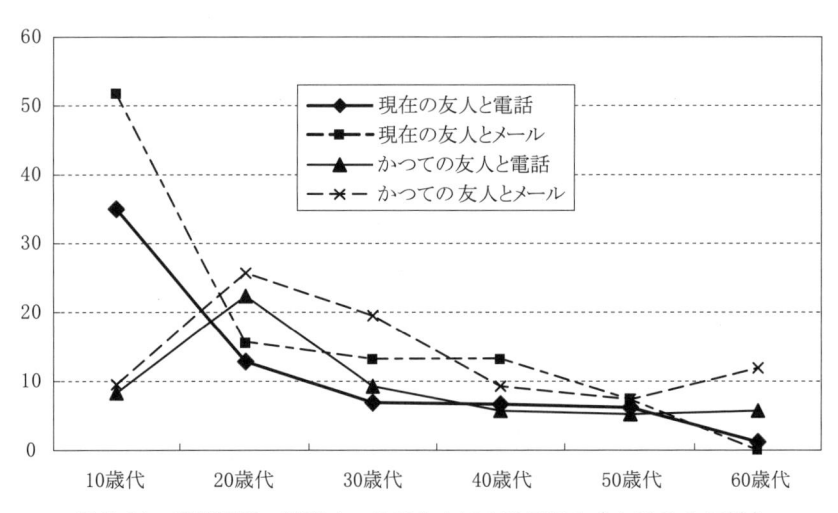

図6.14 携帯電話，携帯メールで友人に1番目によくかける人の割合
（％）（年齢別）

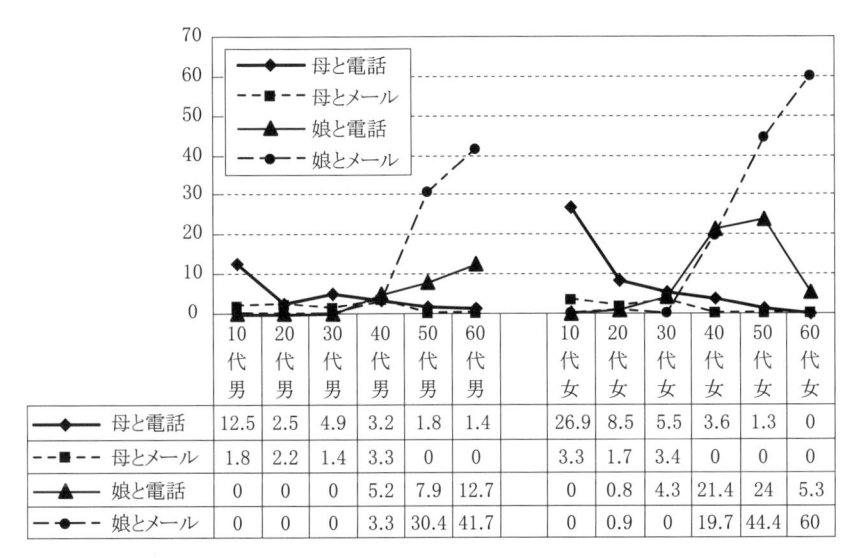

	10代男	20代男	30代男	40代男	50代男	60代男	10代女	20代女	30代女	40代女	50代女	60代女
母と電話	12.5	2.5	4.9	3.2	1.8	1.4	26.9	8.5	5.5	3.6	1.3	0
母とメール	1.8	2.2	1.4	3.3	0	0	3.3	1.7	3.4	0	0	0
娘と電話	0	0	0	5.2	7.9	12.7	0	0.8	4.3	21.4	24	5.3
娘とメール	0	0	0	3.3	30.4	41.7	0	0.9	0	19.7	44.4	60

図6.15 携帯電話，携帯メールで娘，母に1番目によくかける人の割合
(％)(性・年齢別)

のだろうか．この点を調べるために，性×年齢との3重クロス集計表を作成してみた．図6.15はその結果を示したものである．母と携帯電話をよくかけている割合は10歳代の女性でもっとも高く，10歳代の男性，20歳代の女性がこれに続いている．これに対し，娘と携帯電話をよくかけている人の割合は，50歳代女性でもっとも高く，40歳代女性，60歳代男性，50歳代男性，60歳代の女性がこれに続いている．このように，携帯での親子間の通話は，10〜20歳代の娘，10歳代の息子と，40歳代以上の母親，50歳代以上の父親との間のコミュニケーションが中心であることがこのデータから推測される．携帯メールについては，サンプル数が少ないものの，50代以上の男性，女性で娘とメールでやりとりする割合が高いという点が注目される．おそらく娘から両親へのメールが多いと思われるが，新しい親子間のコミュニケーション形態として今後の動向が興味深いところである（三上，2003）．

利用目的と内容

　携帯電話の利用目的は，普及初期の頃は業務用が大半だったが，通常の固定電話やポケベルなどと同様に，普及率の拡大とともに次第に私用（プライベート）で使う人の割合が高まってゆき，現在では，大半が私用で使われているというのが現状である．1999年調査によれば，「全部私用」（43.5%）と「主として私用」（18.8%）を合わせると，約62%に達しており，もっぱら仕事用に使っている人はわずか14%にとどまっている．とくに，女性と若い人の場合には，私用で使う割合が非常に高くなっている．

　携帯メールについても同様であり，2003年WIP調査によれば，送信される携帯メールの83%までがプライベートな私用で行われている．

　具体的にどのような内容が話されているかという情報内容別に，携帯電話と携帯メールの利用実態をみると，表6.2のようになっている（2001年調査）．

　携帯電話の通話目的は，相手が友人か同居家族か別居家族・親戚かによって若干異なっている．相手が友人の場合には，「待ち合わせ・約束の取り付け確認」がもっとも多く，「ニュースや緊急な用件の伝達」「おしゃべり」「近況報告」がこれに続いている．これに対し，相手が同居家族の場合には，「帰宅時間の連絡・確認」がもっとも多く，「ニュースや緊急な用件の伝達」「待ち合わせ・約束」がこれに続いている．また，別居家族・親戚が相手の場合には，「ニュー

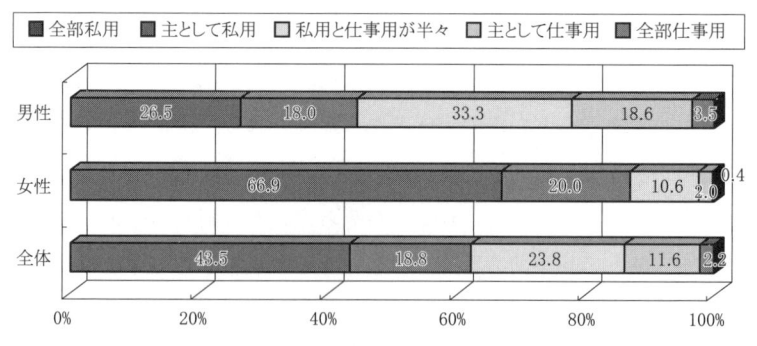

図6.16　性別にみた携帯電話の使用目的（1999年調査）（%）

	全部私用	主として私用	私用と仕事用が半々	主として仕事用	全部仕事用
男性	26.5	18.0	33.3	18.6	3.5
女性	66.9		20.0	10.6	2.0 / 0.4
全体	43.5	18.8	23.8	11.6	2.2

表6.2 携帯電話,メールの相手別の通話目的(動機)(10)(%)

	待ち合わせ・約束の取り付け確認	ニュースや緊急な用件の伝達	悩みごとの相談	近況報告	ご機嫌伺い・相手の様子を尋ねる	帰宅時間の連絡・確認	おしゃべり	なんとなく	電話・メールの利用なし	無回答
友人に携帯電話で	68.3	50.9	16.8	25.8	11.1	12.3	32.4	15.3	8.7	3.0
同居家族に携帯電話で	39.9	50.0	1.6	3.8	3.6	65.9	4.4	3.4	10.2	3.7
別居家族・親戚に携帯電話で	27.6	36.4	4.5	19.2	8.5	10.6	8.0	4.4	32.2	6.7
友人にメールで	38.6	27.3	14.6	29.8	13.1	8.7	18.2	19.5	35.4	8.7
同居家族にメールで	17.0	18.4	1.0	3.0	2.6	25.6	2.6	5.1	52.0	11.0
別居家族・親戚にメールで	10.0	11.1	2.0	11.1	4.0	4.5	4.7	3.8	64.3	12.0

スや緊急な用件の伝達」がもっとも多くなっている.

　携帯メールの通話目的をみると,相手が友人の場合には,「待ち合わせ・約束」がもっとも多く,「近況報告」「ニュースや緊急な用件の伝達」「なんとなく」「おしゃべり」がこれに続いている.相手が同居家族の場合は,携帯電話と同じく,「帰宅時間の連絡・確認」がもっとも多く,「ニュースや緊急連絡」「待ち合わせ・約束」がこれに続いている.

　こうした通話目的は,利用者の属性によってかなりの違いがみられる.友人と携帯電話や携帯メールで待ち合わせ・約束をよくするのは,男性よりも女性に多く,10代,20代の若い世代に多い(図6.17).メールの方がより若い世代に利用が偏っている.

　携帯電話や携帯メールでニュースや緊急連絡をよくするのは,男性よりも女

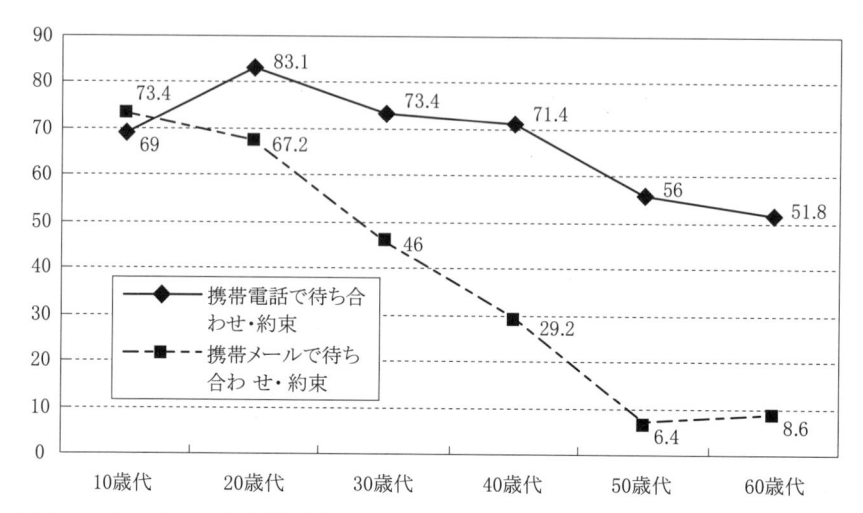

図6.17 年齢別にみた携帯電話，携帯メールで友人と待ち合わせ・約束する人の割合
（％）

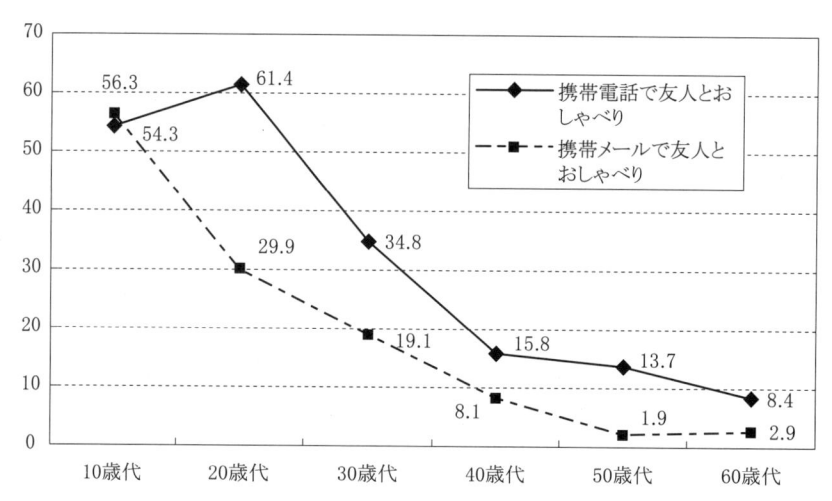

図6.18 年齢別にみた携帯電話，携帯メールで友人とおしゃべりをする人の割合
（％）

```
    80
        67.7    70.6    72      72.7
    70 ●━━━━━━●━━━━━━●━━━━━━●
                                    60.8
    60                                  ●
                                            54.1
    50                                          ●
        43.5
    40 ■
            34.2
    30       ■━━━■━━━━━■
                30.7    31.4
    20 ┌─────────────┐
       │ ●  携帯電話で家族に │
    10 │   帰宅連絡       │            12.6
       │ ■  携帯メールで同居 │               ■
     0 │   家族に帰宅連絡    │                   2.9
       └─────────────┘
        10歳代 20歳代 30歳代 40歳代 50歳代 60歳代
```

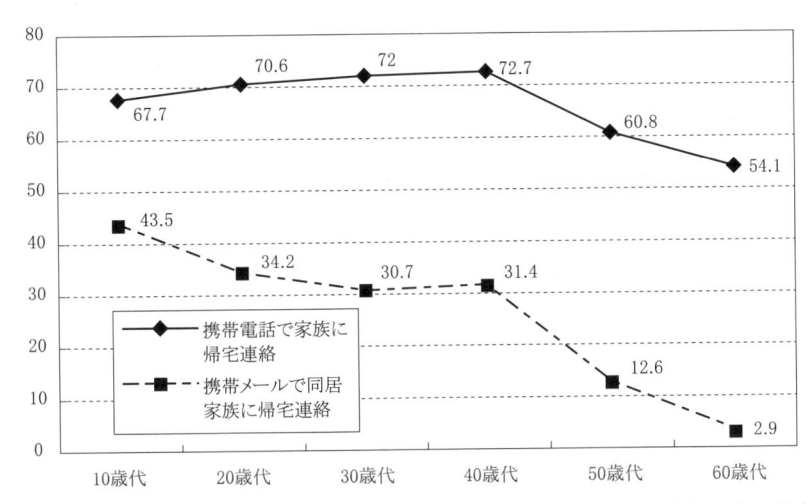

図6.19　年齢別にみた携帯電話，携帯メールで同居家族に帰宅連絡する人の割合
(％)

性にやや多い．年齢別にみると，携帯電話の場合には20歳代をピークとして，30歳代，40歳代の利用が多いのに対し，携帯メールでニュースや緊急連絡をよくとるのは，10歳代～20歳代に若年層に偏っている．したがって，性別，年齢別の利用傾向は待ち合わせ・約束の場合と類似している．友人とのおしゃべりについても，男性より女性の方が利用率は高いが，年齢別では，通話，メールともに10歳代～20歳代の若年層の利用が圧倒的に多い[11]（図6.18）．

同居家族に帰宅時間の連絡・確認する人は，携帯電話の場合もメールの場合も男性より女性に多い．年齢別にみると，携帯電話の場合にはほとんど年代間の差はみられないのに対し，メールの場合には10歳代がもっとも多く，高齢になるにつれてメールの利用率は低くなっている（図6.19）．

携帯ウェブの利用実態

2002年調査によると，携帯ウェブを利用している人は，携帯電話利用者の48.3％とほぼ半数に達している．これは，12歳～74歳までの日本人全体の

33.2％にあたる．つまり，日本人のほぼ3人に1人が携帯ウェブを利用しているのである．

携帯電話の利用有無，利用時間ともっとも強い関連をもっているのは，利用者の年齢である．10歳代では77.3％，20歳代では76.3％が携帯ウェブを利用している．これに対し，30歳代になると56.6％，40歳代になると37.0％と急速に低下し，50歳代では17.6％，60歳以上では9.5％と1割を切るという状況である．携帯ウェブの利用時間は，1週間平均54分であるが，10代では99分と他の世代より圧倒的に長い時間を使っている．このように，携帯ウェブは10代を中心とする若者層がよく利用するメディアだといえる．

携帯ウェブでよく利用する情報サイトをみると，図6.20に示すように，「着

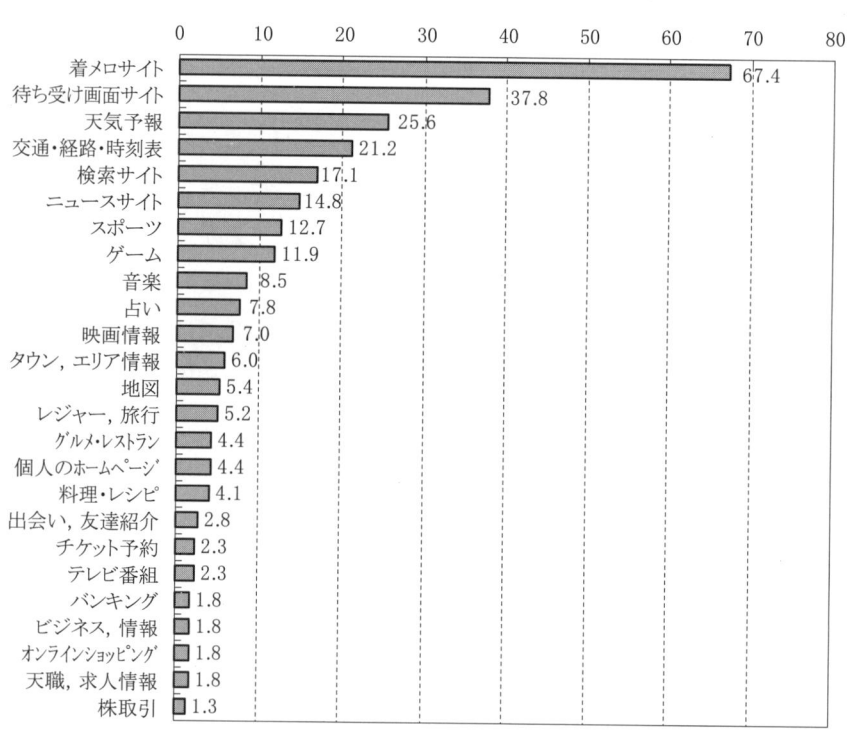

サイト	％
着メロサイト	67.4
待ち受け画面サイト	37.8
天気予報	25.6
交通・経路・時刻表	21.2
検索サイト	17.1
ニュースサイト	14.8
スポーツ	12.7
ゲーム	11.9
音楽	8.5
占い	7.8
映画情報	7.0
タウン，エリア情報	6.0
地図	5.4
レジャー，旅行	5.2
グルメ・レストラン	4.4
個人のホームページ	4.4
料理・レシピ	4.1
出会い，友達紹介	2.8
チケット予約	2.3
テレビ番組	2.3
バンキング	1.8
ビジネス，情報	1.8
オンラインショッピング	1.8
天職，求人情報	1.8
株取引	1.3

図6.20　携帯ウェブの利用状況（この1ヶ月に利用したもの）（％）

メロサイト」と「待ち受け画面サイト」の2つが圧倒的に多くなっている．このように，実際によくアクセスされる携帯ウェブサイトは，PCインターネットの場合とは違い，情報系ではなく，いわば携帯電話のアクセサリー的部分を自分好みにカスタマイズするダウンロードサイトであることがわかる．着メロサイトをとくによく利用しているのは10代の女性である．次に多いジャンルは，天気予報，交通・経路・時刻表，検索サイト，ニュースサイト，スポーツなど，モバイルで移動中に手軽に入手したい情報である．

カメラつき携帯電話の利用実態

　2002年調査では，カメラつき携帯電話の利用実態についても調べている．調査時点でのカメラつき携帯電話の利用率は約20％だった．利用者の属性をみると，女性よりも男性の方が多く，また年齢では10代でもっとも利用率が高いという傾向がみられた．

　カメラつき携帯電話の利用目的を調べたところ，図6.21に示すように，「写メール」本来の機能である，撮った写真をメールで送って楽しむという使い方はメジャーではなく，むしろ通常のデジカメのように「記録や思い出のために撮っておく」「写真をとって友達と楽しむ」といった使い方をしている人の方が多いという興味深い結果が得られた．これは，携帯電話がデジカメ代わりに使われていること，若者の間では，かつてのプリクラのような楽しみ方がされていることを示唆するものといえる．

3．携帯電話の利用マナー

利用マナーと対策の現状

　携帯電話の普及に伴って，公共交通機関の中，劇場やコンサートホール，自動車運転中などでの携帯電話利用をめぐるマナーのあり方が，深刻な社会問題となっている．例えば，電気通信事業者協会が1998年7月に実施した全国調査でも，携帯電話やPHSで「迷惑したことがある」という人は，全体の7割を

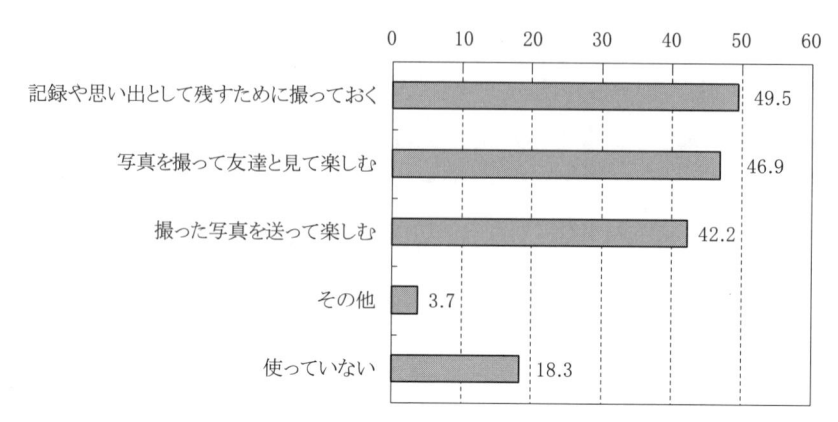

```
                    0    10   20   30   40   50   60
記録や思い出として残すために撮っておく ━━━━━━━━━━━ 49.5
    写真を撮って友達と見て楽しむ ━━━━━━━━━━ 46.9
      撮った写真を送って楽しむ ━━━━━━━━━ 42.2
              その他 ━ 3.7
            使っていない ━━━ 18.3
```

図6.21　カメラつき携帯電話の利用目的（利用者の内訳％　複数回答可）

こえるという調査結果が発表されている．

　携帯電話利用をめぐる問題への対策については，マナー機能を内蔵した携帯端末の開発，マナーやモラル向上の呼びかけやPR，通話専用エリア，通話禁止エリアの設定，法的規制，電波シャットアウトによる携帯防止装置の導入，学校や家庭での教育など，さまざまな試みが実施あるいは検討されている．しかし，決め手になる対策は見いだされておらず，実際には状況に応じての試行錯誤が繰り返されているというのが実状である．

　マナーがもっとも問題になる電車内での利用規制については，JR各社，首都圏・京阪神の私鉄25社などが，「優先席付近は電源オフ，それ以外の席でもマナーモードにし，通話は控えてもらう」という統一ルールを決め，車内でアナウンスを行っている．かつては「車内での携帯電話は他の乗客に迷惑なのでご遠慮ください」という一律規制のアナウンスが多かったが，携帯電話の普及が進み，携帯メール利用者が増えるにつれて，次第に緩やかなものへと変化しつつある．[12]

　運転中の携帯電話使用については，運転者が走行中に携帯電話を使用したことによって事故の危険を生じさせたり，結果的に別の事故を誘発した場合には，

現行の安全運転義務違反と同様に反則点数2点を付加するとともに，反則金（大型車1万2千円，普通車9千円）を科す，という内容の改正道路交通法が1999年11月1日から施行された．警察庁のまとめによると，改正道路交通法の施行以降1ヶ月間の統計では，携帯電話を使用中の人身事故が施行前の約4分の1に激減していることが分かった．この点からすると，運転中の携帯電話使用に対する法的規制が一定の成果をあげていることがうかがえる．

　以下では，携帯電話・PHSおよびモバイル情報通信端末の利用におけるマナー行動およびマナー意識の実態と問題点を探ることを目的して筆者らの研究グループが1999年1月に首都圏で実施したアンケート調査の結果をもとに，若干の考察を加えることにしたい．

携帯電話に関する迷惑意識

　どのような場所での携帯電話利用が，人々にとって迷惑だと感じられているのだろうか．調査結果をみると，「会議中」の携帯電話・PHS利用が迷惑だと感じる人がもっとも多く，「病院等の待合室」「混み合った電車やバスの中」「新幹線の座席」での利用がこれに次いで多い（表6.3）．これに対し，「路上」「電車のホーム」「新幹線のデッキ」での利用は気にならないという回答が比較的多かった．年齢別では，大部分の場所で年齢とともに，迷惑受け意識も高くなるという傾向がみられた．

　受ける迷惑の内容では，「大声の通話」「なかなか鳴りやまない呼び出し音」などがもっとも迷惑だと受け止められており，通話中の話し声や呼び出し音関係の迷惑度が高い．迷惑意識の回答を因子分析したところ，「呼び出し音」「違和感を与える行動」「車内での受発信行動」という3つの迷惑因子が抽出された（表6.4）．

　車内での携帯電話・PHS利用と，お化粧の異臭やお年寄りに席を譲らないなど車内でのその他の迷惑行為とを比較してもらったところ，ほとんどの項目で「同じくらい迷惑だ」とする回答が多く，携帯電話・PHSによる迷惑度は，

表6.3　場面別の携帯電話・PHSによる迷惑意識（％）

	迷惑だ	迷惑ではないが気になる	気にならない	無回答
A．混み合った電車やバスの中	70.1	24.7	5.2	—
B．空いている電車やバスの中	27.1	57.1	15.8	—
C．ホテルのロビー	15.8	41.2	42.8	0.2
D．レストランの店内	36.9	41.8	21.3	—
E．病院等の待合室	71.8	21.0	7.0	0.2
F．繁華街の路上	9.3	30.3	60.4	—
G．住宅街の路上	8.7	36.5	54.7	0.1
H．電車のホーム	10.1	37.2	52.6	0.1
I．新幹線の座席	57.2	32.4	10.3	0.1
J．新幹線のデッキ	11.0	38.0	50.8	0.2
K．友人同士の飲み会の席	18.9	48.5	32.6	—
L．会議中	84.3	11.2	4.1	0.4

表6.4　車内での携帯電話・PHS利用による迷惑意識と因子分析の結果

	迷惑度%	第1因子	第2因子	第3因子
呼び出し音が耳障りなこと	54.6	**0.765**	0.208	0.118
呼び出し音が大きいこと	68.5	**0.703**	0.186	0.204
呼び出し音が前触れもなく鳴り出すこと	49.1	**0.701**	0.368	0.088
なかなか鳴りやまない呼び出し音	79.8	**0.584**	0.132	0.171
呼び出し音が場にそぐわないメロディである時	41.3	**0.566**	0.385	0.107
大声の通話	92.2	0.378	0.139	0.187
聞きたくもない会話を聞いてしまうこと	41.2	0.305	**0.641**	0.102
その場にいる人が無視されている気がすること	29.5	0.168	**0.608**	0.099
自分の電話かと思ってびっくりすること	23.1	0.211	**0.564**	0.11
会話の片方しか聞こえないこと	24.9	0.288	**0.505**	0.159
自分から電話をかけること	44.8	0.238	0.182	**0.746**
かかってきた電話に出ること	23	0.244	0.469	**0.512**
長電話をすること	62.3	0.288	0.426	0.366
文字通信をやりとりすること	8.6	0.064	0.435	0.203

注）因子分析の方法は，主因子法を用いた．表中の因子列の数字は，バリマックス回転後の因子負荷量を示す．

表6.5 車内での携帯電話・PHS迷惑度と他の行為の迷惑度の相対的比較（%）

	携帯電話の方が迷惑だ	携帯電話の方が迷惑でない	同じくらい迷惑だ	無回答
乗客同士が大声で話をする	12.0	24.0	63.7	0.3
ウォークマンの音が漏れる	30.5	17.8	51.0	0.7
酔っぱらいの臭い匂い	8.9	44.7	46.1	0.3
お化粧などでまき散らす匂い	20.5	35.9	43.0	0.6
足を拡げたり，前に伸ばして坐る	10.2	41.9	47.3	0.6
混んでいるのに，座席を二人分占領する	5.8	49.6	44.2	0.4
眠り込んで隣りの人にもたれかかる	18.2	40.7	40.6	0.5
高齢者・身障者に席を譲らない	9.7	45.1	44.6	0.6
酔っ払いが車内でおう吐する	2.6	67.0	30.2	0.2

車内での他の迷惑に比べて相対的な迷惑度は予想外に低いという結果が得られた．

携帯電話・PHSのマナー行動とマナー意識

　以上みてきた携帯電話による迷惑を回避するために，携帯電話ユーザーは実際にどんなマナー行動をしているのだろうか．また非ユーザーを含めて，人々が公共的な場所で携帯電話の利用マナーについて，どうすべきだと考えているのだろうか．これらの点についての調査結果をみておこう．

　携帯電話・PHS利用者がいつも実行している携帯マナー行動としては，「電車内で発信しないようにしている」がもっとも多く，「公共の場でかかってきたときには一旦切ってあとでかけなおす」「小声で話すようにしている」など

がこれに次いで多くなっている．車を運転中のマナー行動の実行率はかなり低く，車を毎日運転する頻度の高い人は，かえってマナー行動の実行率が低くなっている．これは，運転中に頻繁に携帯電話を使うことで慣れが生じること，危険意識が薄れること，仕事上などの必要性が高いこと，などの理由によるものと思われる．

　場面別の携帯マナー行動をみると，スイッチを切っている割合がもっとも高いのは「病院」にいるときで，「劇場，映画館などにいるとき」がこれに次いで多くなっている．逆に通常モードにしている場所としては「街を歩いているとき」がもっとも多い．また，「自動車を運転中」でも通常モードにしている人が約3人に2人にも上っている．しかも，運転頻度の高い人ほど通常モードにしている率が高くなっている．

　「スイッチを切っている」人の割合は年齢とともに高くなり，逆に「バイブレーションなどのマナーモードにしている」人は年齢の低い人ほど多くなるという対照的な傾向がみられる．これはマナー機能のリテラシーとも関連があると思われる．

　場面別のマナー意識をみると，「絶対に使うべきでない」とする回答がもっとも多かったのは「劇場，映画館など」で，「病院の中」「会議室，教室」がこれに続く．また，「迷惑にならない範囲でなら使ってもよい」という回答が多かったのは「空いている電車やバスの中」「ホテルのロビー」「飲み会の席」など，「ふつうに使ってもかまわない」という回答は，「住宅街の路上」「電車のホーム」で比較的多かった．年齢が高くなるにつれて，きびしいマナーを求める傾向がみられた．

携帯マナーの背後にある一般的道徳意識

　携帯マナー問題の背後には，人々のもつ一般的な道徳意識がある．筆者らの調査では，一般的な道徳意識（公徳心など）との関連についても検討しているが，一般に公徳心に対する危惧がある人ほど迷惑に敏感で，携帯電話利用によ

る迷惑意識が高くなり，問題性も強く意識するという関連が明確にみられた．また，周囲の携帯電話利用で迷惑の経験がある人ほど公徳心に対する危惧が高くなり，同時に携帯電話マナーの問題性を強く感じるようになる．つまり，携帯マナー問題を考えるには，より根底にある社会の一般的な道徳観，規範（マナー）意識との関連も考慮に入れる必要があることを示している．

　本節では，携帯電話やPHSの利用実態および利用マナーをめぐる意識や行動について概説した．その結果，利用者と非利用者の間では，全体としての迷惑受け意識には大きな差はみられなかったものの，ホテルのロビーやレストランの店内などのグレーゾーンに関しては迷惑意識にまだかなりの落差があることがわかった．また，携帯電話を絶対に使うべきでないという意見や，法律で使用禁止にすべきだといった厳しい対策を求める意見も，非利用者に多いという結果が得られた．裏返していえば，携帯電話の普及が今後さらに進み，大多数の人が携帯ユーザーになるにつれて，全体としてのマナー意識は，これまでより寛容な方向へと変化してゆくものと予想される．

　現状では，まわりへの迷惑度に関してグレーゾーンとなっている公共空間での利用マナーのあり方が問われているといえよう．これに関しては，利用者，非利用者ともに支持率の高い「使用してもよいエリアといけないエリアを分ける」という「空間的棲み分け」が，もっとも有効な対策として推奨される．また，利用状況との関連では，利用頻度の高い人や仕事用に利用している人ほど，まわりに迷惑をかけているという自覚が強い反面，マナーモードの利用率が高く，それなりにマナーに気を配っている様子がうかがえる．このことから，携帯電話のマナー機能の強化，マナーモードに関する知識，利用技能の向上をはかることが，迷惑防止対策として有効だと思われる．

4．携帯コミュニケーションの光と影

　携帯電話は，「モバイル性」「同時性」「非同期性」「パーソナル性」などのメディア特性を合わせもっており，「ユビキタス社会」においてなくてはならぬ

基本インフラの一つになっている．携帯電話はこれまでのメディアコミュニケーションのあり方を大きく変え，従って，現代人の生活や社会にもプラス，マイナス両面で大きな影響を及ぼしつつあると考えられる．ここでは，「ライフスタイル」「人間関係」という2つの側面に絞って，光と影の両面から考察を加えてみよう．

ライフスタイルのフレックス化

(1) 時間的制約からの解放

携帯電話は，従来の固定電話にくらべて利用者にさまざまな便益を提供してくれる．なかでもとりわけ大きなメリットは，いつでも連絡がとれるという時間的制約からの開放だろう．実際，アンケート調査の結果をみても，携帯電話のおかげで「いつでも連絡できるという安心感をもてるようになった」という人が85％にも達している．また，「連絡がつかずイライラすることが減った」という効用を感じている人も62％と非常に多い．この他に「時間を有効に使えるようになった」という回答も41.5％とかなりの率に上っている．実際，調査データを因子分析してみると，これらの項目は携帯ユーザーにとって共通の「効用因子」として抽出される（表6.8）．つまり，携帯電話はコミュニケーションや生活行動における時間的制約を大幅に低減させ，よりフレキシブルなライフスタイルを可能にしてくれるメディアとして機能していることがわかる．これは，従来の家庭や職場など固定電話のある場所に縛られずに行動できるようになったことをも意味する．前記調査では，携帯電話によって「行動が自由になった」と感じている人が約40％おり，しかもこの項目が共通の因子に含まれることからみても，携帯電話による時間的・空間的制約からの開放が相互に密接に関連していることを示唆している．

(2) アポイントのフレックス化

こうした時間的，空間的な制約からの解放の帰結として，友人との待ち合わ

表6.6 携帯電話の効用を因子分析した結果

	%	第1因子	第2因子	第3因子	第4因子
ふだんあまり会えない友人とも簡単に連絡を取れるようになった	49.2	**0.7975**	0.0160	0.1839	0.1005
親しい人との関係がより深まった	38.5	**0.7778**	0.0612	0.1856	0.2000
いろいろな友人と幅広くつきあえるようになった	23.2	**0.6888**	0.2687	0.0550	0.2201
携帯電話・PHSだと相手が確実にでるので,電話をかける抵抗感が減った	44.9	**0.5574**	0.0544	0.4014	−0.0345
ついおしゃべりをして長電話になってしまう	26.6	**0.4734**	0.3781	0.0744	−0.0735
自由に使えるこづかいが減った	17.4	**0.4528**	0.4241	0.1016	−0.0910
忙しくなった	19.4	0.0942	**0.8119**	0.0552	0.1347
束縛されるようになった	34.7	−0.0647	**0.7612**	0.1699	−0.0238
直接,人と会うことが増えた	12.3	0.3734	**0.6261**	0.0586	0.1841
ひとりでいる時間がなくなった	7.6	0.4504	**0.5983**	0.0589	0.1117
連絡がつかずイライラすることが減った	62.3	0.0570	0.0614	**0.7436**	0.1079
いつでも連絡できるという安心感をもてるようになった	85.0	0.1006	−0.0772	**0.7521**	0.1541
行動が自由になった	39.6	0.2151	0.1456	**0.6525**	0.1620
時間が有効に使えるようになった	41.5	0.1702	0.2831	**0.5861**	0.2532
携帯電話・PHSを忘れて外出すると不安で仕方がない	54.1	0.3656	0.2521	**0.4467**	0.0170
家族が安心するようになった	55.3	0.0211	0.0787	0.3071	**0.7916**
家族とのコミュニケーションが増えた	29.1	0.2002	0.0873	0.1858	**0.8203**

せなどのアポイントの決め方がアバウトになり，パンクチュアリティが低減するという現象が，とくに携帯ユーザー同士の間では顕著にみられる．つまり，あらかじめ待ち合わせの時間や場所をきちんと決めておかなくても，携帯電話で連絡を取り合うことによって待ち合わせ時間や場所の変更がしやすいのである．「携帯を使うようになってから，いつでもどこでも連絡がとれるという安心から，友人とはぐれても心配する必要もなくなり，くわしい約束もしなくなった」（学生のレポート回答より）．ただし，こうしたアポイントのルーズ化現象は，対人関係をめぐる日本の伝統的な規範を解体させる可能性をはらんでおり，そのマイナス面にも留意する必要があるだろう．

(3) 夜更かし型ライフスタイルの促進

　一般に若者は夜更かし型の生活をするものが多いが，携帯電話はそうした深夜型のライフスタイルを促進する傾向がある．携帯電話をもつことによって，家族が寝てからの深夜でも，気兼ねなく友人と電話をかけることができるからである．学生へのレポート課題でも，携帯電話を使うようになってからのライフスタイルの変化について，この点を指摘するものが多かった．次に回答例をいくつか紹介する．
・携帯は私に直接つながるため，真夜中にもかかってくるようになり，また私からもかけるようになってしまった．
・携帯電話だと友達本人につながるので，夜遅くでも，友達の家のことを気にせず，電話ができるようになった．
　このことは，調査データによっても裏付けられている．東京大学社会情報研究所が2000年3月に行った「日本人の情報行動」調査によると，13～29歳の年代の場合，テレビ視聴時間帯，固定電話の利用時間帯のピークがいずれも午後8時台であるのに対し，携帯電話，携帯メールの利用時間帯のピークは午後11時台と著しく遅くなっているのである（東京大学社会情報研究所，2001）．[13]

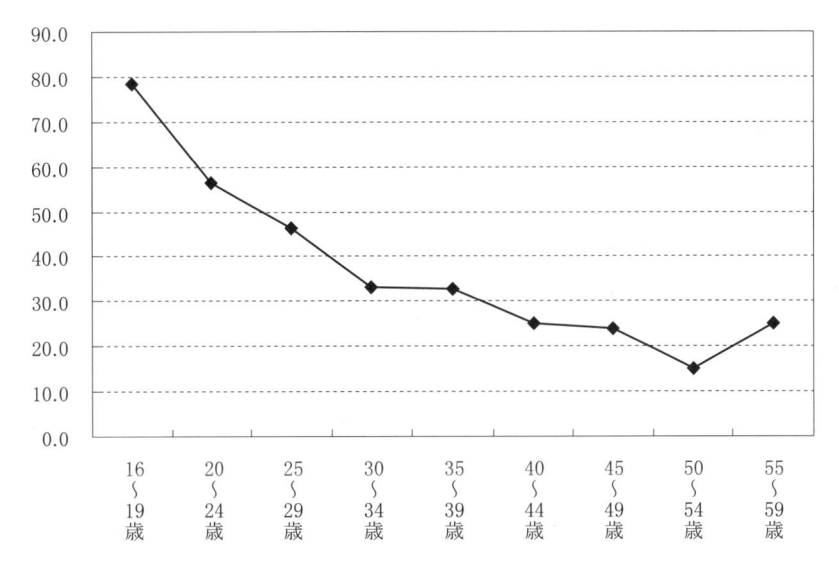

図6.23 「携帯電話・PHSを持っている人との結びつきが強くなった」人の割合
出典：三上・吉井・中村（2000） （％）（年齢別）

対人関係の変化

　携帯電話や携帯メールの効用ないし影響として，しばしば指摘されるもう一つの点は，人間関係に与える影響である．携帯電話や携帯メールは，持っている人同士の結びつきを強め，対人関係を変容させる力をもっていることが各種の研究において指摘されている（吉井，1999；松田他，1996；富田他，1997；富田，1999；岡田，1999）．1999年調査においても，約40％の携帯電話利用者が「携帯電話・PHSを持っている人との結びつきが強くなった」と答えている．しかも，図6.23にみるように，こうした対人関係を強化するという機能は，年齢的に若い人ほど顕著にみられるのが特徴的である．これは，若い人ほど携帯電話をプライベート目的で使っていることとも関連があると思われるが，それ以上に，携帯電話という電子メディアを通じて人間関係の維持，強化をはかる現代の若者像を象徴しているように思われる．

　表6.6で行った携帯電話の効用に関する因子分析でも，第1因子として，

対人関係の緊密化，増大を示す項目が共通因子として抽出されており，携帯電話が「対人関係」に及ぼす影響の大きさを示している．この因子と年齢との関連をみると，10代〜20代の年齢層との相関が高いという結果が得られている．

携帯コミュニケーションが対人関係に及ぼす影響については，次のような点が指摘されている．

(1) **携帯番号の交換による対人関係形成**

現代の若者にとって，はじめて知り合った相手と携帯電話の番号を教え合うことは，ちょうどビジネスマンが初対面の人と名刺を交換するのと同等の「対人関係形成」機能をもっているようである．つまり，初めての相手と携帯電話の番号を教え合うことは，「はじめまして，よろしく」という挨拶と，「仲良くなろうね」という交際の意思表示を意味しているのである．それによって，携帯電話を持っている同士では，よりスムーズに友人関係を形成することが可能になるという利点がある．このことは，大学生への課題レポートでも，多くの学生が指摘しているところである．回答例のいくつかを次に示しておこう．

・初対面の人との自己紹介の一つに，携帯の番号交換という項目が加わった気がする．
・携帯を持つことで，新しく出会った人とすぐに友達になれた気がする．というのも，「番号なに？」と聞くだけで会話になるし，メモリーに入れれば，名前をすぐに覚えられるからである．
・携帯を持って一番得をしたなと思う瞬間は，友達が作りやすいということです．「どこの携帯なの？」「番号を教えて」など初対面の人でも心なしか気軽に話ができるような気がします．

(2) **友人関係のフルタイム親密化**

現代の若者たちは，携帯電話のもつ通話機能やメール機能を時間や場所に応じてうまく使い分け，24時間いつでも互いにつながっていることによって，電

子的空間と現実空間にまたがる「フルタイム・インティメート・コミュニティ」(仲島他, 1999；吉井, 2000) を作り出している．学生に対する課題レポートから，その回答例をいくつか紹介しておく．

・いつでもどこでも誰かの声を聞けるということは，誰とでもつながっていると思える．
・手元にコミュニケーションをとれる機器があるので，友人たちを非常に身近に感じられます．親近感を感じて誰かと話していないと気が済まない気持ちになってきて，携帯は手放せない大切なコミュニケーションの一つになりました．
・友人とのつきあい方の変化は，いつでも，どこでも気軽に友人に電話をかけられ，より親密な仲になれたと思う．
・仲のいい子とは悩みとか，つらくて泣いてしまってさみしい時とか夜遅くてもすぐにかけられるし，何時間でもしゃべって相手してもらって，本音の話ができていい．ただ，夜遅くてもすぐにかけたり，かかってきたりもするので，寝不足だったりすることが多くなった．でもやっぱり携帯はどこでもいつでも連絡とれるコトが一番よいところ．今の私にはなくてはならないもので，お財布と同じくらい落としたら困るものだ．

　吉井は，現代の若者が携帯電話でのコミュニケーションを通じて，ふだんから会っている友人や彼氏・彼女などごく限られた仲間との絆をいっそう強め，心理的に24時間一緒にいるような気持ちになれる「携帯コミュニティ」をつくっていると指摘している．また，インターネットの創り出す電子コミュニティが，見知らぬ人を多く含む，外向きで，拡張的，関心限定的なコミュニティであるのに対し，携帯電話が創り出すコミュニティは，親密な仲間からなる，よりトータルな関係を志向する内向きのコミュニティだとしている (吉井, 2000).

(3) 旧来の友人関係の維持

携帯電話は，大学入学や就職などで離ればなれになった友人との間の交流を継続し，旧来の対人関係を維持する上でも重要な役割を果たしている．携帯電話のモバイル性と距離を超えたコミュニケーションの容易さという特性のおかげで，たとえば，東京の大学に入学した学生が，遠く離れたところにいる高校時代の友人と，携帯電話の通話やメールを規則的にやりとりすることによって，親密な交流を継続することができる．

(4) 選択的・部分的な人間関係の強化

一時期，若者の人間関係が希薄化し，表層的なものになっており，携帯電話がこうした関係を促進しているとする批判があったが，それがいずれも正しくないことは，橋元（1998），辻（1999），松田（2000），中村（2001）らによって指摘されている通りである．

こうした批判論に代わって，現代の若者にみられる「選択的」「部分的」な人間関係に注目する議論が，携帯電話と絡めて展開されるようになった．例えば，辻によれば，対人関係に全面的に拘束されることを嫌い，オンオフの切り替え（フリッピング）の自在なコミュニケーションを好むという性向（対人的フリッパー志向）が若者を中心に強まっているという．スイッチを切るだけで簡単にコミュニケーションを中断できる携帯電話は，とくに対人的フリッパー志向に親和性の高いメディアといえるが，大学生に対する調査結果では，対人的フリッパー度の高いグループは低いグループに比べて，「電話は話したくなければ切ってしまえるので気楽」と思う度合が高く，友人に電話する頻度，携帯電話所有率ともに高いという傾向がみられた．

松田は，若者による携帯電話の「番通選択」利用スタイルに注目し，若年層では「番通選択」を通じて，状況に応じて人間関係を選別する傾向が見られると指摘している（松田，2000）．実際，松田らが2000年1月に首都圏に住む20～59歳の男女400人を対象に行った調査によると，年齢が若いほど番通選択の実

行率が高まるという傾向がみられた[14]（岡田・松田，2002）．

　携帯電話利用と若者の対人選択性との関連については，各種の調査データをみる限り，必ずしも実証されているとはいい難い．そもそも，「相手を傷つけないよう配慮する」「相手のプライバシーに深入りしない」といった対人関係は若者に固有のものではなく，最近の調査では，むしろ年配者に多いことも明らかにされており，携帯電話利用との関連についても，有意な関連は見いだされていないというのが実情である（岩田，2002など）．携帯電話が果たして対人関係の選択性を促進するのかどうか，その中身を含めて，今後さらに実証的な研究を積み重ねる必要があろう．

(5) 携帯による交際圏の階層分化

　大学生など若い人の携帯ユーザーに典型的にみられるのは，ごく親しい少数の友人や恋人とは，互いに携帯の番号を教え合い，いつでも携帯でのやりとりを頻繁にすることによって，ますます親密な関係を築いていく反面，余り親しくない友人，知人とは，番号を教えないか，たとえ番号を教えていてもめったに携帯でのやりとりはしないという傾向である．その結果，携帯電話の番号や携帯メールのアドレスを教え合い，かつ頻繁に携帯でのコミュニケーションをしてますます親密になる少数の友人と，携帯電話の番号や携帯メールのアドレスは教え合っているが，ふだんはほとんど連絡をとらない友人の集団，それに，携帯電話の番号やメールアドレスを教えていないその他の友人，知人という3つの交際圏の境界が次第に明確になり，コアグループと周縁グループとの間の階層分化が進みやすいという傾向がみられる．

(6) 対人関係の円滑化

　若者たちは，単に携帯電話によって特定の友人との対人関係を強化しているだけはなく，留守電話番号機能や発信電話番号通知サービスを利用して，固定電話が本来もっていた（出なければならないという強制力を伴う）「暴力性」

を薄めているという指摘もある（富田他，1997；岡田，1999）．

　また，携帯メールの絵文字や非同期性は，コミュニケーションの相手に対する配慮を促進し，対人関係の円滑化に貢献するという機能も果たしている．中村によれば，携帯メールは対人的気遣いがよく行われるメディアだという．キューレスネスに伴う弊害(15)（その場の雰囲気，微妙な感情や反応が伝わりにくい，行き違いを生むなど）を防ぐために，携帯メールでは絵文字が多用される（中村，2001）．携帯メールにはすぐ返信するというマナーも，相手を無視していない，相手を気遣っているという配慮のあらわれと解釈できる．

　しかし，携帯メールに固有のキューレスネスや送信の簡便さが，逆に相手の感情を傷つけ，取り返しのつかない対人関係の破綻を引き起こすという危険性をも内包していることは留意すべき問題点といえる．一般にメールでのやりとりは，相手への「フレーミング」(16)や中傷誹謗へと発展しやすく，携帯メールが対人関係に対してしばしばネガティブな影響を及ぼすことにくれぐれも注意すべきである．

(7) 他者からの束縛・自由の喪失

　一方，対人関係の面で，マイナスの影響を指摘する意見もある．とくに多いのは，携帯をもつことによって，いつも束縛されている，あるいはいつも監視されているという感じをもつようになったという声である．2001年調査でも，「束縛されているという感じが強くなった」という人が全体の35％（約3分の1）にのぼっていた．因子分析の結果でも，「ひとりでいる時間がなくなった」「忙しくなった」といった項目と共通の因子を構成しており，携帯電話やメールが個人的自由の喪失を伴うというマイナスの影響を及ぼす可能性が示唆されている．大学生のレポートでも，少数ではあるが，次のような感想が寄せられている．

・夜中に電話がかかってくると，携帯に束縛されているような気持ちになる．
・どこでも，どんな時でも連絡がとれるので，自分が監視されているという感

じをたまに感じる時がある．
・ライフスタイルの変化をもっとも実感したのが，今年の3月にアメリカにホームステイした時．自分を含めて日本人みんながどれほど携帯にしばられて生きているかを実感した．

以上のように，携帯電話や携帯メールは，現代人のライフスタイルや対人関係にプラス，マイナス両面で少なからぬ影響を及ぼしているのである．

(注)
（1） 本稿は，三上（三上，2002）をもとに，加筆修正したものである．
（2） 携帯文字メールは，ポケベルの文字サービスが若者層を中心にコミュニケーションのツールとして活発に利用されていることに注目した携帯電話会社によって付加されたサービスだといわれる（岡田・松田，2002）．
（3） 第3世代携帯電話は，2001年からサービスを開始しており，通信速度は384Kbpsと従来の10倍以上と高速で，着うた，動画クリップ配信サービス，大容量アプリなどが提供されている．
（4） 本調査は，「ワールドインターネットプロジェクト」（代表：三上俊治）の一環として実施した全国調査で，調査の概要は次の通りである．母集団：全国の満12歳以上の男女個人，標本数：2,200人，抽出方法：層化二段無作為抽出法，調査実施期間：平成15年11月27日〜12月17日，調査方法：調査員による訪問留置訪問回収法，有効回収数（率）：1520人（69.1％）．
（5） この調査は，財団法人・マルチメディア振興センターの委託により，吉井博明・東京経済大学教授および中村功・松山大学助教授と共に企画実施したものである．調査対象は，首都圏30km内に在住する15〜59歳の一般市民で，1999年1月下旬から2月上旬にかけて，専門の調査機関に委託して実施した．調査方法は専門調査員による留め置き法を用い，有効回収1000サンプル（回収率65.8％）を得た．
（6） この調査は，メディア・エコロジー研究会が武蔵野市・三鷹市で2000年5月に実施した調査で，調査の概要は次のとおりである．調査対象：武蔵野市・三鷹市に在住の16歳〜69歳の男女1800人，標本抽出：住民基本台帳から人口比例2段階無作為抽出，調査方法：郵送配布・訪問回収法，調査実施期間：2000年5月13日〜5月31日，有効回収数（率）：771人（43％）．
（7） この調査は，文部科学省研究費の助成により，東京大学社会情報研究所，東京経済大学，東洋大学3者の共同研究として実施した全国調査で，調査概要は次のとおりである．調査対象：日本全国の12歳〜69歳までの男女3000人，

抽出方法：層化二段無作為抽出法（全国200地点），調査時期：平成13年11月29日〜12月16日，調査方法：調査員による訪問留め置き回収法，有効回収数（率）：1878人（62.6％）．

（8）　この調査は，ワールドインターネットプロジェクトの一環として行った全国調査で，調査概要は次のとおりである．調査対象：全国の満12歳以上75歳以下の男女個人3500人（A調査1750人，B調査1750人），抽出方法：層化二段無作為抽出法，調査実施期間：2002年10月17日〜11月4日，有効回収数（率）：A調査　1164人（66.5％）　B調査　1169人（66.8％）．

（9）　「ネットワーク外部性」（network externality）とは，情報機器やサービスの個人的効用が互いに独立ではなく，他人の所有（加入）状況に依存して変化することを示す経済学的な概念である．この場合，ネットワークの価値は加入者相互間の情報伝達や交換によって決まるので，ネットワークの利用者や加入者が増えれば増えるほど，次にそこに接続しようと考える人に対するネットワーク価値が増大することになる．公衆加入電話はその典型的な例である（Neuman, 1991＝2002；石井，2003）．

（10）　この回答結果は，次のような設問に対するものである：「あなたは，ご自分の携帯電話・PHSで，友人や同居の家族・親戚に1〜8のような目的で電話（通話）したり，メールを出したりしたことがありますか．友人，同居の家族，別居の家族・親戚のそれぞれについて，あてはまるところにいくつでも○をつけてください．また，利用したことがない場合は，9に○をつけてください」

（11）　携帯メールで「そのときあった出来事や気持ちの伝達」「特に用件のないおしゃべり」などコンサマトリーなコミュニケーションをしているのが若い人に多いことは，筆者の教える首都圏私立大生への課題レポートの回答例にもみられる．

・ふつうに生活をしていて，別にどうでもいいことだが，「この思いを誰かに話したい」という時，つい電話をしてしまいます．本当にどうでもいいことで，例えば「おいしいお菓子を発見した！」とかそんなことです．

・メールの内容は，「元気？」「いま何してる？」「ねむい」「だるい」「今度遊ぼう！」など．

・友人とはたわいもない話や，約束事，悩み相談などさまざま．メールは電話のときよりも，もっとたわいもない，くだらないメッセージが多い．どちらかというと遊びの延長で，電話の延長上にはない．

・メールだと授業中にやっても気づかれないので，よく大きい教室での授業中にやっています．送る内容については，特に意味のあるものではなく，「はやく終わらないかなー」とか「おなかすいたねー」とか「今どこにいるのー」とかそういう意味のないものです．

(12) 例えば，JR北海道では，2004年3月12日までは「車内での携帯電話はご遠慮を」という厳しいアナウンスだったが，3月13日以降，JR他社に合わせて「優先席付近では電源をお切り下さい．それ以外の場所ではマナーモードにして，通話はおやめください」とするようになった（『ケータイBEST』Vol.19「ケータイQ＆Aハンドブック2004」より）．

(13) この調査は，2000年3月13日，14日の2日間計48時間の全行動を15分単位で記録用紙に記入してもらうという「日記式調査」と質問紙調査を併用した全国調査で，5年に1回実施している．調査対象は全国満13歳以上70歳未満の男女3000名，層化二段無作為週出法，個別訪問留置調査法で実施，有効回収数（率）は2017（67.2％）である．

(14) 調査では，「あなたは発信者が誰かわかった上で，電話に出ないことがありますか」という問いに対し，「よくある・ときどきある」「たまにある」の回答率が，若い世代ほど高く，年配の人ほど低くなるという傾向がみられた．このことから，松田は年齢が若いほど，番通選択により，つきあう相手を選ぶ傾向があるとしている．ただし，この設問の回答をもって対人関係の選択性を証拠づけるものといえるかどうかは，議論の分かれるところだろう．たとえば，岩田はモバイル・コミュニケーション研究会の実施した全国調査のデータを分析したところ，携帯電話で「番通選択」の経験率は若い世代ほど高いが，友人とのつきあい方における選択的関係の志向と「番通選択」の経験との間に有意な関連はみられないという結果が得られた（岩田，2002）．

(15) 「キューレスネス」（cuelessness）とは，一般に視覚的情報や物理的存在が欠如した「手がかりのない」状態をいい，それが心理的距離，コミュニケーションの内容，反応などにもプラス，マイナス両面の影響を与えることが指摘されている（中村，2001）．対面コミュニケーションは手がかりを豊富に含んでいるが，電話はそれに比べるとキューレスネスが高く，携帯メールでは音声が欠落している分，キューレスネスの程度はさらに高くなっている．

(16) 「フレーミング」（flaming）とは，ネットワーク上での悪罵の応酬，中傷誹謗合戦のことをいう．電子メールや電子掲示板などでのやりとりは，キューレスな特性が強いために，意思疎通が十分に行われず，メッセージを悪意に受け止めやすく，また匿名性のゆえに無責任な発言が横行しやすくなる．インターネットや携帯電話といったメディアに固有の「コミュニケーションの不完全性」が，フレーミングの頻繁な発生の根底にあると思われる（遠藤，2000）．

参考文献

電気通信事業者協会，1998，『携帯電話及びPHS利用ルールに関する意識実態把握調査』，電通リサーチ

遠藤薫, 2000,『電子社会論』実教出版
石井健一, 2003,『情報化の普及過程』学文社
岩田考, 2002,「若者の友人関係は『選択的』といえるのか？―携帯電話の利用に関する全国調査より―」第18回国際コミュニケーション・フォーラム「ワイヤレス・コミュニケーションの切り開く新世界」発表資料
情報通信総合研究所, 2004,『情報通信アウトルック2004』NTT出版
松田美佐・富田英典・藤本憲一・羽淵和代・岡田朋之, 1998,「移動体メディアの普及と変容」,『東京大学社会情報研究所紀要』第56号, pp. 89-110
松田美佐, 2000,「若者の友人関係と携帯電話利用―関係希薄化論から選択的関係論へ」『社会情報学研究』No.4, pp. 111-122.
松田美佐, 2004,「モバイル・コミュニケーション文化の成立」, 伊藤守・小林宏一・正村俊之編『電子メディア文化の深層』早稲田大学出版部, pp. 173-194.
三上俊治・吉井博明・中村功, 1999,『電子ネットワーク時代における情報通信マナーに関する調査研究』財団法人・マルチメディア振興センター
三上俊治, 2002,「携帯電話の利用行動とマナー」, 廣井脩編,『情報通信と社会心理』所収, 北樹出版
三上俊治, 2003,『21世紀のメディアエコロジー』文部科学省研究報告書
モバイル・コミュニケーション研究会, 2002,『携帯電話利用の深化とその影響』科学研究費基盤研究B報告書（研究代表者：吉井博明）
仲島一朗・姫野桂一・吉井博明, 1999,「移動電話の普及とその社会的意味」『情報通信学会誌』第59号, pp. 79-92.
中村功, 1997,「移動体通信メディアが若者の人間関係及び生活に与える影響」,『平成8年度情報通信学会年報』
中村功, 2001,「携帯メールの人間関係」東京大学社会情報研究所編『日本人の情報行動2000』東京大学出版会
Neuman, R.W., 1991=2002, *The Future of Mass Audience*, Cambridge University Press. 三上・川端・斉藤訳『マス・オーディエンスの未来像』学文社
岡田朋之, 1999,「発信電話番号通知にみるメディア・コミュニケーションの変容」,『組織とネットワークの研究』第112冊, 関西大学経済・政治研究所, pp. 171-191.
岡田朋之・松田美佐編, 2002,『ケータイ学入門』有斐閣
東京大学社会情報研究所, 2001,『日本人の情報行動2000』東京大学出版会
富田英典・藤本憲一・岡田朋之・松田美佐・高広伯彦, 1997,『ポケベル・ケータイ主義』ジャストシステム
富田英典, 1999,「ネットワーク社会の中の親密さと疎遠―移動体メディア批判の社会的背景」『組織とネットワークの研究』第112冊, 関西大学経済・政治研究所, pp. 192-207

通信総合研究所，2003,『インターネットの利用動向に関する実態調査報告書 2002』
通信総合研究所，2004,『インターネットの利用動向に関する実態調査報告書 2003』
辻大介，1999,「若者のコミュニケーションの変容と新しいメディア」橋元良明・船津衛編『子ども・青少年とコミュニケーション』北樹出版
辻大介，2003,「若者における移動体通信メディアの利用と家族関係の変容」『21世紀高度情報化，グローバル化社会における人間・社会関係』(関西大学経済・政治研究所研究双書 第133冊)，pp.73-92
吉井博明，2000,『情報のエコロジー——情報社会のダイナミズム』北樹出版
吉井博明・三上俊治・箕浦泰子，2000,『メディア・エコロジーの現状——武蔵野・三鷹市民のIT利用の実態』メディア・エコロジー研究会報告書

■ 7章　21世紀のメディア・エコロジー ■

　エコロジーとは，生物のさまざまな種がつくりあげている相互適応関係と，その関係によってつくられる生態系の仕組みのことをさしている．メディア・エコロジーは，メディア環境や情報行動，メディアコミュニケーションなどを，エコロジー（生態学）的な視点から捉える研究のことである(1)．

　エコロジーでは，物質，エネルギーなどの循環，生活主体間の「相互依存関係」と「共生」，環境への適応による「共進化」，それを通じて，「生態系」が時間の経過とともに「遷移」し，やがてその成熟段階において，ある種の「クライマックス」（極相）を形成する，といった考え方をとる．この場合の生態系とは，エネルギー，物質，情報などの交換を通じて，動的な平衡状態を達成するような開放システムとして把握されている．また，資源の枯渇を防ぎ，共有地（コモンズ）の過度の開発を避けて，持続可能な生態系の維持，発展をめざすという共通の目標をもっている．こうした考え方は，メディアコミュニケーションの問題を考える場合にも適用できる普遍性をもっていると思われる．本章では，これまでの記述をふまえた上で，メディア・エコロジーの視点から，21世紀のメディアコミュニケーションのあり方を探り，本書のまとめとしたい．

1．エコロジーの基本概念

　従来のエコロジー（生態学）研究はさまざまな理論的成果をあげてきた．ここでは，メディア・エコロジー研究にとって重要と思われる基本的概念をいくつか紹介しておきたい．

ニッチと棲み分け

　ニッチとは，生物が生態系の中で占める地位のことをいう（Whittaker, 1970 =1974）．一般に，生物は互いに異なるニッチを占めることによって，同じ生

態系の中で平和的に共存することができる．この場合のニッチ（地位）は，どこを「棲み場所」とするか，および，何を食物とするかという「餌」によって決まる．棲み場所を同じくしていても，「餌」が異なれば，異なるニッチを占めることになり，共存が可能である．また，餌が同じでも，棲み場所が異なっていれば，これも共存が可能である．種によって餌を変えることを「食い分け」といい，種によって棲み場所を変えることを「棲み分け」と呼んでいる[(2)]．

生物間の相互関係と共生

生態系を構成する種の間の関係についてみると，松田（1995）によれば，種間の相互作用には，3つの形態があるという．すなわち，

1. 搾取＝AがBから一方的に利益を得て，Bは損失だけを受ける場合
2. 競争＝AとBは，互いに相手がいることで繁殖が妨げられる関係
3. 双利＝AとBは，互いに相手がいることで繁殖上の利益を得る場合

という相互関係である．

以上，3つの関係は，相互排反なものではなく，重複する部分がある．したがって，次ページのベン図式のようにあらわすことができるだろう（図7.1）．現実の人間関係，社会関係には，Rのように，3つの関係がある程度重複して含まれているのが通常である．Aはユートピア的な関係といえそうだが，実際には，おもしろみのない関係といえるかもしれない．Bは奴隷社会であり，これも現実的ではない．Cというのは，完全競争市場の場合である．

競争に敗れた種，あるいは搾取される種は，新しいニッチを求めて進化する．具体的には，棲み場所を変えたり，とる餌を変えるなどの戦略をとることにより，環境への再適応を達成し，繁栄し，存続をはかっているのである．

共生（Symbiosis）とは，互いに利益をもたらすような（つまり双利的な）2種の生物間の相互関係のことをいう．それぞれが，相手にどの程度依存し，またどの程度の利益を得るかは，生物間の関係によって異なり，その形態も多様である．一般に，共生関係にある生物は，共生の相手方が存在するときの方が

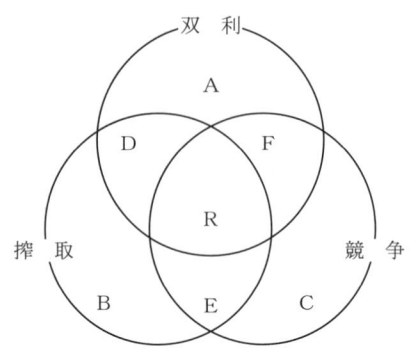

図7.1　生物間の相互関係

存在しないときよりも高い確率で生存し，繁殖するといわれている．つまり，いわゆる「共存共栄」の関係が共生だといえる．

共進化

　生物の進化はある一種だけに生じるのではなく，生態系のすべての種が同時に進化してゆく．これを共進化（Coevolution）という．
　つまり，生物は，種同士の相互作用を通じて，相互に適応しながら，進化を遂げるのである．つまり，集団の成員が相互にフィードバック的な行動を展開することによって全体として変動してゆく，ダイナミックなシステムなのである．

共有地（コモンズ）の悲劇と持続可能な開発

　「共有地の悲劇」（The Tragedy of the Commons）というのは，人間生態学の専門家であるギャレット・ハーディンが1968年に発表した論文で展開した理論である．ハーディンによれば，「すべての人が利用できる牧草地があったとすると，牧夫はおのおの，できるだけ多くの牛を共有地に放そうとする．その結果，牧草は食いつくされ，共有地（コモンズ）の資源は枯渇し破滅してしまう」という（Hardin, 1968＝1993）．これが共有地の悲劇といわれる社会的ジレ

ンマ状況である.[3] 共有地の悲劇は，資源の稀少な生態系における「持続可能な開発」の必要性を考える場合には避けて通れない基本的問題である．人間社会において，この問題を解決するためには，単に法律などで規制したり制裁を加えるだけではなく，モラルの向上，税制の導入，教育，奨励，援助，情報の公開，互恵的な関係の構築など，多面的な対策が必要とされる．

遷移とクライマックス

（植物）群落の発達過程のことを「遷移」(succession) という．そして，群落遷移が最終段階に達し，安定した成熟期に達した群集のことを「極相」(climax) という．極相群落は，自己維持的な性格をもち，環境との関係においては本質的に定常的な状態にある．それは，個体数，エネルギー，栄養物質の循環的な運動はあるが，時間的には比較的一定な定常状態にある開放系である．

クライマックスは，一つの生態系について一つだけあるとは限らない．多極相説によれば，多くの地域の群落は複雑であり，人間によるかく乱がない場合でも，多数の安定的な群落型が存在するという．

2．メディア・エコロジーとは何か

そこで，エコロジーの基本概念を参考にしながら，メディア・エコロジーとは何かという問題を検討してみたい．

「生物」としてのメディア

生態系において「生物」に相当するのは，メディア・エコロジーにおいては，「メディア」である．したがって，「メディア・エコロジー」の研究目的は，さまざまなメディアがつくりあげている相互適応関係と，その関係によってつくられる生態系（エコシステム）の仕組みを解明することにある．

また，メディア・エコロジーでは，物質，エネルギーとともに，メディアを通じて生産，処理，伝達される「情報」の循環過程を重点的に探求する．そし

て，メディア利用をめぐる生活主体間の「相互依存関係」と「共生」，環境への適応による「共進化」，それを通じて，「メディア生態系」が時間の経過とともに「遷移」し，やがてその成熟段階において，ある種の「クライマックス」（極相）を形成するプロセスの解明もめざしている．

さらに，情報資源の濫用と荒廃化を防ぐとともに，「情報コモンズ」の適切な運用を通じて，持続可能なメディア生態系の維持，発展をめざすという共通の目標をもっている．

メディア・エコロジーでは，「メディア」の利用者（受け手）の視点からみるのか，それとも産業（送り手）の視点からみるかによって，異なるアプローチが可能である．前者は，メディアの利用者が「生物」に相当し，メディアまたは情報が「餌」に相当するものと考えて，利用者の視点からメディア・エコロジーを考えるアプローチである．後者は，メディアや情報を生産，販売する側の視点に立ち，メディア（産業）が「生物」に相当し，ユーザーまたは消費者が「餌」に相当すると考え，メディア・エコロジーを考えるアプローチである．前者は，いわば個々のユーザーの「ライフスタイル」という視点に立ったメディア・エコロジーであり，後者は個々の企業ないし送り手の「マーケティング」という視点に立ったメディア・エコロジーだということができる．

本書は，メディアコミュニケーションを主に利用者の情報行動という視点から検討してきたので，ここでも前者の利用者の視点からみたメディア・エコロジーについて若干の解説を加えておきたい．

マクルーハンも述べているように，メディアは人間の拡張物であり，人間の身体そのものにも，視覚，聴覚，脳神経系などメディアの機能がもともと内蔵されている．その意味では，情報とメディアの機能に注目する限りにおいて，人間を身体性の「メディア」とみなすことも可能である（McLuhan, 1964＝1987；中野，1997）．

したがって，ユーザーの視点からみたメディア・エコロジーの目的は，個々のユーザーにおける身体メディアと外部メディアの間の相互適応関係と，その

関係によってつくられる利用者レベルのメディア生態系の構造と過程を解明することにある．

ニッチと棲み分け

情報メディアの利用者が占めるニッチとは，一定の生活空間，生活時間の中で，個々の利用者がいつどんなメディアを利用しているのか，ということである．同じニッチを占める利用者同士では，しばしばメディア利用をめぐってコンフリクトを生じることが少なくない．その場合，どのように棲み分けをはかるかが大きな問題となる．

テレビが普及し始めた1960年代から70年代にかけては，家庭にはリビングルームやお茶の間にテレビが1台あるだけで，夕食後のひととき，一家団欒でテレビを楽しむという習慣が国民の間にできていた．ここでは，何人かの家族が同時に同じ番組を見るという視聴行動が普通だった．したがって，見たい番組をめぐって，「チャンネル権争い」が起きることもしばしばであった．

その後，複数台のテレビを所有する家庭が増え，テレビの「個室化」が進むにつれて，ユーザーの占めるべきニッチが広がり，異なる番組を同時に視聴するという「棲み分け」が可能になった．また，ホームビデオによる「時差視聴」が可能になると，同時に見たい番組が複数あっても，裏番組を「留守録」して，深夜に見るなどの対策をとることにより，ニッチを時間的に移動させ，視聴行動の「時間的な棲み分け」が可能になった．

メディア間の相互関係と共生

メディア間の相互関係で重要なのは，「代替」「補完」「相乗」関係である．ユーザーが利用するメディアの間には，しばしばこうした関係が存在し，ユーザーは目的や状況に応じて，さまざまなメディアを使い分けているというのが実情である．

メディア間の代替関係とは，あるメディアAの機能が他のメディアの機能B

によって代替される結果，利用者がAからBへと乗り換えてしまう場合をさしている．その代表的な例は，ニュースの提供における新聞とテレビの代替関係である．かつては，ニュースの情報源としては，圧倒的に新聞が多数を占めていたが，テレビの普及とともに，テレビニュースが新聞報道を代替するようになり，とくに若い世代では，新聞を読まず，もっぱらテレビでニュースを知るという人が多数派を占めるようになっている．また，日本で1990年代後半までパソコンがあまり普及しなかったのは，日本独自のワープロ専用機がパソコンの主要機能を代替していたからだという研究もある（石井，2003）．

メディア間の補完関係とは，あるメディアに欠けている機能Aを，別のメディアのもつ機能Bが補完してくれるために，利用者がAと一緒にBを補完的に利用するという場合をさしている．典型的な例は，テレビとビデオデッキの関係である．テレビは同時性の強い放送メディアであり，番組放送時間は通常固定されているために，決まった時間しか視聴できず，再放送がない限り，あとで繰り返し視聴することはできないという欠点をもっていた．80年代に登場したビデオデッキは，録画機能を搭載することにより，こうしたテレビのもつ同時性，一回性という欠点を補完する役割を果たし，一般家庭に急速に普及していった．この場合，ビデオデッキという新しいメディアは，テレビにない機能をもち，しかもテレビと組み合わせることによって，テレビの機能を補完し，拡張することを可能にしたのである．つまり，テレビとビデオデッキは補完機能によって互いに共生的な関係を築くことができたのである．

共進化

メディアコミュニケーションの特徴は，コミュニケーションの送り手と受け手が共通のメディアを媒介手段として利用するという点にある．そのため，メディアの進化は，送り手と受け手の双方に対して，利用するメディアの進化を促すという結果をもたらす．したがって，メディアを介したコミュニケーションにおいては，利用者とメディア，利用者と他の利用者の間での「共進化」が

起こりやすいといえる．その典型的な例は，ポケベルから携帯電話へと移り変わっていった移動体メディア利用の共進化だろう．

ポケベルは当初の呼び出し専用ビジネス用途から，1980年代末の液晶ディスプレイつきポケベル発売をきっかけとして，数字（文字）表示による個人間のメッセージ交換ツールへと「進化」した．1995年にPHSが発売されると，メッセージ受発信機能が加わって，文字コミュニケーション・メディアとしての移動体通信はさらに進化し，その便利さと低料金のために，多くの若者ユーザーがポケベルからPHSへと乗り換えた．さらに，携帯電話の利用料金が低下し，インターネットとの接続性を備えるに至ったために，PHSから携帯電話への乗り換えが進んだ．こうしたメディア利用の遷移過程は，移動体通信というメディアの利用をめぐる利用者間，メディア間の共進化の好例といえる．

共有地（コモンズ）の悲劇と持続可能な開発

メディアコミュニケーションにおける「情報コモンズ」とは，メディアを媒介して一般の利用者が自由に利用できる情報資源のことをさしている．制度的には著作権が設定されていない情報や，著作権者が情報を自由に一般の利用に供している場合などがこれに該当する．NHKや民放のテレビ番組は，無料で視聴できるという意味では，情報コモンズの例といっていいかもしれない．とくにNHKのような公共放送は，良質の公共的番組を原則として無料で提供している．これは，かつての「入会地」（食糧資源におけるコモンズ）の利用形態と共通している．NHKの場合には，受信料で国民が公平に財源を負担することによって，この文化的コモンズ（情報資源）を維持しているのである．

ところが，もしオリンピック放送の番組を民間の委託放送事業者が独占的に買い占めて，有料の専門チャンネルだけで見られるようにしたら，どうなるだろうか．高い料金を払って専門チャンネルを契約している少数の視聴者だけしかオリンピックゲームを楽しめなくなり，多くの国民がオリンピックゲームを見られないという深刻な事態を招くことになるだろう．これはまさに，一部の

業者による「番組買い占め」が引き起こす「共通地の悲劇」そのものである．その意味では，NHKのテレビ放送というのは，いわば文化的なコモンズ（共有地）の一つなのだと考えることができる．文化的コモンズを守り，維持するために，NHKの総合編成チャンネルでは，つねに公共性の高い，良質な内容の番組をすべての国民が見られるようにしなくてはならない．

遷移とクライマックス

　現在のメディア生態系は，多メディア化，多チャンネル化が急速に進み，成熟期を迎えつつあるように思われる．利用者の視点からみても，新聞，雑誌，テレビ，ラジオ，オーディオ機器，ビデオ，電話，ファックス，パソコン，インターネットなど多様なメディアと情報機器が家庭に常備されるようになり，メディア利用の「遷移」が進んだ結果,「クライマックス」が形成されつつある．情報は氾濫するほど，さまざまなメディアから重複的に提供されており，飽和状態にある．人々のメディア利用も，性別，年齢，職業，関心などによって，その利用形態もかなり固定しており，その点でもクライマックスに近づいているように思われる．こうしたメディア生態系の現状が本当に望ましいものなのか，それとも，文化的な多様性とクオリティの高さという点では，さらに望ましい別のクライマックスに向かって「遷移」すべきなのかどうか，文化政策の質がいま問われている．

　例えば，現在のメディアは健全な視聴覚をもつ健常者に圧倒的に有利な形で提供されていることが多く，メディアへの「アクセシビリティ」(accessibility)という点では，情報障害者にやさしいメディア生態系の仕組みをつくる必要がある．これは，強力な情報通信政策と産官学の協力を得て推進すべき最重要の課題といえるだろう．

3．21世紀情報社会のメディア・エコロジー

　21世紀の情報社会は，デジタル情報テクノロジーを駆使した，多様性（多メ

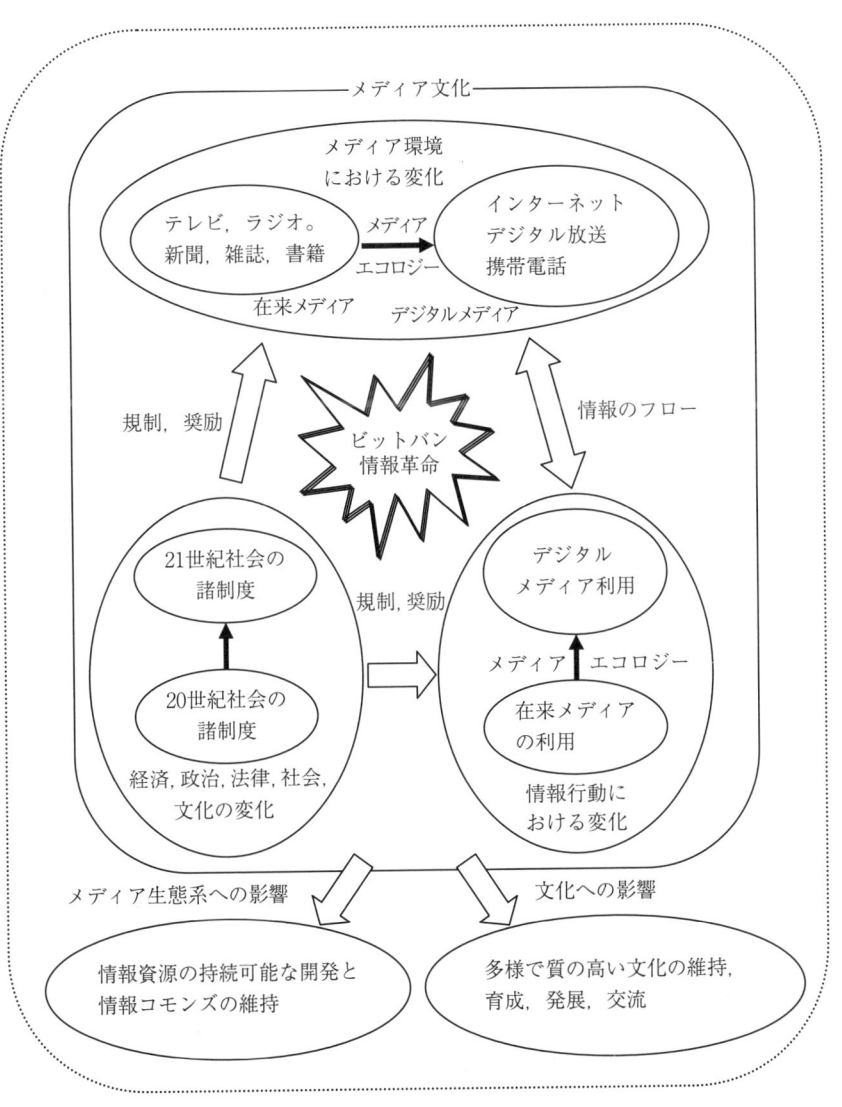

図7.2 21世紀情報社会におけるメディア・エコロジーの概観

ディア，多チャンネル）と高機能性（高速ブロードバンド，高画質，多機能，インタラクティビティ）に富んだデジタルメディアの織りなすメディア生態系によって構成されることになるだろう．また，放送と通信の融合化が進み，ユーザーの利用する情報機器のデジタル化，マルチメディア化，パーソナル化，ユビキタス化がさらに進むものと予想される．

　図7.2は，筆者も参加するカルチュラル・エコロジー研究委員会が作成した，21世紀情報社会における「カルチュラルエコロジー」の概観図をもとに，若干の修正を加えて作成した「メディア・エコロジー」の俯瞰図である．[4]

　まず，21世紀情報社会におけるメディア生態系に最大の影響を及ぼす原動力は，デジタル情報通信技術の爆発的な進化のもたらす社会的衝撃，すなわち「ビットバン」（デジタル情報革命）である．これがメディア環境とメディア利用におけるメディアエコロジーを変化させる．その主要な方向性は，在来のアナログメディアからデジタルメディアへの転換である．[5]

　しかし，こうした変化は，単線的に生じるわけではなく，メディア環境や人々の情報行動を取り巻く社会の諸制度（政治，経済，社会，文化）がどのようにビットバンの衝撃に対応して変化し，保護，奨励，制裁，規制などによる正負のコントロールをどのように加えるかによって大きく変容し得る．ビットバンを契機として，メディア環境，情報行動，社会の諸制度に引き起こされた大きな変化は，21世紀のメディア生態系や情報文化のあり方にも大きな影響を及ぼすものと予想される．

　このようにして形成される新しいメディア生態系において，利用者からみたメディア・エコロジーはどのような特徴を示し，またどのような新たな問題と課題に直面するのだろうか．エコロジーの基本概念に即して若干の検討を加えておくことにしたい．

ニッチと棲み分け

　インターネットや携帯電話など，すぐれた情報特性を備えたデジタルメディ

アが社会に普及してゆくにしたがって，新聞，テレビ，ラジオ，固定電話，出版など在来メディアの利用者は次第に減少してゆくだろう．実際，携帯電話の利用は，公衆電話，固定電話の利用を減らし，インターネットの利用はテレビの視聴時間を減らしている（吉井，2001）．こうした危機状況に適応するために，メディア産業（送り手）側では，在来メディアで提供していた情報コンテンツを，携帯電話やインターネット，デジタル放送などのニューメディアに載せて，従来よりもユビキタスな環境で利用できるような「新しいニッチ」への移行戦略を推し進めるだろう．

例えば，放送局では，テレビ番組やラジオ番組を地上デジタル放送の電波に乗せて，携帯電話で直接受信できるようなサービスの計画を進めているが，これがユーザーに普及すれば，通勤通学途上の電車やバスの中でテレビ番組やラジオ番組を楽しむ人が増えることも考えられる．また，新聞社が提供している電子新聞や出版社が進めている電子ブックにしても，インターネットや携帯端末にアクセスしたりダウンロードしたりして，新聞，雑誌，本が読めるというサービスであり，これもまた，デジタルメディアの中で在来の活字メディアが新しい「棲み場所」（ニッチ）を求めて模索中の生き残り策といえる．

メディア間の相互関係と共生

21世紀に入って，新聞紙の発行部数の減少傾向が明確になり，新聞離れに歯止めをかけることはきわめて困難な状況になっている．これは，3章でもみたように，若い世代を中心にテレビ，インターネット，携帯ウェブなどによるニュース情報機能の代替が急速に進んでいるためである．こうした危機状況を打開し，新聞が生き残りをはかるには，デジタルメディアに対抗するのではなく，むしろこれを「補完」したり「相乗」効果を引き起こすような情報戦略を適用することが必要になる．例えば，わかりやすく詳しい解説記事や評論ページを増やして，インターネットや携帯端末では困難な「議題設定機能」や「世論形成機能」を強化したり，バーコードやICタグの埋め込みなどにより，携

帯端末からの情報サービス提供と連動させるなどの対応策が有効だろう．これらは，新聞が本来もっている詳報性，論説性，携帯性，一覧性などのメリットを生かし，デジタルメディアと連動させることによって，共生関係を築くもので，他の在来メディアにも適用可能な生き残り戦略といえる．

共進化

　ビットバンがデジタル・メディア環境や情報行動に及ぼすインパクトは，在来メディア以上に，メディア間関係，利用者とメディアの関係，利用者間の関係にも，急速かつ大規模な共進化を連鎖的に引き起こしつつある．

　まず，マルチメディア化の進展によって，テレビ，インターネット，携帯端末などの情報モードが一気に多様化し，利用者の所有する情報機器だけでなく，メディア利用の内容や利用スタイルも大きく進化した．インターネット上のニュースサイトでは，テキストや写真だけではなく，動画やオーディオの再生が多用されるようになり，デジタル衛星放送では，データ放送や双方向機能の活用，ハイビジョン高画質映像の提供なども日常化している．

　また，携帯電話の急速な進化により，カメラつき携帯電話を使っての静止画や動画のメール転送，GPS機能搭載携帯電話によるナビゲーション機能，地上デジタル放送の受信による移動中のテレビ番組受信，ICタグ読みとり機能によるチケット購入などトランザクション機能の強化などユビキタス化が著しく進んでおり，こうした進化が利用者の情報行動そのものを大きく変化させる可能性を秘めている．また，携帯電話を使ったコミュニケーションにおいても，かつての通話のみから，携帯メールや写真，動画によるコミュニケーションへと進化し，利用者同士の間に急速に広がるという「共進化」がみられる．

共有地（コモンズ）の悲劇と持続可能な開発

　デジタル革命で激変するメディア環境は，コモンズの悲劇を至るところで引き起こす可能性を秘めている．すでに大きな問題になっているのは，モバイル

通信メディアの普及に伴う，公共空間での利用マナー問題である．携帯電話の利用を例にとると，移動性により，公共の場で携帯電話を利用する人が増えているが，これが，同じく公共の場を利用する大勢の人々との間でさまざまな摩擦を生じている．もし公共交通機関内であたりかまわず大声で携帯電話を利用する人がいたら，コモンズ（共有地）であるところの車内の空間は，乗客にとって非常に居心地の悪い場所になり，大勢の人に迷惑をかけることになるだろう．これは一種の「共有地の悲劇」ともいえる．こうした公共空間では，通話を控えて携帯メールだけに使用を限定するとか，マナーモードにするなどの利用規制を加え，コモンズの機能を維持することが大切になる．

もう一つは，デジタル著作権の解放と保護をめぐる問題である．インターネット上には，著作権フリーの情報資源が豊富に提供されていると同時に，音楽や映像などで著作権を設定されている作品が違法でコピーされ，大量に出回っているケースも少なくない．デジタルメディアによって創り出されたサイバースペース上に，だれでも利用できる公共性の高い情報コモンズを提供し，これを荒廃させることなく，適正に維持し，情報文化の発展に寄与するような仕組みをどう構築していけるかは，21世紀情報社会の諸制度をどう整備していくかにかかっている．

21世紀メディア生態系の遷移とクライマックス

　21世紀に入り，メディア環境は急速にデジタル化，マルチメディア化，ユビキタス化の方向をめざして変容を遂げつつある．しかし，そのめざす目的地は必ずしも明確になっているとは言い難い．テレビがいくら多チャンネル化しても，いぜんとしてよく見られているのは，低俗でお気軽なバラエティ番組やワイドショーであり，インターネット上の情報コンテンツも，在来の活字メディアにくらべると貧弱であり，「一面の荒野」や「無法地帯」が広がっているというのが実情である．ネット上に蔓延するウィルスの増殖はとどまるところを知らず，ネットがらみの犯罪も減少する気配はみえない．メディア生態系は着

実に多様化し，遷移を続けているが，それが正しい方向に進化しているようには見えない．

しかし，だからといって，悲観ばかりしてもいられない．デジタル社会は，利用者や国民にとってアクセシビリティやコントロールがより高くなる社会でもある．いまや，利用者が自覚と責任感をもって，主体的にメディア生態系の構築に参加する時期に来ている．そして，われわれがめざすべきメディア生態系のクライマックスとは，20世紀社会の生み出した「大衆消費文化」とは異なる，安全安心，自由，平等，多様性，高いクオリティと創造性といった特性をもった，より高次元の「情報文化」を生み出すようなものでなければならないだろう．

(注)
(1) メディア・エコロジーは，もともと「カルチュラル・エコロジー」(Cultural Ecology)と呼ばれる研究から派生した研究領域であり，カルチュラル・エコロジー研究の中心部分に位置づけられる．カルチュラル・エコロジー研究のルーツは，文化人類学者のJ.H.スチュワードが1955年に出版した『文化変化の理論：多系進化論の方法』(Steward, 1968)にある．スチュワードは，ショショニ族(アメリカ先住民)の社会生活に関する詳しいフィールドワークを通じて，技術と環境との間の相互作用が，どのように部族の社会文化システムに影響を及ぼしているかを実証的に研究し，文化進化の独自性の要因を解明した(三上，2003)．情報通信政策の領域で，改めてカルチュラル・エコロジー研究の必要性が唱えられたのは，1994年の世界通信放送機構(IIC)フィンランド総会だった．この会議で基調講演を行ったフィンランドのアティサリ大統領は，人類社会の情報化の急展開がもたらす危機的状況やその中での情報格差に言及し，「今や人類にとって，健全な自然生態環境とともに健全な文化生態環境が不可欠である」と述べ，カルチュラル・エコロジー研究の必要性を訴えた．「メディア・エコロジー」研究は，この文脈上にあり，健全な情報社会環境を実現するためのメディア研究として位置づけることができる．
(2) 生態学に関する従来の研究では，ニッチについて次のような知見が得られている．
・ニッチが離れている種ほど，共存しあえる
・ニッチが近いほど競争が厳しく，ある群集内の一つのニッチには原則として一つの種しか生き延びることはできない

- ・同じ地域に住んで同じ餌資源を利用する生物は，きわめて厳しい過当競争を行い，共存しづらい
- ・一つのニッチを埋める生物は他の生物のニッチをつくりだす．その結果，食物連鎖が形成され，多様な生態系が創造される．
- ・群集内での水平および垂直分布における位置，時間的関係，利用する資源や他の種との相互作用の種類，あるいは個体群調節の様式に関して種の間に相違があれば，言い換えるとニッチが異なっているならば，それらは安定した群集内で共存できる」(Whittaker, 1970＝1974)

(3) 「共有地の悲劇」のジレンマは，しばしば環境破壊の問題と関連づけて論じられてきた．例えば，地球温暖化の進行（宇沢，1995），サハラ砂漠隣接地域の砂漠化（山岸，2000）など．三上（2001）は，インターネット・コミュニティの健全な発展を阻害する要因として，共有地の悲劇を取り上げている．

(4) カルチュラルエコロジー研究委員会（座長：小林登・国立小児病院名誉院長）は，放送文化基金，電気通信普及財団，国際コミュニケーション基金，マルチメディア振興センターの4財団が，共同研究として2000年にスタートした学際的な研究プロジェクト組織である．発足当初の研究メンバーは，小林登，吉井博明，箕浦康子，柏倉康夫，長谷川文雄，三上俊治の6名である．

(5) 「ビットバン」（bitbang）ということばは，長谷川文雄による造語である．宇宙創造の契機ともなったビッグバン（bigbang）と，情報の基本単位である（bit）とを合成したことばで，21世紀のデジタル情報通信革命が，ビッグバンにも匹敵する巨大な影響力を社会に及ぼすという含意をもっている．

参考文献

Hardin, Garrett, 1968＝1993, "The Tragedy of Commons," *Science*, 162, pp. 1243-1248. 桜井徹訳「共有地の悲劇」シュレーダー・フレチェット編『環境の倫理』（下）晃洋書房

石井健一，2003，『情報化の普及過程』学文社

カルチュラルエコロジー研究委員会編，2001，『情報革命の光と影』NTT出版

栗原康，1998，『共生の生態学』岩波新書

松田裕之，1995，『「共生」とは何か──搾取と競争をこえた生物どうしの第三の関係』現代書館

McLuhan, Marshall, 1964＝1987, 栗原裕・河本仲聖訳『メディア論──人間の拡張の諸相』みすず書房

三上俊治，2001，「バーチャル文化圏の拡大とその影響」カルチュラルエコロジー研究委員会編，2001，『情報革命の光と影』NTT出版，pp. 129-162.

三上俊治，2003，『21世紀情報社会におけるメディア・エコロジーの基礎研究』文部科学省科学研究費補助金・基盤研究・研究成果報告書

中野収, 1997, 『メディア人間―コミュニケーション革命の構造』勁草書房
Steward,Julian H., 1955=1979, *Theory of Culture Change : the Methodlogy of Multilinear Evolution.* 米山俊直・石田紀子訳『文化変化の理論』弘文堂
宇沢弘文, 1995, 『地球温暖化を考える』岩波新書
Whittaker, R.H., 1970=1974, *Communities and Ecosystems.* New York : Macmillan Co. 室月欽二訳『生態学概説』培風館
山岸俊男, 2000, 『社会的ジレンマ』PHP新書
吉井博明, 2000, 『情報のエコロジー』北樹出版
吉井博明, 2001,「メディアエコロジー」カルチュラルエコロジー研究委員会編,『情報革命の光と影』NTT出版, pp. 41-89

索　引

本文および注釈に出てくる人名・事項のうち，その語の理解に役立つページを掲げた。

ア　行

アイゼンステイン, E.　87
iモード　211
アクセシビリティ　260
アルファベット　82～83
アルファベットの標準化　87
ARPANET　167, 169～170
アンドリーセン, M.　171～172
安否情報　48～53, 72～75
池上嘉彦　60～61
イコン　21
イーストマン, G.　118
イニス, H.　82
インターネット　72, 167～203
インターネットの利用実態　177～198
インターネットの影響　198～203
インターネット・パラドックス　201
インデックス　21
ウィーナー, N.　6, 9
ウェスレー, B.　62
映画　118～119
エジソン, T.　119
エントロピー　6
オーディオメディア　119～120
音声系メディア　28～29
オンラインショッピング　197～198

カ　行

「火星人襲来」パニック　123～126
カタルシス仮説　150
活版印刷術の発明　85～86

活版印刷術の影響　86～88
加藤秀俊　43
ガーブナー, G.　58, 148
紙の発明　83
カメラつき携帯電話　212, 231
カルチュラル・エコロジー　266
瓦版　91
感覚麻痺作用説　151
環境監視機能　75
記号　15～24
記号化　17～18
記号解読（情報化）　17～18, 38
記号論　60～61
議題設定機能　76, 147, 263
北村日出夫　43
キネトスコープ　119
規範的抑制弛緩説　151
キャントリル, H.　125
キューレスネス　249
共進化　254, 264
共生　253, 257～259, 263～264
共有地（コモンズ）の悲劇　254～255, 259, 264～265, 267
「空間のメディア」　81
空間系メディア　27～28
楔形文字　80～81
グーテンベルク, Y.　85～86
クライマックス（極相）　255, 266
クラウト, R.　200
グループ・メディア　28
グローバル・メディア　30
携帯インターネット　211

269

携帯ウェブ　229〜231
携帯電話　208〜247
携帯電話の影響　237〜247
携帯電話の利用マナー　231〜237
携帯電話の歴史　208〜210
携帯メール　210〜211, 215〜229
ゲイトキーパー　61, 63
ケーブルテレビ（CATV）　138〜152
言語　22〜24
言語の恣意性　24
言論統制　93
口承文化　82
コード　18, 20, 60〜61
声の文化　113
国民生活時間調査　99, 143
コミュニケーション　25, 55〜61
コンテクスト　61
コントロール革命　38
コンラッド, F.　121

サ　行

災害用伝言ダイヤル　53
サイバネティクス　6, 9
蔡倫　83
ザッピング　160
サーノフ, D.　121
CS放送　134〜135
CSデジタル衛星放送　135〜136
自然メディア　26
持続可能な開発　255, 264
シネマトグラフ　119
社会的コミュニケーション　57〜59
写真　118
シャノン, C.　56〜57
写メール　212
週刊新聞　88
宗教改革　87

受容過程　71〜73
ジェンキンス, C.　128
情動喚起説　150
情報　3, 16, 36
情報環境　43
情報行動　42〜55
情報行動論　43〜45
情報収集　66〜67
情報処理　67〜68
情報制作　68〜69
情報世界　17, 23, 26, 82
「情報」ということば　8, 37
情報機能　52〜54, 70
情報内容　70, 73
情報ニーズ　48〜50
情報の機能　12
情報メディア　50〜51, 69, 73
情報モード　34, 51〜52, 69〜70, 73
情報リテラシー　45〜47
情報量　6, 33
情報理論　3
書籍の歴史　83〜84
人為的メディア　26
新聞　88〜103
新聞の閲読状況　99〜103
新聞の現状　94〜95
新聞の電子化　95〜97
新聞離れ　101〜102
シンボル　21
スキップバックレコーダー　66
棲み分け　252〜253, 257, 263
製紙技術　83
生体メディア　26
政論新聞　92
遷移　255, 265〜266
全国メディア　30
即効理論　127, 163

タ 行

大衆新聞　89〜90, 92〜93
タイタニック号の遭難事故　120
タイムシフト視聴　30
竹内郁郎　59
ダゲール, J.　118
ダゲレオタイプ　118
多チャンネル・ケーブルテレビ　33
地域メディア　30
地上デジタル放送　136〜137
チャンネル切り替え行動　159〜161
チャンネル・レパートリー　152〜154
ツヴォリキン, V.　128
ディーナー, R.　3
デジタルデバイド　180
デジタルメディア　35
テレビ　128
テレビの多チャンネル化　133〜138
テレビのネットワーク　129〜130
テレビドラマ　71
テレビニュースの影響　146〜148
テレビの受容過程　143〜151
テレビの伝達過程　139〜142
テレビの日常化　130〜133
電子メール　64〜65
電話　120
洞窟壁画（ラスコー）　80

ナ 行

中野　収　43
NIE　115
ニエプス, J.　118
二重文節構造　23
日刊新聞　88〜89, 99
ニッチ　257, 262〜263
ニュースサイト　103〜110
ニュース・ネットワーク　130
ネットワーク外部性　218, 248
ネットワーク接続性　35

ハ 行

培養理論　148
培養分析　149
パケット交換技術　169
橋元良明　7
パーソナル・メディア　28
パターン　18
ハーディン, G.　254
バーナーズ・リー, T.　171
パピルス　81
阪神淡路大震災　52
パンフレ　113
PHS　210
BS放送　134〜135
BSデジタル衛星放送　136
ヒエログリフ　81
表意文字　81
表音文字　81
フェーブル L.　86
フェッセンデン, R.　120
フォノグラフ　119
輻輳　50
フリッピング　160
フレーミング　249
ブロードバンド化　175〜177
分散処理型ネットワーク　168〜169
ヘイズ, R.　4
ベニガー, J.　14, 38
ベルキン, N.　4
ヘルツォーク, H.　126〜127
放送　121
ポケベル　210〜211

索引　271

マ行

マクルーハン, M. 27, 38, 88, 120
マコームズ, M. 147
マス・コミュニケーション 61~63
マスメディア 28, 89
マッハルプ, F. 4
マルコーニ, G. 119
マルチメディア 28, 34, 211
無線系メディア 28
無線通信 120
無線電話 120
メソポタミア文明 80
メッセージ 27
メディア 24~35
メディア・エコロジー 252, 255~266
メディアコミュニケーション 63~77
メディア特性 30~35
メディア・マトリックス 29~30
メディアミックス 69
メディア・リテラシー 78
文字の誕生 80~81
文字系メディア 29~30
文字の文化 113
黙読の習慣 82
モザイク 171
モデリング仮説 151

森鷗外 9, 37

ヤ行

ヤコブソン R. 60
輸送系メディア 28
有線系メディア 28
羊皮紙 83
吉田民人 5, 43
横田 貢 11
『42行聖書』 85

ラ行

ラジオ放送 121
ラジオの機能 162
リックライダー, J. 169
リュミエール兄弟 119
「利用と満足」研究 15, 76, 126~127
輪転機 90
ルター, M. 87
レコード 119
ロジスティック回帰分析 187

ワ行

ワールドインターネットプロジェクト（WIP） 177, 202~203, 213
ワールドワイドウェブ（WWW） 171

著者紹介

三上俊治（みかみ・しゅんじ）

略　歴　1971年東京大学経済学部卒業，同大学大学院社会学研究科博士課程単位取得満期退学，東京大学新聞研究所助手を経て，1992年に東洋大学社会学部教授となり現在に至る。オハイオ州立大学災害研究所客員研究員，東京大学社会情報研究所客員教授，情報通信学会学務理事，日本学術会議社会学研究連絡委員などを歴任。

専　攻　メディアコミュニケーション論，災害情報論，環境メディア論，社会情報論，世論

主要著書　『災害と情報』（東京大学出版会，1986年，共著）
『情報環境とニューメディア』（学文社，1991年）
『多チャンネル化と視聴行動』（東京大学出版会，1993年，共著）
『情報革命の光と影』（NTT出版，2001年，共著）
『環境メディア論』（中央法規出版，2002年，共著）
『世界インターネット利用白書』（NTT出版，2002年，共著）
『災害情報と社会心理』（北樹出版，2004年，共著）
『社会情報学ハンドブック』（東京大学出版会，2004年，共著）他

メディアコミュニケーション学への招待

2004年6月30日　第一版第一刷発行
2004年12月10日　第一版第二刷発行

著　者　三　上　俊　治
発行者　田　中　千津子
発行所　㈱学　文　社

〒153-0064　東京都目黒区下目黒3-6-1
電話（03）3715-1501（代表）　振替　00130-9-98842
　　　　　　　　　http://www.gakubunsha.com

乱丁・落丁は，本社にてお取替え致します。　　印刷所　新灯印刷
定価は，カバー，売上カードに表示してあります。　　〈検印省略〉

ISBN4-7620-1337-4

メディアコミュニケーション学への招待

三上俊治 [著]

学文社